读懂孩子再抚育

用孩子的未来幸福
约定当下抚育方式

王风华 —— 著

线装书局

图书在版编目（CIP）数据

读懂孩子再抚育：用孩子的未来幸福，约定当下抚育方式 / 王风华著. ——北京：线装书局，2023.8
ISBN 978-7-5120-5627-5

Ⅰ．①读… Ⅱ．①王… Ⅲ．①家庭教育—研究Ⅳ．①G78

中国国家版本馆CIP数据核字(2023)第163074号

读懂孩子再抚育——用孩子的未来幸福，约定当下抚育方式

DUDONG HAIZI ZAI FUYU——YONG HAIZI DE WEILAI XINGFU, YUEDING DANGXIA FUYU FANGSHI

作　　者：王风华
责任编辑：曹胜利
出版发行：线装书局
地　　址：北京市丰台区方庄日月天地大厦B座17层（100078）
电　　话：010-58077126（发行部）010-58076938（总编室）
网　　址：www.zgxzsj.com
经　　销：新华书店
印　　制：郑州市金税印务有限公司
开　　本：710mm×1000mm　1/16
印　　张：20
字　　数：226千字
版　　次：2023年8月第1版第1次印刷

定　价：69.00元

抚育教育C系列

编 委 会

编委会主任：王传松

编委会成员：王　蕾　李云鹏　赵　露

序　言

　　三年前，在上海认识了王凤华女士。经交流，知道她这二十几年来一直坚持做孩子教育的研究，很有成果，我读到过她的文字就有好几十万字，已经形成了一个系列。《读懂孩子再抚育》，是她准备出版的第一部著述。

　　我不懂教育，对王凤华女士的研究也作不出什么评价。但我对"人的再生产"这个理论课题感兴趣，也从经济学、人文学科的角度有所研究。"人的再生产"的最高目的是让每个人得到自由全面地发展，成为一个"自由人"。而教育，特别是人的早期教育（幼儿教育、中小学教育）是人的再生产活动中重要的一个阶段。全社会应当为教育创造一个健康、自由、充满乐趣的环境，让这个阶段的孩子增长知识、认识社会、认识自己，为孩子们将来的自由全面发展打下基础。

　　我曾经有过这样的期望：在幼儿园、小学阶段，学、玩并重，以玩为主；在初高中阶段，学、玩、做（动手能力）并重，以玩和做为主；在大学（高职）阶段，学、做（专业技能）、议并重，以做和议为主。如果从小学到大学的各阶段，总的受教育时间更有弹性、更加自由的话，我们老师们的教学活动就能够更加自由，也更能发挥老师们创新的兴趣，同时，对老师的要求也将更高！最终将实现：老师快乐地教，学生快乐地学！在快乐的、自由的玩、做、议中学到所要掌握的知识、技能，并让每一个孩子成长为健康的人，也就是得到自由全面发展的人！

　　当然，这只是我这个不懂教育的人在教育的门外瞎嚷嚷。但我觉得王凤华女士的研究成果与我上面所讲的并不相悖。她也是从她的视角，更专业的、更精细地来回答如何让孩子们"成为一个健康的人，也就是得到自由全面发展的人"！

我很赞赏王凤华女士执着的精神，我也为《读懂孩子再抚育》的出版而高兴！

古稀老人：王传松

2023年8月

前　言

在这个瞬息万变的世界，抚育和教育孩子的责任与挑战正在日益增加。抚育和教育孩子，无论从身心发展，还是情感关怀的角度，都需要我们用心关注每一个细节，深度理解孩子们的真实需求，帮助他们发掘并启动自身潜力。在孩子们生命的前18年里，家庭环境对他们的影响尤为关键，这也是我们为孩子们铺就未来成功之路的重要阶段。

抚育教育应该是：

做孩子的恩人，发现孩子的天赋潜能，保护并开发之。

做孩子的贵人，读懂孩子的生命律动，促进并助力之。

做孩子的友人，理解孩子的成长路径，陪伴并鼓励之。

然而，现实情况却是：

孩子视我们如仇寇，防御且抵制我们，因为我们不知不觉地摧毁过孩子的灵性；孩子对我们如盗贼，打击且敌对我们，因为我们无意识地破坏过孩子的本性；孩子看我们如对手，戒备且封闭我们，因为我们以爱为名，却曾伤害过孩子的人性。

要改变这样的局面，我们需要重新审视自己的抚育和教育方式。让我们用更加灵活恰当的方式与孩子交流，增进彼此的了解。用温暖和耐心，帮助他们发掘自己的天赋与潜能。当我们意识到自己的错误时，要勇敢地向孩子道歉，并积极改进。让我们成为孩子真正的恩人、贵人和友人，与他们共同成长，建立相互尊重和信任的亲子关系。只有这样，我们才能共同走向更美好的未来。

家长朋友们，让我们一起将育儿的过程当作是一场精彩的冒险旅程吧！这里有三个重要的角色需要我们来扮演。

我们是孩子的"超级英雄"，发现并保护他们的天赋潜能。就像拥有超能力的英雄一样，我们用心去寻找孩子的内在光芒，并助力他们成长，让这些光芒得以释放和发展。

我们是孩子的"智慧导师"，阅读并理解孩子的生命律动。就像一个富有智慧的导师，我们通过观察、聆听和感知，去理解孩子的感受，去引导他们理解自己和世界。

我们是孩子的"好朋友"，陪伴并鼓励他们的成长。就像一个真诚的朋友，我们在孩子的成长道路上陪伴他们，分享他们的喜怒哀乐，为他们的努力和成就鼓掌。

要扮演好这三个角色，其实并不太难，尽管有时我们在孩子的眼中，可能像是一个"大反派"、"小偷"或"竞争对手"，但是别担心，只要我们用心，通过理解孩子，尊重他们的个性，给予他们必要的指导和支持，我们就可以转变为他们心中的"超级英雄"，"智慧导师"和"好朋友"。因为每个孩子都值得被理解，被尊重，被爱。让我们一起努力，为孩子创造一个充满爱的成长环境，让他们在这个环境中，快乐健康地成长吧！

本书旨在提供一个全新的视角，以科学严谨的方式阐释如何更好地理解孩子的需求，如何在家庭环境中创造出更有利于孩子健康成长的条件。在本书中，我们会一同探索如何引导孩子发掘自身的潜力，如何更好地应对生活中的挑战，以及如何在激烈的竞争环境中立足。

在这个过程中，我们需要重新审视我们的抚育方式，了解其对孩子成长的深远影响。在抚育孩子的过程中，我们需要抛弃那些过时的观念和方法，接受并应用新的、科学的理论和实践，这样才能真正引领孩子们走向成功。

在本书中，我们会深入探讨一系列关于抚育孩子的主题，包括孩子的发展阶段、家庭环境对孩子的影响，以及如何有效地应对抚育过程中遇到的各种挑战。我们会从科学的角度出发，分享大量的研究成果和实践经验，帮助您找到对您的家庭最有益的抚育方式。

最后，我希望这本书能给您带来实质性的帮助，让我们一同努力，为我们的孩子们营造一个更加温暖的家，一个更加美好的未来。无论你是资深的父母，还是初次成为家长的新手，我相信，《读懂孩子再抚育》将会成为你的良师益友，陪伴你一同在抚育的道路上成长，最终实现我们共同的目标——帮助孩子们茁壮成长，走向成功！

目 录

第一章 读懂孩子的先天性格 ···1
1.1 读懂孩子的性格类型 ··1
1.2 不同孩子的性格对比 ··7
1.3 抚育不同性格的孩子 ···13
1.4 孩子分类的特色纷呈 ···16

第二章 读懂孩子的叛逆 ··19
2.1 孩子为什么会叛逆？ ···19
2.2 外向孩子叛逆怎么办？ ··21
2.3 内向孩子叛逆怎么办？ ··22
2.4 中向孩子叛逆怎么办？ ··24

第三章 读懂孩子的学习力 ··26
3.1 孩子学习没兴趣怎么办？ ···26
3.2 如何提升孩子的学习力？ ···28
3.3 怎样制订孩子的学习规划？ ··32
3.4 孩子成绩优异时该怎么做？ ··34
3.5 孩子成绩较差时该怎么做？ ··35
3.6 孩子成绩中等时该怎么做？ ··37
3.7 如何赞赏你的孩子？ ···38
3.8 如何惩戒你的孩子？ ···40
3.9 如何引领你的孩子？ ···41
3.10 如何呵护你的孩子？ ···42

第四章 读懂孩子的心理 ··45
4.1 解读孩子的心理标尺 ···45

4.2　不同孩子的心理特点……………………………………48
　　4.3　解读孩子的心理倾向……………………………………50
　　4.4　化解孩子的心理障碍……………………………………52
　　4.5　孩子心理异常的演变……………………………………56
　　4.6　抚育孩子的心理健康……………………………………57
　　4.7　读懂孩子的人际交往……………………………………58

第五章　读懂孩子的灵性………………………………………62
　　5.1　孩子的灵性表现…………………………………………62
　　5.2　解读孩子的灵性差异……………………………………64
　　5.3　三类孩子的灵性常态……………………………………67
　　5.4　灵性成长的三条路径……………………………………70
　　5.5　保护灵性三部曲…………………………………………72
　　5.6　灵性孩子与家长的缘分…………………………………78

第六章　读懂孩子的命性………………………………………83
　　6.1　解读孩子的生命属性……………………………………83
　　6.2　命性成长的阶段差异……………………………………86
　　6.3　读懂孩子的命性需求……………………………………88
　　6.4　解读孩子的命性优势……………………………………90
　　6.5　解读孩子的命性劣势……………………………………92
　　6.6　生命属性要全面看待……………………………………94
　　6.7　如何抚育不同命性的孩子………………………………96

第七章　读懂孩子的才能………………………………………100
　　7.1　你的孩子是哪种人才？…………………………………100
　　7.2　不同人才的处世模式……………………………………103
　　7.3　别让爱成为孩子成才的阻碍……………………………107
　　7.4　别让天才孩子与你擦肩而过……………………………109

7.5　抚育孩子的特色素质……………………………………111

第八章　读懂孩子的情感……………………………………117
　　8.1　情感的表达类型………………………………………117
　　8.2　情感类型的对比………………………………………118
　　8.3　孩子对情的态度………………………………………121
　　8.4　孩子的情绪弱点………………………………………123
　　8.5　未来情感的隐患………………………………………127

第九章　读懂孩子的初恋……………………………………129
　　9.1　初恋背后的隐情………………………………………129
　　9.2　初恋萌动的差异………………………………………130
　　9.3　初恋发生的催化剂……………………………………131
　　9.4　化转初恋的三把钥匙…………………………………133
　　9.5　化转初恋，需要一个媒介……………………………138

第十章　抚育孩子生命健康…………………………………141
　　10.1　孩子生命结构完整……………………………………141
　　10.2　孩子生命功能强大……………………………………144
　　10.3　孩子生命作用健全……………………………………146

第十一章　抚育孩子身心和谐………………………………154
　　11.1　孩子的身心失和………………………………………154
　　11.2　别给孩子种下身心失和的种子………………………155
　　11.3　家长哪些行为导致孩子身心失和……………………158
　　11.4　如何调节孩子的身心和谐……………………………165
　　11.5　启迪孩子的悟性思维…………………………………167
　　11.6　抚育一个身心健康的孩子……………………………169

第十二章　抚育孩子人性健康………………………………172
　　12.1　人性健康对孩子的重要性……………………………172

12.2　血性和灵性正常约定…………………………174
　　12.3　血性和灵性交叉失常…………………………178
　　12.4　血性与灵性的和谐智慧………………………182
　　12.5　被童年治愈的人生……………………………186
　　12.6　终生治愈童年的人生…………………………189
　　12.7　健康人性与幸福人生…………………………192
　　12.8　人性健康要抚育善根…………………………197

第十三章　抚育孩子人格健康……………………………203
　　13.1　认识孩子的多种人格…………………………203
　　13.2　家长对孩子人格健康的伤害…………………213
　　13.3　如何抚育孩子健康人格………………………218
　　13.4　抚育人格的三大原则…………………………224

第十四章　抚育孩子性别健康……………………………228
　　14.1　男生和女生的性命之别………………………228
　　14.2　爸爸好，还是妈妈好？………………………229
　　14.3　抚育高性商的孩子……………………………233
　　14.4　人性恐慌怎么解决……………………………236
　　14.5　性别与时空智慧………………………………239
　　14.6　性别智慧成长序………………………………241
　　14.7　抚育孩子的满命智慧…………………………243

第十五章　抚育孩子精神健康……………………………246
　　15.1　精神是心理的导航……………………………246
　　15.2　抚育孩子的精神成长…………………………248
　　15.3　抚育精神力：学会穿越逆境…………………249
　　15.4　幼小的孩子摔倒了怎么办？…………………251
　　15.5　孩子的精神18种……………………………252

第十六章　抚育孩子生命独立·················261
16.1 不独立，就依赖·····················261
16.2 孩子生理的独立·····················263
16.3 孩子心理的独立·····················264
16.4 孩子命理的独立·····················266
16.5 抚育不同孩子的独立···················269
16.6 抚育生命的完整圆满···················271

第十七章　穿越时空的诗词对话···············275
17.1 苏轼——榜样教育的千古典范·············275
17.2 李白——灵性主导的人性风采·············276
17.3 李清照——时空智慧交叉升华·············278
17.4 林徽因——人性能量的加持与消耗···········279
17.5 曹操——一位外向型父亲的家庭抚育·········281

第十八章　咨询案例
——对一个抑郁症女生的心理疏导···············283
18.1 一般资料·······················283
18.2 主诉和个人陈诉····················284
18.3 观察和他人反映····················285
18.4 咨询目标·······················285
18.5 咨询过程和分析····················286
18.6 咨询效果总结·····················295

后　记·····························296

绪 论

如果我们以爬树的标准来衡量一条鱼的能力,那么这条鱼将在一生中自我认定为无能之辈。然而,不幸的是,我们有时候在抚育孩子的过程中就犯了这样的错误。实际上,每一个孩子都有可能成为一个奇迹,但我们不能用同一套标准来衡量他们所有人。

有的孩子生来就充满自信,他们总是好奇地探索这个世界;有的孩子内向而善于忍耐,他们的表达方式可能有些迟缓,但思想却深邃无比;还有的孩子活泼纯真,他们的笑容总能带给人们无尽的喜悦。每个孩子都有其独特之处,因此,如何以正确的方式来抚育他们,就成了我们的重要任务。

我们提倡的原则是"用孩子未来的幸福,约定当下的抚育方式",倡导的抚育方式是解读孩子的生命信息,顺应孩子的先天程序,从而让孩子能够成为最好的自己。当然,抚育孩子是一项长期而细致的工作,需要我们投入大量的耐心和爱心。我们需要深入了解孩子的个性特点,以适应他们的方式去抚育他们,从而让他们更好地适应未来。

家庭环境是抚育孩子的重要场所,其中包括了对孩子身心发展的全面关怀。我们需要培养他们的感知、认知和情感技能,为他们未来步入生活的竞技场打下坚实的基础,以确保他们能够过上幸福的一生。抚育教育能让孩子在成功时感受到喜悦,同时也能教会他们如何面对挫折和失败。在孩子0到18岁这个阶段,家庭抚育的效果最为显著,也是为孩子走上成功道路做好准备的关键期。这就是我们这本书的主旨,希望能为您的育儿旅程提供一些启示和指导。

第一章 读懂孩子的先天性格

1.1 读懂孩子的性格类型

世上没有完全相同的两片叶子，也没有完全相同的两个孩子，同样的年龄和性别，他们会有截然不同的心理差异和行为表现。比如有的孩子喜欢安静，而有的孩子活泼好动，我们要想读懂自己的孩子，就要了解孩子的性格类型，认识孩子的个性差异。

从先天来看，孩子的性格共分为三种，分别是中向型，内向型，外向型。

中向，代表不偏不倚，左右兼顾。这类孩子对环境是一种迎合状态，具有内外二象性，且表现外向时不会过于张扬，表现内向时不会过于拘谨，对人更加亲切柔和。

内向，代表保守内收，按部就班。这类孩子对环境是一种被动防御的状态，做事有计划，有条理，追求安全稳妥，在陌生人面前说话不多，坚持沉默是金，言多必失。

外向，代表开放外展，冒险挑战。这类孩子对环境是一种主动进攻的状态，想法超前，做事大胆，并且具有很强的应变力和抗挫力，确定了目标，就会勇往直前。

1. 中向型性格

中向性格的孩子，你会感觉到他们活跃且开朗，与人相处亲切友好，待人真诚且实事求是，说话总是恰到好处。当你看到他们，你总会忍不住想去拥抱他们，夸奖他们。

中向孩子通常会展示出甜美可爱的表情，他们总是友好并且愿意与你进行眼神交流，好像在寻求与你的互动和接近。由于中向孩子讨人喜欢，因此他们往往能得到家长和老师的更多喜爱，但同时，他们的缺点也更容易被忽视。

在能量方面，中向孩子很懂得如何平衡能量的使用。他们既不会浪费能量，也不会吝啬。当他们与小伙伴在一起时，如果有好东西，他们会主动分享，对于一些他们无法把握的挑战，他们也不会轻易尝试，他们总能根据环境的变化，进行适当的自我调整，从而保持能量的均衡。

在信息处理方面，他们会根据自己的需求收集和保存信息。对于与自己无关的事情，他们不会去过多探究，也不会去学习那些目前没有用处的知识。他们总是实事求是，以自身的需求为出发点，对于时事也有自己的判断。

在意识层面，他们的思维方式像串珠一样，每一个想法都像一颗珠子，孤立存在，当他们与你聊天时，会有一个又一个的想法和主意涌现出来，但这些想法之间似乎缺乏逻辑联系，就像缺少一根线将这些珠子串联起来。而内向型性格的孩子，正好能弥补他们这一点。

在日常生活中，这类孩子极其真诚，实事求是，但他们偶尔会显露出多疑的性格，有时会表现出一定的倔强、挑剔和迂腐。他们深信"是我的就是我的，不是我的争取也无济于事"。因为他们的性格实实在在，对于虚无缥缈的事物他们把握不准，因此他们并不擅长处理这类事情。面对他人的虚伪行为，他们会感到困惑，但他们通常会通过深思熟虑，寻求事物的真相。他们的多疑性格是根深蒂固的，尽管他们也会有嫉妒、虚荣的情绪，但这些情绪通常是为了满足他们的多疑心理。为了解决这类孩子的多疑问题，我们需要提供他们大量的信息，让他们对事物有足够理解，这样他们的多疑心就不会轻易发作了。

中向型性格的独白

作为一个中向性格的人，我从不自高自大，也不看轻任何人。无论贫富、权势、成败，我都视作浮云，因为我相信真正的价值不在于这些表面的东西。

我不会因为对方有钱而去巴结他，不会因为对方有权而去追逐他，更不会因为对方成功了就去奉承他。我只相信那些在我最困难的时候给我帮助的人，在我一无所有的时候，仍然对我无私的人。真正的朋友并不需要甜言蜜语，他们只会用真心实意对待我。

2. 内向型性格

在我们的生活中，经常能遇到这样一种孩子：他们性格内向，行为稳定，在陌生人面前往往保持沉默，但在熟人面前却乐于表达自己的情绪和想法。这类孩子通常不太善于社交，也不太在意讨好他人，给人的感觉，他们总是比较内敛且沉稳，我们称他们为内向孩子。

对于内向孩子来说，他们对安全感的需求特别高，他们在人际交往中常展示出强烈的防御性。你可以从他们羞涩且避让的表情中察觉到他们对自我保护的需求，他们并不轻易与人进行眼神交流。这类孩子思维丰富，遇到困难时不太愿意向他人求助，他们更倾向于把问题压在心里，这可能会使他感到痛苦，而他人却难以从他们的外表上发现这些问题。

在能量处理方面，他们可能并未找到恰当的均衡，对于哪些地方应该投入更多的能量，哪些地方可以节省能量，他们并未能做出准确的判断。他们心中有一句话："该花的钱不能省，不该花的钱一分也不能花。"然而，他们并不总能明确自己的消费方向，有时候在小额支出上斤斤计较，而在大额支出上又显得无法自制。

在信息处理方面，他们往往以自身兴趣为出发点，对于感兴趣的领域，他们会深入钻研并且收集大量细节信息，而对于不感兴趣的领域，他们则往往视而不见。有人形象地将他们与大葱进行比较，他们会在某一领域深入探索，但其知识面却相对狭窄，与之相反，外向型的人则像大饼，他们的知识面广泛，但深度却不足。

在意识层面，内向孩子的思维习惯是线性的，他们喜欢按规则行事，思考问题时，他们总是要将逻辑理清，每一个观念和想法都要连贯起来。对于已经制定好的计划，他们会按部就班地执行，不喜欢反复变动，这使得他们在别人眼中显得保守且刻板，但实际上，这是他们的认真与严谨所致。

在日常生活中，内向孩子通常不善言辞，他们具有坚韧不拔的精神，当他们不开心时，他们选择沉默而不是大发雷霆，他们有时候会显得嫉妒，对待亲近的人也保持一定的距离。这类孩子在处理实际问题与抽象问题上都游刃有余，他们做事有条有理，计划周密，所以他们不太会过于追求细枝末节，也不擅长夸大其词。但他们往往喜欢进行比较，比如比较谁的事业更为顺利，或者谁的生活更加优越，这种比较可能导致他们的嫉妒心更强。在他们面前，我们应当展示出某方面不如他们，这样他们的嫉妒心就不会被激发，当他们的嫉妒心得到控制时，他们会表现得更好，在生活中更为照顾他人，表现出温柔和体贴。将来在工作中，他们也能处理各种问题，他们做事坚韧不拔，思维深入，特别擅长全面理解和整合。

内向型性格的独白

在众人眼中，我们常常显得不够活跃，甚至被视为沉闷和孤僻。

但实际上，这只是表面的现象，我们的内心世界其实是充满了丰富的想法和感情。我们面临的最大困扰，就是别人常常误解我们的本意，不能理解我们的内心世界。我们渴望有人能深入理解我们，能在一个眼神交汇，一个微笑中，理解我们的内心，但往往现实却是事与愿违。我们常被指责为过于刻板和机械，因为我们坚持流程，尊重计划，追求逻辑。但这并不代表我们缺乏人情味儿。事实上，我们最具人情味的地方就在于我们的善良。每个人都有善良的一面，但我们把善良放在了首位。我们甚至可以接受出于善意的谎言，甚至愿意牺牲自己的利益去帮助他人，因为我们深深理解，与人为善，才是人际关系的真实含义。

3. 外向型性格

在生活中，你总能遇到那些性格外向、热情活跃、行动力强且富有领导力的孩子。他们表现出的张扬和果断，往往给人留下深刻的印象，这就是外向型的孩子。

外向孩子给人一种充满活力、爱冒险的感觉，仿佛他们总有无穷的精力，无论在哪里，他们都希望能成为焦点，展现自我。他们常常因为爱冒险、爱出头而引来各种麻烦，让家长和老师感到头疼，但是同时，他们也有强烈的担当和领导潜力。

在处理能量方面，这些孩子的能量似乎源源不断。他们难以安静下来，总是忙碌不停，好像永远不知道疲惫为何物。在他们看来，做事情就是要全力以赴，但往往他们的能量消耗会大于实际需要，造成能量的浪费。他们获取能量的能力很强，但却不擅长保存，使得能量经常流失。

在信息处理上，他们更愿意获取新的、最前沿的信息，对于过去的信息往往不太感兴趣。他们的思维超前，看问题总是比别人更深入，有时会给人一种理想化、空谈理论的印象。他们的言论常常超越了现实，看上去像是在吹牛，但实际上他们是在为未来设想，只要我们按照他们的思维去行动，就会发现他们的话其实是有很大价值的。

在意识上，他们的思维跳跃，充满创新，他们的思维方式常常帮助人们打破固有思维，拓宽思路。跟他们在一起，你总会被他们的新奇想法所吸引，生活也因此变得丰富多彩。

在日常生活中，他们不喜欢墨守成规，更喜欢新鲜事物和刺激。他们喜欢冒险，喜欢出风头，越是禁止的事情，他们越是喜欢尝试。这些都是为了满足他们的虚荣心，因为他们总是希望能得到他人的关注和赞赏。这种虚荣心是他们性格的核心特征。对他们而言，只要满足了他们的虚荣心，他们就能奉献出自己最大的能力，去实现他们的目标，而他们并不过于在意自己能得到多少回报。

外向型性格的独白

我热爱社交，宝贵的友谊远胜过金钱。我有侠义之心，为弱者发声，为朋友毫不犹豫地去付出。我有着豪迈的胸怀，对任何挑战都充满勇气。我直率、坦诚，坚持真理，拒绝偏见。我向往自由，没有任何事物能束缚我的思想。我行动迅速、效率高，不拖沓、不懈怠。我有过人胆识，乐于开创新事物。我具备灵活的策略，适应性强，能随机应变。我对朋友仗义，只要你与我并肩，你的困难，就是我的责任。

1.2 不同孩子的性格对比

中向型：脚踩两边，量过才知，相信自己的感觉胜于经验。

巧于斡旋，羞于挺险，人见人爱的小天使。

内向型：有板有眼，错过才知，相信自己的经验胜于感觉。

勤于苦干，谦于冒险，有小心思的闷葫芦。

外向型：宁折不弯，尝过才知，相信自己的目标胜于一切。

勇于挑战，善于探险，喜欢闹腾的人来疯。

1. 中向型性格

"脚踩两边"这个词恰如其分地描述了中向型孩子的性格特点。他们试图在各种情况下都能找到双赢的解决方案，希望能同时获得两方面的好处，正如孟子在《鱼我所欲也》中表达的，鱼和熊掌，我都想要，但不能同时拥有，我会放弃鱼，选择熊掌。这样的处理方式让他们在多数情况下都能得到最大的利益，且不会引起他人的反感。然而，另一方面，这也揭示了他们可能存在的立场不坚定的问题。他们在试图避免得罪任何一方的同时，可能丧失了自己的立场，总是向着对自己更有利的一方倾斜。这种行为可能会对他们的人格塑造产生负面影响，让人觉得他们像是一个摇摆不定的墙头草。因此，对这类孩子的抚育应该强调原则性和坚守自我，让他们理解，在追求灵活性的同时，不能丧失原则，坚持自我是最重要的。

"量过才知"描述的是中向型孩子在与人交往时的策略。他们会先试探他人的反应，然后根据反应再做出相应的决定。他们敏锐地觉察和满足自己的需求，但对他人的需求感知则相对模糊。当他们需要别人的帮助时，他们会尝试营造出一种氛围，让别人愿意提供帮助。

"相信自己的感觉胜于经验"反映了中向型孩子对直观感觉的重视。他们对自己的即时反应和感觉有高度的信任，而对于从经验中得来的信息，他们则可能相对忽视。在决策的时候，他们更多的是凭借直观的感觉，而非以往的经验。他们对历史和未来的敏感度不如对当下的敏感度高，这使得他们在面对即时的情境时有着更敏锐的觉察力和判断力。

相信自己的感觉胜于经验，是说中向孩子对场态的自我感受力很强，"感觉"在心理学上是人脑对直接作用于感觉器官的客观事物的个别属性反映，是最简单、最基本的心理活动，也可以理解为对事物表象的觉察。一个人心里在想什么，中向孩子并不知道，但是他会通过表情和语气，大致判断你的心理活动，然后调整自己与你相处的方式。另外，中向孩子在选择面前，也会凭借感觉来判断，而不是靠经验，感觉属于当下，经验属于历史，中向孩子对历史和未来都不够敏感，但对当下的状态，有着更敏锐的觉察力和判断力。很多提倡活在当下的人，大多数属于这类人。

"巧于斡旋"描绘了中向型孩子在处理人际关系方面的能力。他们不仅擅长于缓和紧张气氛，调整不和谐的关系，也擅长于化解潜在冲突。这种能力不同于过度迎合或者避免冲突，他们的斡旋建立在理解并尊重各方原则的基础上，并从中寻找互惠互利的解决方案。在处理复杂的人际关系，包括优等生和后进生之间的关系时，他们能展现出高度的协调能力。

"羞于挺险"揭示了中向型孩子对冒险行为的态度。他们更倾向于稳健的行动，避免无谓的风险，这主要是因为他们注重务实，对可能带来不确定性的事务有自然的排斥感。他们会对可能面临的风险进行仔细评估，如果发现风险过大或者结果可能导致自身受伤，他们会毫不犹豫地放弃。然而，在安全的前提下，他们也乐于接受一些小刺激和挑战。

"人见人爱的小天使"是对中向型孩子社交魅力的高度赞美。他们通常给人留下的印象是友善、热心、体贴，能够很好地理解和尊重他人的需求和感受。无论是在帮助他人，还是在给予他人空间时，他们都能做到得体和适度。这样的表现往往使他们在人群中深受欢迎，被人们称赞为"小天使"。

2. 内向型性格

有板有眼的内向孩子以其系统性和条理性著称。他们在做事情时总是一丝不苟，遵循事先规划的步骤，不喜欢任何计划之外的临时变动。他们在行动前需要做好充分的准备，并以此来保证自己的行动有条不紊，扎实稳定。此外，他们对秩序和规则有着高度的敬畏之心，学校的规章制度对他们而言是不可逾越的，他们的物品和课本总是井井有条，完全无法容忍任何混乱和无序。

"错过才知"这个描述表明内向孩子往往是后知后觉的人。他们似乎总是在机会的瞬间错过，这可能让他们错过了一些重要的机会，甚至让他们在回首过去时，不禁惋惜，如果当初抓住了机会，或许结果会完全不同。然而，这个特性也意味着他们能够从过去的经验中学习，当同样的机会再次出现时，他们可能就会抓住了。

相信经验胜于感觉，意味着内向孩子在做决定时，他们通常会倾向于依赖过去的经验，而非直觉或直接的感觉。他们将过去的经验视为一个重要的参考标准，对于那些没有经验可以借鉴的新情况，他们可能会感到迷茫和犹豫。虽然这种对经验的依赖可以帮助他们避免犯同样的错误，但也可能限制他们的创新思维。对于这样的孩子，他们需要从父母那里学习到更多的人生经验，并鼓励他们在安全的范围内进行新的尝试。

相信自己的经验胜于感觉，是说内向孩子判断任何事物总是把经验放在第一位。经验代表的是过去，这类孩子对过去的事总是记忆犹新，无论是好的，还是不好的，都会在大脑中不断回放。面对新的抉择时，他首先会调动曾经的记忆，参考过去的经历，如果没有任何经验可以参考，他会非常犹豫。对经验的关注，可以帮助人少走很多弯路，但也会束缚人创新的思维，尤其是现在的孩子，面对的场景，很多是前所未有的，之前的经验，大多都派不上用场，反而会成为累赘。如果你的孩子是这类性格，你更应该多给孩子讲一些教训，让孩子避免踩坑，然后再主动进行新的尝试。

"勤于苦干"描绘了内向型孩子对于努力工作和自我提升的执着态度。他们愿意在目标上投入大量的时间和精力，通过稳定的自我提升和坚韧的决心去实现目标。他们坚韧不拔的精神常常让他们在挑战面前坚持下去，而不是轻易放弃。然而，这种特性也可能让他们在固定思维模式下陷入困境，对于需要变通和灵活处理的情况，他们可能会感到困扰和挫败。

"谦于冒险"揭示了内向型孩子对冒险的保守态度。他们可能会因为对结果的不确定性和可能的风险而退缩，更愿意选择稳定和熟悉的道路，而不是选择未知和挑战。这种特性使他们在应对紧急和变化的情况时可能会显得不足够敏捷和果断。

"有小心思的闷葫芦"形象地描绘了内向型孩子内心世界的丰富

和复杂。他们可能会有很多独特的思考和感受，但并不容易表达出来。这种情况可能会导致他们在面对需要做出决定的情况时，陷入犹豫和困惑，而且可能会有过度思考的倾向，这有时候可能会导致他们在微小的细节上消耗大量的精力和心力。

3. 外向型性格

"宁折不弯"的表述揭示了这类孩子坚韧不屈的性格。他们对于挑战持有无所畏惧的态度，即使是面对困难或错误，他们也很少承认或妥协。这表明他们具有强烈的自尊和决心，但同时也可能让他们在面对错误时，显得过于固执。他们可能宁愿改变自己的行为，也不愿在别人面前承认错误。如果你想说服他们，最有效的方法可能是在肯定他们的同时，提出改进的建议，以帮助他们更好地完善自己。

"尝过才知"的理念揭示了这类孩子喜欢通过实践来获取知识和经验。他们通常不会在意太多的理论，而是倾向于直接去做。这表明他们具有强烈的行动力和探索精神。他们更愿意亲自尝试，通过亲身体验来获取感触和收获。

相信自己的目标胜于一切，这说明这类孩子会将达成目标视为首要任务，他们会利用一切可利用的资源，包括自己的经验和感觉，来服务于自己的目标。虽然这在追求开拓性的目标时有其优势，但也可能导致他们在达成目标的过程中不择手段，采取不正当的方式，这是我们需要警惕的。对于这样的孩子，抚育的关键是在鼓励他们坚定追求目标的同时，也要教育他们遵守社会规范，明白虽然目标重要，但并不是所有的手段都可以接受。

相信自己的目标胜于一切，是说外向孩子把目标放在经验和感觉前面的，经验也好，感觉也罢，都是为目标服务的，谁对目标更有利，就相信谁。为了达成目标，一切都可以当成工具来使用，包括他自己，这在开拓性的事情中，有着不可替代的优势，但也会产生一定弊端，比如为了目标不择手段，采用不正当方式竞争，就是不可取的，比如为了取得更好的成绩，考试作弊，这样的事，更容易发生在外向孩子身上。抚育这类孩子，要让孩子明白，目标再重要，也不是什么方法都可以用，既要为他加持对目标的追求动力，又要为他立规矩，建立底线。

"勇于挑战"体现了外向型孩子对冒险和刺激的欲望。他们渴望尝试别人看起来不可能的事情，挑战自我，突破极限。他们对于潜在风险的处理方式不是规避，而是勇敢面对，甚至将其视为机会和挑战。他们的决心和毅力使他们能够在面对失败和困难时坚持下去，这种特性也使他们在完成任务和实现目标时更具有冲劲和动力。

"善于探险"揭示了外向型孩子对未知的热爱和好奇心。他们热衷于探索新事物和新领域，不满足于日复一日的单调生活。他们优秀的适应能力使他们能够在面对突发事件和变化时迅速调整和应对，他们的冒险精神也让他们乐于挑战和解决问题。

"喜欢闹腾的人来疯"描绘了外向型孩子充满活力和活跃的性格。他们热衷于社交活动，善于利用自己的能量和热情去吸引人们的注意力。他们具有天生的社交能力和吸引力，能够让他们在人群中焕发光彩。然而，这也可能让他们在需要安静和专注时面临挑战。同时，这种特性也意味着他们需要有足够的活动和运动来释放他们的能量和热情，否则可能会感到烦躁和不安。

1.3 抚育不同性格的孩子

每个孩子都有独特的性格特点和成长需求，因此，对于不同性格的孩子，也要采用不同的抚育方式。

中向型孩子：树立榜样。

内向型孩子：鼓励赏识。

外向型孩子：激发挑战。

---

1. 树立榜样：中向型孩子的成长指南

中向型孩子通常表现为乖巧听话，但内心深处可能隐藏着对真实、对成长的渴望。为了引导他们成为独立、自信的个体，树立榜样是一种极为有效的方法。

树立榜样强调的是言传身教，以身作则。家长应该成为中向型孩子的榜样，为他们树立正确的人生观、价值观。这不仅需要在言语上传递正能量，更需要通过实际行动去诠释。例如，如果我们希望孩子尊重他人，那么我们自己就要展现出尊重他人的行为；如果我们希望孩子学会诚实，我们就要在日常生活中坦诚待人，不隐瞒真相。榜样的作用不仅让孩子明白，成长的路上我们并非完美无缺，而且让他们感受到父母也在与他们一同成长。

对于中向型孩子，树立榜样还包括尊重他们的个性和选择。家长应该与孩子保持良好的沟通，成为他们的朋友和伙伴。倾听孩子的想法、理解他们的困扰，与他们共同解决问题。中向型孩子在成长过程中可能会对一些事情产生疑虑，他们需要一个能够与他们平等交流的依靠。只有家长展现出包容和理解，孩子才会敞开心扉与家长分享自己的内心世界。

此外，家长也应该为中向型孩子寻找榜样，即找一个值得尊敬和学习的人作为他们的标杆。一个优秀的榜样能够激发孩子的积极性，让他们产生自我超越的动力。可以选择一位成功的公众人物、一位优秀的老师或者一位身边的朋友作为榜样，让孩子学习他们的优点和长处，从而不断提升自己。

树立榜样对中向型孩子的教育具有重要意义。通过正确的榜样，中向型孩子能够明确自己的方向，学会尊重他人、诚实守信，更好地适应社会的发展和变化。而家长作为他们成长道路上的引路人，应该努力成为中向型孩子的榜样，用行动去引领他们走向美好的未来。让我们一同用榜样陪伴中向型孩子成长，为他们的人生奏响美好的乐章。

2. 鼓励赏识：内向型孩子的温暖光芒

对于内向型孩子来说，鼓励赏识是一种特别有效的抚育方式，能够为他们的成长之路点亮温暖的光芒。

内向型孩子往往在表达自己的想法和情感上相对保守，缺乏自信，因此赏识的点位非常重要。如果内向型孩子取得了学习上的进步，家长应该及时表扬和鼓励，让他们感受到自己在学习方面的优势。这样的赞许不仅增强了孩子的自信心，还让他们明白自己是受到家人认可和支持的，从而更有动力坚持努力。而对于成绩较好的内向型孩子，家长可以在其他方面寻找他们的优点，如语言表达、肢体运动、勇敢的内在品质等，通过赏识让孩子感受到全方位的支持和认可，不会陷入自满情绪。

鼓励赏识还包括为内向型孩子提供支持和帮助。当他们遇到困难或面临挑战时，家长不应急于解决问题，而是给予他们适度的支持和指导，让孩子感受到安全和依靠。与其因为孩子做了窝囊事而打压他们，不如肯定他们的点滴进步，帮助他们树立自信和勇气，让他们敢于迎接未知的挑战。

鼓励赏识对内向型孩子的心理健康和自我认知有着积极的影响。通过多次的赞美和鼓励，内向型孩子能够建立起更为积极的自我形象，不再盲目地否定自己。这也有助于降低他们的紧张情绪，在与他人交往时更加自信自然，提高社交能力。

在赏识理念的指引下，内向型孩子能够更好地发展自己的个性特点，勇敢地面对生活中的各种困难。家长的关心和认可是他们成长道路上的动力源泉，让他们在追逐梦想的过程中，拥有坚定的步伐和灿烂的笑容。

因此，鼓励赏识是引领内向型孩子成长的关键之一，在赏识的阳光下，他们能够茁壮成长，绽放独特的个性光芒。家长应当用赏识的温暖光芒，引导他们成为自信、自尊、独立的人，为未来的人生之路增添无限的可能性。

3. 激发挑战：外向型孩子的自我勇气

对于外向型孩子来说，激发挑战是一种特别适合的抚育方式，能够引领他们放飞自我的勇气，拓展无限可能。

外向型孩子天生充满活力和冒险精神，他们热衷于接受新的挑战，喜欢超越自我。家长可以给予外向型孩子适度的挑战，让他们在尝试中成长。在孩子犯错误时，可以适当地体罚，但这必须在他们认识到错误并愿意改正的情况下进行，否则可能导致逆反和抵触情绪。家长要把外向型孩子引向正确的方向，激发他们内在的力量，让他们有信心超越自我，成就更好的自己。

外向型孩子需要更多的自我激励，激发挑战正是为他们提供这样的机会。这让外向型孩子面对更大的目标和更高的标准，激发他们的竞争力和创新力。另外，激发挑战还要注重引导孩子明确目标，制定计划，探索解决问题的方法，让他们在挑战中不断学习和成长。

更重要的是，激发挑战不仅要培养孩子的胆识，还要让他们懂得在挑战中保持谦逊与自律。外向型孩子天生热情奔放，但有时会因为自信过度而变得过于自负。家长应该让他们认识到，勇于挑战不代表可以无视规则，需要在积极进取的同时保持谨慎与自我约束。

总的来说，激发挑战教育是引领外向型孩子成长的关键之一。在挑战的征程中，他们能够展现出无限的勇气和潜力。家长应当以耐心和支持，引导孩子在挑战中不断前进，培养他们自主学习和解决问题的能力，为他们的未来奠定坚实的基础，让他们成为勇敢、自信的人，敢于超越自我，实现自己的梦想。

1.4 孩子分类的特色纷呈

孩子的分类是多种多样的，不同的性格，在心理方面有不同的类别，在灵性、命性、情绪等方面都有各种各样的类别，而这些后天的差异都跟先天程序有着紧密的联系，我们希望每个孩子都能顺应自己的先天程序，活出最好的自己。就像花一样，每一种花都有自己应该盛开的季节。牡丹在春天盛开，荷花在夏天绽放。如果一个孩子的天性如梅花，那么他应该在冬天开放。我们不能要求所有的花都在同一个季节开放，就像我们不能期待所有的孩子都按照同样的标准去成长。如果一个孩子的天性如桃树，就应该让他结桃子；如果一个孩子的天性如松树，就应该让他傲视风雪。那么，我们应该如何认识孩子的性格呢？性格反映在不同孩子的生命特点上，我们可以从多个角度来解读。

从心理上说，中向的孩子属于真假型心理，内向的孩子属于善恶型心理，外向的孩子属于美丑型心理。真假型心理是以真假为标尺，最在乎的是真诚，最接受不了的是欺骗。善恶型心理是以善恶为标尺，最在乎的是善良的初心，最难接受的是恶言恶行。美丑型心理是以美丑为标尺，对视觉美感非常看重，对丑陋的东西非常排斥。不同的心理反映了不同孩子的价值取向，这些都源于孩子的先天性格。

从灵性能量上说，中向的孩子属于淘能型，内向的孩子属于窖能型，外向的孩子属于耗能型。淘能型孩子灵性容易潜藏，潜藏不同于休眠，它是不间断地在发挥作用，就像润物细无声一样，潜移默化，而我们又容易把它忽略。窖能型孩子灵性容易休眠，平时看上去不够灵活，不够机灵，动作比较慢，很多时候像是没有睡醒一样，其实这类孩子特别喜欢思考，尤其是特别擅长开发左脑，有很强的逻辑优势，而这恰恰又不利于灵性的开发。耗能型孩子灵性容易刁蛮，这类孩子经常喜欢主动出头，而且容易表现过激，有时会不计后果，令人头疼。

从生命属性上说，中向的孩子属于植物属性，内向的孩子属于矿物属性，外向的孩子属于动物属性。植物属性的孩子，眼神里有一种"邀宠"的味道，眼睛释放的信息，就像是邀请你来宠爱他。就像在说，"你看我多可爱啊，你抱抱我吧"。矿物属性的孩子，眼神里有一种"羞恐"的味道，即害羞又恐惧，就像在说，"请不要打我，我不会犯错误的"。动物属性的孩子，眼神里有一种"逗能"的味道。

就像在说：我这么有能力，快夸夸我吧！

从情感表达上说，中向的孩子属于策动型，内向的孩子属于被动型，外向的孩子属于主动型。策动型情感，是介于主动和被动之间的情感表达方式，既不会把自己的心思藏起来，也不会让你感到很突兀，如果他对你有需求，会寻找一些媒介，创造一些机会，营造一些氛围，让你感到很轻松，并顺其自然地达到自己的目的。被动型情感是处处在等着别人主动的状态，有想法也不主动说出来，有需求却等着别人来猜。主动型的情感表达是有话直接说，有事儿提前做，有想法就主动去争取，比较爽快和高效。

孩子的先天性格不同，在各个方面的表现都会有差异，而我们读懂孩子，是为了更好地抚育孩子，让孩子能呈现出一个立体健康的状态，既能实现孩子的身体健康，还能达到心理健康，人性健康，人格健康，性格健康，并走向生命的独立。

第二章　读懂孩子的叛逆

2.1 孩子为什么会叛逆？

许多家长反馈，"如今的孩子实在太难管教了。无论你怎么指导，他们似乎总是在做相反的事情。你试图和他们进行理性对话，他们却总能问出你无法回答的问题"。有些孩子经常对家长大发脾气，与他们沟通变得困难重重。无论你尝试什么方法，都似乎是错的。尤其是当孩子进入青春期后，他们的态度和行为看似发生了根本性的改变，变得或与你抗衡，或封闭自我，对话更是雪上加霜，很多人将此理解为孩子的叛逆，于是，一个令家长焦虑的问题出现了，当孩子出现叛逆了，该怎么办？

其实，孩子所有的对立或异常行为，并不都是叛逆表现，叛逆是在心理结构完整的基础上，出现的对立行为，是孩子的心理成长向自我独立的一种过渡反应。而孩子的有些表现，如冷漠、自闭、自我伤害等行为，是因心理结构缺失而出现的异常表现，已经超出了正常叛逆的范围，我们就不能用简单的叛逆思维去理解孩子，而要从心理结构的建设上去考虑如何帮助孩子。

我们本节所要探讨的，是在孩子心理结构正常的情况下，孩子出现的各种叛逆行为，该如何解读，并有效化转。比如有的孩子对家长百般挑剔，有的孩子不愿意跟家长说太多话，还有的孩子开始跟家长撒谎，面对这些情况，家长往往会感到焦虑和无助。

一方面，他们的情绪被孩子的行为干扰，感到不安和挫败，犹如在孩子面前失去了尊严。另一方面，他们也因为孩子的行为产生了实质的负担，包括消耗的精力、物力甚至财力。尤其是在自己忙碌的时候，孩子的反抗更是让人难以忍受。然而，有没有考虑过孩子长大了，他们开始有自己的思考，有自己的理想，开始渴望独立，这也是好的一面呢？因此，家长不必因为孩子的叛逆行为而过于焦虑。

所谓叛逆，实际上是孩子在形成自我认知过程中的必然表现。孩子从出生开始就开始逐渐形成自我，而当他们进入青春期后，自我形成过程加速，他们开始寻求独立，有自己的隐私和界限，有自己的主张和理想，他们不想再仅仅按照你的期望来生活。所以，孩子叛逆的根源在于他们想要找到自我，想要找到自己的存在价值，而不是变成你的复制品。

敢于否定老师的孩子是真才子，巧于否定父母的孩子是真孝子，惯于否定古人的孩子是真学子，善于否定经验的孩子是真天才。作为家长，我们不能仅以"听话否"、"高分否"来评价孩子，而应该关注孩子的独立思考能力，提出问题的能力。

实际上，当孩子开始形成自我认知的时候，他们必然会与外界产生碰撞，因为他们需要设立自己的边界，拥有自己的空间，做自己的主人。当这些与家长的期望产生冲突时，对抗就会产生。因此，家长首先要做的是理解并接受孩子的自我形成，并不是叛逆，而是正常的成长过程。有了这个认知基础，家长才能有效地处理和化解孩子的叛逆行为。

家长真正需要解决的是如何与孩子建立合适的相处模式，而不是要消除叛逆本身。例如，当一个家长被问及幸福的定义时，他们可能会回答"吃饱穿暖"，然而他们的孩子可能会有不同的看法。他们可能会说，幸福是能与家长平等、尊重地对话，有一定的生活决定权。

因此，面对孩子的叛逆，家长应首先进行自我暗示：孩子的行为并不是叛逆，而是他们在寻求自我认知和独立。家长应尝试理解孩子，降低自身对叛逆行为的排斥感，与孩子和解，然后逐步解决孩子的行为问题，如不听话、不愿沟通或是故意作对等问题。

2.2 外向孩子叛逆怎么办？

许多家长会反映，"孩子总是与同学发生冲突，在家里动不动就发脾气，大吵大闹。有的孩子故意顶撞家长或老师，目的就是让你尴尬"。这是典型的外向孩子的叛逆行为，尤其是在初中和高中之间的阶段，他们的行为常常让家长感到困扰。

为什么外向孩子会表现出如此激烈的叛逆行为呢？从表面上看，他们似乎是在反抗不满，或者是在表达对被否定和失去面子的愤怒。但实际上，这些行为其实是他们在形成一种未来特质的过程，那就是领导力。

外向的孩子往往具有领导潜力，他们喜欢指挥别人，希望别人听从他们的指示，他们希望在语言、行为和精神上都能成为引领者。如果家长因为孩子的叛逆行为而过度打压孩子，那么他们可能会扼杀孩子的这种特质，让他们未来的优势无法得到发展。

因此，面对孩子的叛逆行为，家长既要尝试降低冲突，减少消耗，同时也要保护好孩子的特长和潜能。当孩子把别人家的东西打坏了，或者把同学打伤了，家长虽然需要负责赔偿，但在处理这些问题时，我们仍然需要保护和培养孩子的领导能力。

如果外向的孩子开始叛逆，家长应该如何应对呢？

首先，要启发孩子的责任感。例如，当孩子打了某个同学，你需要让他明白，那个同学是弱者，需要他的保护；当他对老师产生不满时，你可以告诉他，那个老师可能正面临困难，最近心情也不好；或者当他与妈妈争吵，甚至威胁要离家出走时，你可以试着引导他帮助妈妈解决问题，"妈妈最近工作压力大，心情也不好，家庭问题也处理不好，妈妈都想离家出走了，你能不能帮帮妈妈？"将孩子的注意力引向如何共同解决当前的问题，让他与你一同协力，这样，孩子的叛逆就能起到正面的效果。

叛逆本身代表了一种强大的能量。如果没有正确引导，这股能量可能会变成破坏力；如果引导得当，它可以转化为正能量，成为推动发展的力量。家长在处理孩子叛逆的过程中，需要学会如何把这股破坏性能量转化为建设性能量，将消耗的能量转化为支撑的能量，调整能量的方向。

所有方法的核心都是引导孩子逐渐承担起责任。只要外向孩子开始承担起责任，他们的叛逆行为自然会得到缓解。

2.3 内向孩子叛逆怎么办？

孩子突然对家长冷淡起来，不愿意跟家长过多交流，一个人默默生闷气，无论你说什么，他都不做出回应。这些是内向孩子常见的叛逆行为。

与外向孩子的叛逆行为不同，内向孩子的叛逆往往是朝内的。他们可能会自我纠结，自我斗争，甚至会否定自己，个别情况下可能会自己破坏自己。他们并不像外向孩子那样，发泄过一次脾气就能忘记，他们会持续地与自己斗争，很难释放心理压力。

这样的行为其实并不是他们不想释放情绪，而是他们不知道如何表达和释放自己的愤怒。因此，他们常常会在心里自责："我怎么会这么笨，我怎么这么坏，我为何不够善良，我怎么会变成这样。"家长看到孩子把自己关在屋子里，可能会误以为孩子是在与他们作对，实际上，孩子是在与自己作对，他们不知道如何调解自己的情绪。

面对内向孩子的叛逆，家长应该怎么做呢？

首先，要让孩子感到他们是被接纳和理解的。无论他们做了什么，你都应该先向他们表达确认和接纳。比如孩子跟同学吵架了，你应该首先告诉他："我知道这不是你的错。"或者当孩子把自己关在房间里时，你可以告诉他："我知道你现在很难受，你需要一些独处的时间，你是在尽力保护我和其他人不受你情绪的影响，你是个好孩子，你是善良的。"

然后，在确认孩子感受的基础上，再给孩子提出你的建议，"如果你选择另一种方法，可能结果会更好，你觉得呢？"这样，孩子就会开始正向思考，积极去解决问题。

对待内向孩子，家长一定要有耐心。即使孩子听到了你的建议，他们也可能不会立刻做出改变。可能接下来的几天他们还是会保持沉默，但只要他们真正听到并理解了你的建议，他们的正向能量就已经启动了，他们将会慢慢走出困境。

对于内向孩子来说，我们要保护他们的善良本性，这是他们的特质。当我们肯定孩子的善良时，我们需要尽可能的具体，比如他做了什么事情，什么动作体现了他的善良，帮助孩子确认自我。这样既能引导孩子的叛逆行为，也能保护他们的特质。

2.4 中向孩子叛逆怎么办？

"孩子一心想要某样东西，或者希望通过你实现某个目标。他会首先试图与你沟通，但如果你不同意，他可能会稍微有些情绪，但并不会特别激动。表面上看起来，虽然你拒绝了他的请求，他似乎已经接受并放下。然而过了一段时间，他可能会再次提起这个事情，或者采取自己的方式去实现他的目的。"这就是中向孩子的典型特征。

中向孩子的叛逆行为可能并不容易被察觉。他们并不会像外向孩子那样直接挑战，也不会像内向孩子那样封闭自我，看起来他们似乎总是保持平和的态度，和你交流时也会给出反馈，但实际上他们可能已经在心里与你产生了距离。

中向孩子的叛逆行为，其实质是你与他们之间关系的破裂。他们会通过你的行为来衡量你们关系的距离，因此，处理这类叛逆行为需要从修复你们的情感联系开始。

那么，如果没有妥善处理中向孩子的叛逆，会有什么后果呢？

最轻微的后果可能是他们在心理上与你疏远，表面上看起来他们接受了你的安排，但实际上他们并没有执行。

更严重的后果可能是他们开始挑剔你，可能会批评你做的饭菜不好吃，或者嫌你买的衣服不好看，甚至可能嫌你说话的声音太大，等等，好像你做的任何事情都是错的。

最严重的后果可能是他们开始对生活感到厌倦，认为生活没有意义，甚至可能会出现自我伤害的情况。

我们肯定不希望孩子发展到最严重的那个状态，所以在叛逆的最初阶段，就要采取措施了。具体该如何操作呢？

首先，家长要先反思一下自己，看看是不是你自己的某些行为让孩子感到了欺骗，是否有表里不一的地方。中向孩子对父母的期望并不是你要多么伟大或有成就，而是希望你能做到言行一致，真实诚恳。如果你故意欺骗一个中向孩子，就意味着你可能会失去这个孩子。

其次，坦诚面对孩子，承认你自己的不足之处，例如，你可以说："我知道这样做是最好的，但是妈妈现在确实没有能力做到，但我相信你可以做到。"这样孩子是完全可以接受的。孩子最讨厌的是，明明是你自己有问题，孩子都看清楚了，你还不承认，甚至把你的过错，推卸到孩子身上。那你就永远不可能走近他了。

最后，对孩子言传身教，让中向孩子接受你，既要做得好，还要说得好。做得好，是你以身作则，要求他学习，你就先看书，想让他锻炼身体，你自己先锻炼，让他跟着你练。说得好，是你要以理服人，你希望他做的事情，或不想让他做的事情，要讲出道理来，说出意义来，而且眼光要长远，思维要高远。不能只强制要求，暴力或怒吼。如果你讲的道理还没有他讲得深刻，他肯定不会听你的。

对待中向孩子，家长不要期待在行动上服从你，还在态度上接受你。中向孩子是有可能成为社交高手的，他们既有外向特质，也有内向特质，可以与不同类型的人相处。他们明白如何处理与他人的关系。因此，处理中向孩子的叛逆行为时，一定要保护他们的社交特质。

当然，任何类型的叛逆都是孩子自我形成的一个表现。在孩子自我形成的过程中，家长如何处理叛逆，直接决定了你与孩子的未来关系。这是你为未来亲子关系确认的关键时期。你与孩子未来的关系将取决于你现在如何处理叛逆行为。

第三章　读懂孩子的学习力

孩子的学习问题，主要是构建学习力，孩子的学习力提升了，学习效果自然会相应提升，而提升孩子的学习力，不仅需要激发孩子的学习兴趣，制定合理的学习规划，还需要家长对孩子恰当地引领和指导，并根据孩子的性格类型，选择最适合他的方法。

3.1 孩子学习没兴趣怎么办？

孩子学习兴趣不足，或者兴趣不持久，难以恒定，是影响学习力的重要因素。激发孩子的学习兴趣，是改善孩子学习状况的有效途径，孩子自己愿意去学，发挥主观能动性，才能快速提升学习效果。

中向型孩子：用陪伴之人，培养集体主义。

内向型孩子：用解怨之事，禁忌实物激励。

外向型孩子：用挂件之物，谨防过分赞誉。

---

1. 中向型孩子：陪伴之人

提升中向孩子的学习兴趣，要从人这方面入手，即先给他找一个陪伴的人，可以是喜欢之人、好感之人、欣赏之人、恋慕之人，或者崇拜之人，或者可怜之人，这六种人均可，倘若中向孩子对这六种人一个也没有遇到，就很容易导致他对学习提不起兴趣。对中向孩子，最重要的就是为他找一个知己朋友，或者伴侣，这类孩子不可能成为孤胆英雄，他旁边一定要有一个人，才能出自己的成就。对这类孩子，其他任何措施都不如这个措施有效，这是衡量一个中向孩子未来成就大小的标尺，也是投入最小、最切合实际的方式。

基于以上分析，对中向孩子，从小就要培养集体主义观念，培养对集体的凝聚力，这样他的精神也容易聚焦，内在动力也能调动起来。中向孩子缺乏终极爆发力，明知道往前走一步就可过去，但就是跳不过去，这就是中向孩子的尴尬。所以要想提升中向孩子的冲刺能力，一定要借助身边人的力量，他在集体中看到大家都在冲刺，自然也不会懈怠，如果身边的人都没有紧迫感，他也会缺乏动力。

2. 内向型孩子：解怨之事

激发内向孩子的学习兴趣，靠人和物都有弊端。

如果靠人，给他找一个榜样，他会生出嫉妒心，当对方比他优秀时，他首先生出的是怨气，而不是考虑向对方看齐。若给他专门安排个人陪伴，他认为是监视，心里会很排斥。

如果靠物，会导致他分心。比如你给他准备奖品，他认为这是在诱惑，而且心系奖品，忘了打拼，每到关键时刻，总是心里想着那个奖品，就顾不上努力了。

正确的做法是靠事解决，靠什么事呢？解怨之事。这里要说明的是，内向孩子最容易生出怨气，最难排解怨气，最可能因怨气而放弃努力。一方面是他在嫉妒中生出的怨气，另一方面是情绪的敏感，别人说的话本来没有恶意，他却从中琢磨出了恶意来，进而生出怨气，这种小怨气的产生是随时随地的，再加上他情感相对封闭，缺乏沟通，更容易将怨气积累，变成愤恨。这类孩子经常是心里一旦有怨恨，就什么也不想做了，一个人生闷气。所以，激发他的学习兴趣，可以从解怨之事入手，比如，你对他说的话，是帮他解气的，是表达对他体谅的，是为他鸣不平的，他会瞬间调动自己能量，很快就有干劲儿了，兴趣就调动起来了。

3. 外向型孩子：挂件之物

激励外向孩子的学习兴趣，最有效的方式是靠物，靠实际有形的奖品，用奖金也是不行的，如果用奖金激励，外向孩子就容易往下滑，况且这类孩子的虚荣心比较强，需要满足自己的成就感。当外向孩子向你谈起辉煌战绩时，可以随时把奖品（或奖状、奖杯）拿出来向人展示，如果是奖金，他当时花掉了，关键时候拿不出来，会很尴尬。

总的来说，激发孩子的学习兴趣，最有效的方法，对中向孩子用陪伴之人，对内向孩子用解怨之事，对外向孩子用挂件或奖品。

3.2 如何提升孩子的学习力？

孩子的学习力主要包括专注力、记忆力、理解力。对于不同类型的孩子来说，学习力的提升方式是不一样的，家长需要根据孩子的性格来提升孩子的学习力。

1. 提升孩子的专注力

很多家长反映，"孩子在课堂上总是不专心听讲，老是跑神，说了他很多次，也没有好转"。

这就是我们经常说的专注力问题，孩子的专注力差，是现在普遍存在的问题。单纯用说教是很难解决的，如果用同一种方式去解决所以孩子的专注力问题，也是不合适的，因为孩子的性格不同，影响专注力的因素也不同，必须要因人而异。

（1）中向孩子的专注力

中向孩子的专注力问题，主要在于体脑分裂，就是脑子想的事和身体做的事难以直接联系在一起。这类孩子的躯体智慧和大脑智慧先天不容易集中，所以小时候要从动手能力上入手，通过让他实际操作促进他思考。

市面上有很多游戏都有利于这类孩子提升专注力，比如拼接游戏、积木游戏、智力拼图等，孩子要从一大堆零件中把小零件一个个找出来，再按照图纸拼装，这对训练专注力是很有效的。如果孩子太小，可以让他从串珠子练起，用一根绳子把一盘珠子串起来，类似的游戏有很多，家长可以自由选择。

（2）内向孩子的专注力

内向孩子的专注力提升，要从小点切入，启发他深入钻研。你给这类孩子安排事情，不要大而化之，只说一个大目标，这样他会无从下手，也不要同时给他安排好几件事，这样他会顾此失彼，不知所措。就从一件小事入手，但是你要引导他从这件小事当中不断深入扩展，挖掘背后的东西，这样他的专注力就提高了。内向孩子，是最容易做到全神贯注，专心致志的，只要他的钻研性被调动起来了，可以做到心无旁骛。

（3）外向孩子的专注力

外向孩子在自然状态下，你想让他心无旁骛，目不转睛是很难的，因为他的思想是天马行空的，行为是喜动不喜静的。一个外向孩子，只要能安静下来，专注力自然就提升了。兵法上有句名言叫"静如处子，动若脱兔"，这对外向孩子尤其重要，如果一个外向孩子做起事情行动敏捷，停下来时又沉稳安静，你放心，孩子将来必然有大成就，具体如何让外向孩子养成这种素质呢？给他找一个精准的服务对象，或者服务团队，有助于他专心致志。

外向孩子对荣誉感、成就感、责任感最感兴趣，没有比这类事情更能调动他的积极性了，比如，家里需要完成一件事，但是完成这件事需要两个以上的人参与，在孩子能力范围内，你就交给他负责，因为这类孩子是看重结果的人，他要想实现目标，就要考虑怎么让别人配合，怎么按步骤完成，就不能太冲动，多给孩子做几次这样的训练，他的专注力很快就提升了。

2. 提升孩子的记忆力

孩子的记忆力差，让家长非常担忧，刚刚跟他说过的事儿，过一会儿就忘了，昨天刚学的知识，今天就没有印象了，这样下去，将来的学习可怎么办呢？

其实家长不用过于担心孩子的记忆力，因为记忆力是可以通过一定的方法进行训练的，而且不同的孩子记忆特点也不同。

（1）中向孩子的记忆力

中向孩子在什么情况下记忆力好？一是早上的时候记忆力最好，二是有实惠有好处的事情，他记得久。

所以中向孩子是最需要早睡早起的，"早起的鸟儿有虫吃"最适合中向孩子，让他选择早上去背书，比在其他时间更有效果。

另外，你要想让他记住某些东西，要告诉他这是很实用的，对他是有切实好处的，他就不容易忘。这类孩子是实惠主义者，如果他看不到实用价值，没有实际好处，他会感觉即使记住了也没啥意义。

（2）内向孩子的记忆力

内向孩子的记忆力如何提升呢？首先，内向孩子的记忆力是三类孩子当中最好的，最擅长的就是死记硬背。所以家长一般不用担心这类孩子的记忆力问题，通过"重复"来加强记忆，是内向孩子乐此不疲的，另外，这类孩子要记的东西，不一定是当下有用的，你只要告诉他，"这个是将来有用的"，他会自发加强记忆的。

（3）外向孩子的记忆力

对于外向孩子来说，什么情况下记忆力最好呢？一是在晚上的时候记忆力最好，二是马上能操作的，很快能见到效果的东西，他记得快。三是能增加他荣誉感的东西他记得牢。比如他虽然没有取得班级第一名，但是他身上有比第一名还优秀的东西，让他引以为傲，你围绕他这个点，给他讲的东西，他就能记得住，记得久。

知道了外向孩子的记忆规律，就可以调整方法，比如让他选择晚上去背课文，比早上效果好。让他把今天要做的事跟明天的效果联系起来，他就能记得住。

3. 提升孩子的理解力

很多家长都因为孩子的理解力差而感到焦虑，明明是很简单的问题，跟孩子讲了很多遍，他就是不理解。其实家长不必过于担心，孩子的理解力是可以通过一些方法来训练的。

中向孩子从实物联系入手，内向孩子从融会贯通入手，外向孩子从多点同步入手。

（1）中向孩子的理解力

中向孩子提升理解力，一定要跟可见可感的事物联系起来，比如你想让孩子理解不同商品的数量关系，就可以从"教孩子认识超市小票"入手，上面有商品的名称、数量、单价、金额，孩子就能从中找到规律，对数学的理解力自然就提升了。这类孩子不太善于融会贯通，他要把一个抽象的东西跟实际生活联系在一起，才能更好理解。比如现在市面上有很多有趣的家庭科学小实验，可以跟孩子一起去做一做，让孩子在操作当中，提升了理解力，也涨了知识。

（2）内向孩子的理解力

内向孩子提升理解力，从融会贯通入手，要引导到举一反三。这类孩子擅长融会贯通，他把自己体验或积累的东西，一点点整理，合并同类项，会发现其中是有规律的，这样他就能贯穿前后，全面透彻理解了。

（3）外向孩子的理解力

外向孩子不擅长单线条的理解力，比如你给说一件事，让他顺着这个事一点点深入进去，这对内向孩子很容易，但对外向孩子是很难的，他甚至会觉得这样意义不大，格局太小了。如果你给他同时说三件事情，或三个问题，让他同时去解决，他就能做到兼顾，在他同时解决多个问题的过程中，理解力迅速就提升了。

3.3 怎样制订孩子的学习规划？

中向孩子：先常识（6分），再知识（3分），后学识（1分）。

内向孩子：先知识（6分），再学识（3分），后常识（1分）。

外向孩子：先学识（6分），再常识（3分），后知识（1分）。

学习的东西一般分三个层次：第一个层次是常识，第二个层次是知识，第三个层次是学识。常识一般与实践相联系，与实用性有关，例如生活常识；知识属于理论部分，例如书本知识；学识相当于精髓部分，精华部分，是具有指导价值、指导意义的东西。

制订孩子的学习规划，也要围绕这三个层次进行，不同类型的孩子，其中的次序是不一样的。很多家长和老师容易犯的错误是，无论孩子是哪种类型，都制订一个循序渐进的计划，这样对内向孩子有效，而对另外两类孩子可能适得其反。

1. 中向孩子：先常识，再知识，后学识

中向孩子是从实际出发，有用第一，所以常识是第一次序。通常情况下，对中向孩子就从实验入手，你为了让知识灌输下去，先让他看看有用性在哪，这样他就有兴趣学了。如果违背了这个次序，你的计划在理论上再圆满，也无法落实下去。对中向孩子用循序渐进的方式是不行的，因为中向孩子非常实际。他首先关注的是这个东西有没有用，用常识一检阅，发现没有用，他后面无论如何也学不进去了。在三个层次的比例上，中向孩子是常识占六分，知识占三分，学识占一分。这里的比例，既是周期上的比例，又是数量上的比例，对应在学习上，常识是指实践课，知识是指创新课，学识是指理论课。

2. 内向孩子：先知识，再学识，后常识

内向孩子就是循序渐进，先易后难，这是内向孩子的学习规律，所以先给他知识。在知识的学习当中获得学识，最后投入应用到常识，这是一个正转次序。因为内向孩子对知识感兴趣，内向孩子生怕学得不全面，生怕自己掌握的知识片面，这也是他的优点。对内向孩子来说，只要是知识他就学，即便暂时用不上也没关系，将来可能有用他就能学进去，哪怕与自己不相关，他也愿意学，这也是与中向孩子的差别。很多时候内向孩子认为有用的东西，中向孩子认为没用，而中向孩子认为有用的东西，内向孩子认为太俗，总是不一致。在三个层次的比例上，内向孩子是知识占六分，学识占三分，常识占一分。

3. 外向孩子：先学识，再常识，后知识

外向孩子的智能拼搏，在于证明自己比别人强，比别人高，所以直接从学识开始，容易激发他的兴趣。如果一开始学知识，他觉得那很啰嗦，太占用时间；如果一开始学习常识，他会觉得格局太小，不够宏观；从学识开始，能够让他先从整体上建立框架，有了学识之后，就要应用到实践中，能够看到效果，最后再学习知识，他会根据自己的需要，对某些知识进行弥补，而不用全面深入学习。在三个层次的比例上，外向孩子是学识占六分，常识占三分，知识占一分。这是在制订学习规划时要注意的排序比例问题。

3.4 孩子成绩优异时该怎么做？

如果孩子成绩非常好，高兴地跟你分享考试结果，你会怎么做呢？也许很多家长会说，"真厉害，太棒了，说吧，想要什么奖励？"夸奖完孩子之后，就开始在别人面前炫耀自己孩子的成绩。当你这样做的时候，孩子心里会怎么想呢？不同性格的孩子，面对家长的夸奖，会有不同的反应。

对于中向型孩子，你若夸奖不当，可能会适得其反，孩子心里会想，"看来你在乎的只是成绩而已，你现在对我这么好，完全是因为分数，如果我没有取得好成绩，你还会对我好吗？你爱的只是分数，并不是我"。你若不夸奖孩子，他会想，"我取得了好成绩，你都不夸我，看来你根本不在乎我"。这就让家长感到为难了，你不夸他，他感觉你不在乎他，夸了他，他又觉得你有点假，到底该怎么做呢？

面对中向孩子的好成绩，你的第一反应不是高兴，而是难受，先表示心疼，你应该说，"真不容易！我知道你是经过自己的努力才取

得这样成绩的！"然后再对孩子说，"分数很重要，但是你能健康快乐更重要！看到你这么努力，我们虽然感觉心疼，但真的是替你高兴。"

需要注意的是，你是替他高兴，不是为成绩而高兴。因为孩子取得好成绩，是他自己努力的结果。他自己高兴了，你才高兴，你不能让孩子感觉到，你是因为成绩高兴的。

对于内向型孩子，面对孩子取得的好成绩，就可以多给孩子赞赏。孩子听到你的夸奖，不会怀疑你的爱心，他会非常开心，也会更加自信，以后会更努力，你在哪个方面夸奖他，他就会在哪个方面做得更好，希望能得到更多的赞赏，所以，你可以毫不吝啬自己的赞美之词。

对于外向型孩子，你对孩子过度的夸奖，很可能导致他自大自负，目中无人。因此，你在给孩子赞赏或奖励的同时，一定要再给他设定一个更大的目标，比如，你可以说，"孩子，虽然你这次得了第三名，但我知道，其实你的实力跟第一名不分上下，相信你下次一定会赶上他"，这样他就有了一个更大的挑战去追求，否则，他就可能会提出一些过分的要求，认为你给他再多的奖励都是理所当然的，而且很可能安于现状，不思进取。

同样是面对孩子取得好成绩，孩子的性格不同，家长的回应方式也应不同，如果方法不正确，不仅起不到激励效果，反而会破坏与孩子的关系，所以，读懂孩子，才能因材施教。

3.5 孩子成绩较差时该怎么做？

如果孩子成绩不理想，或考试不及格，你会怎么做呢？也许你会说，"我们辛辛苦苦工作，都是为了你，你就考了这点分数，对得起我们吗？真是太让我们失望了"，有的家长会说，"这次不理想没关系，下次继续努力，争取有进步"，家长不同的回应，会引起孩子不同的心理反应。

对于中向型孩子，如果因孩子成绩不好而去批评他，他会认为你在乎的只是分数，而不在乎他的感受，他会觉得你并不是真的爱他，于是就会在心理上与你疏远。

你首先要做的是先理解孩子，比如你可以跟孩子说，"我知道你是有努力的，虽然我们也希望你能取得好成绩，但不希望你有太多压力"，然后再跟孩子一起去分析成绩不理想的原因，是因为粗心大意了，还是基础知识没学好，亦或者是孩子感觉学习没意思，出现厌学情绪了，要根据实际原因去帮助孩子进入更好的学习状态。

对于内向型孩子，如果他成绩不好，家长会比较为难，假如你批评他，他会感到自卑，本来因成绩不好已经非常自责了，再加上外在的压力，他会更加痛苦。如果你让他向别人学习，他就会生出嫉妒心。你若夸奖他，他会认为你是在挖苦讽刺，明明不好，你还说好，分明是在看他的笑话。如果你不表态，他认为你不在乎他的成绩，对他的学习是放弃状态，他会很受伤。家长究竟该怎么做呢？

首先，找到他这次成绩不好的一个客观原因，比如，"这次的考试内容，刚好是你没复习到的部分，如果考的是你复习过的，你肯定能考好"。这是先把孩子从自责中抽离出来，不要让他陷入深深内疚和自我否定中，停止内耗。

然后，发现他身上的另一个亮点，表示欣赏，而且越具体越好，不要大而化之地说，"孩子你很棒，妈妈爱你"，这是没有效果的。

你可以说，"昨天你把叔叔丢的东西捡起来，一直等着他回来取，还担心叔叔心里着急，我知道你一直在想着这件事，其实你是一个特别善良的好孩子"，这一步是让孩子建立自信和底气。

消除了自责，建立了自信，最后告诉孩子，已经发生的结果就不要再想了，把精力放在下一次的结果上。这样一来，孩子就该自发努力了。

对于外向型孩子，如果孩子成绩很差，你不要去直接批评孩子，或跟孩子讲道理，这只会让他产生逆反心理，或把你说的话当成耳旁风。外向孩子的目标感和抗挫能力都很强，只要他认准的事情，一定会全力以赴，之所以会出现成绩差，很可能是目标不明确，缺乏上进心，你要做的是把孩子的斗志激发出来，比如，你可以提前给孩子营造一种荣誉感，如果他取得了好成绩，会有多大荣耀，会有多少鲜花和掌声，或者告诉孩子，"其实只要你愿意，你完全有能力取得好成绩，我们相信你的潜力，下次你一定会给我们惊喜的"。

以上就是针对孩子成绩不好时，家长不同的回应方式，由此可见，一味批评孩子，或顺应孩子，都是不合适的，而要根据孩子的性格选择最恰当的方式。

3.6 孩子成绩中等时该怎么做？

当孩子成绩不好不坏，处于中等时，家长该怎么做呢？有的家长会让孩子向成绩好的学习，希望孩子以优秀的学生为榜样，还有的家长会选择暂时不对孩子批评或赞赏，让孩子自己去调整。而最好的方式，还是要根据孩子的性格类型，给孩子最适合的回应。

对于中向型孩子，要让他与成绩好的同学成为朋友，这类孩子很容易受到身边人的影响。如果跟他关系很好的同学成绩很好，他就会以对方为榜样，主动向对方学习；如果他身边的同学都跟他成绩差不多，或成绩还不如他，他就很可能安于现状，自我感觉良好。

对于内向型孩子，要在肯定孩子的基础上，引导他的上进心，这类孩子成绩处于中等时，很容易出现矛盾心理，当他跟成绩较差的同学对比时，会自我感觉良好，当他再跟成绩好的同学对比时，又会心生自卑，家长要先肯定孩子自身的优势，然后让孩子看到自己的进步之处，让孩子感觉到，超越自己比超越别人更有意义，只要自己一直在进步，就是最好的状态，这样孩子就把关注点放在自己身上了。

对于外向型孩子，当他成绩处于中等时，家长会出现左右为难的情况。如果你表扬他，他会安于现状，以后就不好好学习了；如果你批评他，他会拿一个比他成绩更差的同学比较，跟你说，"你看我同桌，他还不如我呢"，家长该怎么办呢？

这时候家长不用跟孩子讲太多道理，也不需要给孩子树立榜样，最需要做的是，把孩子争做先锋的上进心激发出来，比如，你可以跟孩子说，"虽然你现在成绩处于中等，但我看你跟前几名的同学相比，并不比他们差，你要是想超过他们，并不是难事"。对外向孩子的激励，主要以确认目标为主，不用太在乎他努力的过程，如果孩子安于现状，随波逐流，一定是目标感缺失了，所以，帮外向孩子明确更大的目标，是最适合他的激励方式。

3.7 如何赞赏你的孩子？

很多家长认为，对孩子要多鼓励，多赏识，这样才能增加孩子的自信心，激发孩子的学习兴趣和动机，尤其是对孩子的行为结果及时肯定，可以强化孩子的习惯。赞赏孩子，的确可以起到很好的效果，但是还需要把握好时机，选择恰当的方式。

什么时候应该赞赏孩子呢？

首先，当孩子心理疲惫了，自信心不足了，你需要赞赏。比如孩子进入班级前十名了，你想让孩子冲刺班级前五名，但是孩子明显斗志不足了，想要退缩，这时候就不能再施加压力，否则会适得其反，适当的赞赏可以给孩子加持学习动力。

其次，当孩子感觉作业学业压力很大，向你提出要奖励的时候，需要给他赞赏，很多家长感觉不能一味惯着孩子，孩子越想要奖励，越不能马上满足他。事实上，奖励分为精神奖励和物质奖励，这个时候可以多用精神奖励，激发孩子的创造力，冲淡孩子的物质享受要求。

第三，当孩子感觉到自己不努力学习不行，发奋读书做作业时，需要赞赏。这种情况下，家长往往会感觉比较欣慰，而忽略对孩子细节的关注，这时对孩子赞赏的作用是，培养孩子的轻重缓急概念，让孩子在得到肯定的基础上，寻求更丰富的经验，确认学习的重点，获得更多的解题思路。

针对不同性格的孩子，赞赏的方法也要因人而异。

对中向孩子，赞赏时要说得全面，不能太偏激，如果你只说好的一面，不说另外一面，他会感觉不真实。比如你可以说，"虽然你也会犯一些小错误，出现一些小失误，但你的自觉性很好，能自己发现的问题，自己改进，你知道如何让自己变得更好"。

对内向孩子，赞赏的点位越小越好，越具体越好，这类孩子心思细腻，你观察到了他在细节上的优势，然后加以肯定，就能说到他的心坎上，激发他的上进心。

对外向孩子，以赞赏他的潜力为主，让他感觉到他还有非常大的潜能没有开发出来，他真正的实力远远超过他已经表现出来的能力，他本可以比现在做得更好。

以上就是对孩子赞赏的时机，以及对不同孩子的赞赏方法。

3.8 如何惩戒你的孩子？

是否应该对孩子惩戒，在家庭抚育中一直存在很大争议。有的家长认为孩子要以鼓励为主，不要对孩子惩罚；而有的家长则认为，"棍棒之下出孝子"，如果孩子犯了错误从来得不到惩罚，就会变本加厉，更加肆无忌惮。到底应不应该对孩子惩戒呢？其实，对孩子适当的惩戒也是可以的，但是一定要把握好时机和方法。

首先，当孩子考了高分，开始得意忘形，到处炫耀，或提出无理要求时，需要给予孩子小小的惩戒。

其次，当孩子无理取闹，故意撒泼，或破坏物品，不懂规矩时，需要给予孩子适当的惩戒。

第三，当孩子与同学发生冲突，出现欺负同学、沾染了骂人打人恶习时，需要给予孩子一定惩戒。

需要注意的是，在对孩子惩戒时，务必要等到孩子觉醒之后再惩戒，如果孩子认识不到自己错在哪，惩戒只会让他感到委屈，甚至心生怨恨。当孩子已经认识到错误点，但还没有下定痛改前非的决心时，是惩戒的最佳时机。当然，具体的方法还要因人而异。

对中向孩子，惩戒时要抓错成双，当他出现两个或两个以上的错误时，可以对他惩戒，如果他只是犯了一个小错误，你就惩戒他，他会认为你小题大做，不会把你说的话放在心上，但你把两个以上的错误摆在他面前，就会引起他的重视，促进他积极改进。

对内向孩子，如果他确实犯错了，要以语言惩戒为主，不宜体罚。语言惩戒不能是一味批评和打击，要让他从你的批评中看到你的善意，比如你可以说"你出现这样的错误，你知道我有多心疼吗？现在这是小错，等将来可能演变成大错，甚至演变成大祸，如果没有人帮你收拾残局了，你该怎么办呀"，他听到你确实是为他好，就会主动弥补自己的漏洞。假如你没有控制住自己，确实动手打了内向孩子，你要让他感觉到，打在他的身上，痛在你的心上，你是希望他越来越好的。

对外向孩子，惩戒时可以手口并用，这类孩子抗挫折能力很强，不用担心他心理承受不了，可以语言惩戒，配合适当体罚，前提是他确实认识到是自己错了。古代说的"棍棒之下出孝子"也多是指这类孩子，但一定要结合孩子当下的状态，把握好适当的度。

3.9 如何引领你的孩子？

家长在抚育孩子时，还要给孩子适当的引领，这样可以纠正孩子的想法，完善孩子的思维，化解孩子的心理纠结，让孩子逐渐走向成熟。家长在什么情况下需要引领孩子呢？

首先，当孩子学习兴趣很浓厚，并且下决心一定要超过某同学时，需要引领，否则，孩子争胜之心就容易膨胀，这虽然能激发他的动力，但若没有实现自己的目标，孩子容易走向气馁。

其次，当孩子忧心忡忡，郁郁寡欢时，需要对孩子引领，防止孩子走向悲观厌学的方向。孩子出现忧虑，不开心了，一定是有心结需要解开，家长用引领的方式，可以让孩子的聪明和才智得到有效发挥，进而提升自我转化情绪的能力。

第三，当孩子精神不够昂扬，缺乏热情和激情时，需要对孩子引领，用引领的方式调动孩子的内在能量，激发孩子的心理热情，让生命的活性绽放起来。

在具体引领时，也要根据孩子的性格选择方法。

对中向孩子引领时，主要以真实坦诚为主，这类孩子本身是很乐观的，对事情看得很开，但对人的真心很在乎。引领孩子不需要夸大其词，只需要实事求是，帮孩子看清更全面的事实，避免让孩子因偏见产生情绪。

对内向孩子引领时，主要瞄着积极阳光的心态，只要他的内心是乐观的，充满正能量，他遇到问题时，都可以自我调节，也不用担心他会消沉堕落。

对外向孩子引领时，主要是瞄着未来，不要对当下纠结过多，也不要总跟孩子谈过去，这类孩子最擅长从未来角度考虑问题，所以，你可以引领他把关于未来的想法一步步变成现实，不能只是空想。

3.10 如何呵护你的孩子？

在抚育孩子时，家长都知道对孩子身体的呵护，随着孩子年龄增长，进入学龄阶段，家长还要对孩子的心理基于适当呵护，比如孩子懂事了，成熟了，家长的呵护就可以给孩子按下一个确认键，让孩子得到自我肯定，走向完整。

具体在什么时候更适合对孩子呵护，要根据孩子心理状态来定。

首先，当你看到孩子有些疲惫，但并没有马上去休息，而是坚持先把作业做完时，需要对孩子呵护。这时主要以精神性呵护为主。

其次，当你看到孩子遇到了难题，在家里苦思冥想，试图要自己去解决时，需要对孩子呵护。这时依然以精神性呵护为主。

第三，当你看到孩子的穿着或学习用品落后于同学，但是却不跟同学去攀比，依然自己努力时，需要对孩子呵护。这时主要以物质性呵护为主。

在对孩子进行精神性呵护时，具体的表达方式，还要因人而异。

对中向孩子精神呵护时，要让孩子感受到你的真心实意，你关注的是孩子能健康快乐成长，而不仅仅是分数，这样孩子更能感受到你对他的爱。

对内向孩子精神呵护时，要告诉孩子注意自己的身体，要懂得对自己好一点，不要太累，有什么困难可以给爸妈讲，不要一个人硬撑。

对外向孩子精神呵护时，要从他的责任心、担当精神入手，肯定孩子已经在承担家庭责任了，告诉孩子，他已经长大了，愿意为大家担当，这是未来成为一个出色领袖必备的素质。

在对孩子进行物质性呵护时，也要因人而异。

对中向孩子物质呵护时，要从意外的小惊喜入手，他没有想到你会给他买东西时，你给他准备了意外的小礼物，这是一种微小而确实的幸福感，中向孩子对这种"小确幸"很受用。

对内向孩子物质呵护时，要观察他心中所需。内向孩子心里有想要的东西，嘴里不说出来，如果你猜到了，并且满足了他，他会感觉你很懂他，也能感受到你对他的爱心。

对外向孩子物质呵护时，要以独特性为主，比如你为他准备的东西，并不是人人都有的，让他感受到与众不同，体验到一种独特的荣耀感，更能起到呵护的作用。

以上就是对孩子呵护的时机，以及对不同孩子呵护的方式。

第四章 读懂孩子的心理

4.1 解读孩子的心理标尺

每个孩子在评判这个世界的时候，都有自己的标尺，这个标尺可能跟你一样，也可能跟你不一样。很多时候，你认为好的东西，孩子不一定认为是好的，孩子认为好的东西，你可能也会质疑，这就是心理标尺不同。而这个心理标尺，是由心理类型决定的，中向性格的孩子是真假型心理，以真假为标尺；内向性格的孩子是善恶型心理，以善恶为标尺；外向性格的孩子是美丑型心理，以美丑为标尺。读懂孩子的心理标尺，你才可能走近自己的孩子。

1. 真假型心理

对于真假型心理的孩子来说，恶一点没关系，丑陋点没关系，只要你在他面前表现的都是真实的，你在他的心中就是好的。

真假型心理的孩子最讨厌别人骗他，他自身实在，本来对虚有的内容就有些恐惧，这时你再对他来个虚言假面，他不知道还好，他要是知道了，恨不得直接把你拉入黑名单。在这类孩子心中有一个满知道的渴望，什么叫满知道？就是全部都知道。但人有时是身不由己的，不免会说些假话，这些假话如果被真假型心理的孩子发现了，你就不要再隐瞒了，能告诉他的就告诉他，向他真心真意地道歉，说你当时是身不由己，并非有意要骗他，真假型心理的孩子很有可能就原谅你了。对于一些不能告诉他的话，你要认真解释为什么不能告诉他，等事情过后再告诉他，这样他也会对你表示理解。

这类孩子要形成完善的心理结构，需要穿越真假观，避免形成个人偏见。真假观本身有好的一面,也有不利的一面,因为真假有时是难以分辨的,自己坚定认为真的东西,可能也有假的成分,有时为了更重要的愿望,也需要善意的谎言,所以,拘泥于真假,反而容易成为束缚。这类孩子天生求真、较真,容易钻牛角尖,也容易被眼前的假象迷惑,对这类孩子既不能欺骗他,也不能陷入真假的纠缠中,因为有些假象背后藏着更真的规律,有些真相外表也会穿着假象的外衣。面对这类孩子的真假观,最好的穿越方式是真假训练,比如设计一个真实的场景,却以虚假的方式呈现出来,当这类孩子开始坚持不相信时,最终答案却出乎意料,这样他就不会再被表象所迷惑,也就容易穿越真假的束缚。

2. 善恶型心理

对于善恶型心理的孩子来说,骗过他没关系,让他发现了你的阴暗面也没关系,只要你对他是出自善心善意的,你在他心里就是好。

善恶型心理的孩子,内心深处害怕别人伤害他,这类孩子的性情中,基本没什么攻击性因素,擅长防御,即使善恶型心理的孩子的进攻也是为防御服务的,这类孩子的侵犯不是为了抢别人的东西,而是为了防止别人抢他的东西。抚育这类孩子一般是不能打他,如果你打了他,他的肉体感觉告诉他,你是恶的。但如果是美丑型心理的孩子,是可以适当体罚的,棍棒之下出孝子,说的是美丑型心理的孩子。如果家长真是气坏了,打善恶型心理的孩子时,必须表现出打在儿身痛在娘心的痛苦,把你打他是为他好的心情表现出来,否则,这类孩子会客观性记仇,如果打他时你哭得比他疼得还厉害,他心理就接受了。

这类孩子要形成完善的心理结构,需要穿越善恶观。这类孩子内心追求善良，但他格局比较小，无法区分大善和小善的差异。这类孩子对善良的追求，有很大的局限性，假如善良的内心不结合正确的方法，则不一定能得出善良的结果，这就是常说的"好心办坏事"。有时虽然怀着一颗善心，但因方法不当，反而会形成恶果；有时看似有点小恶的手段，往往体现着大的善良。认清了这一点，这类孩子就会避免心理的自我矛盾。面对这类孩子的善恶观，需要扩展他的思维，让他明白，仅仅有善意是不够的，善良的出发点不一定就值得称颂，只有同时具备善心和善法的人才值得学习。

3. 美丑型心理

对于美丑型心理的孩子来说，表现些假的，甚至你恨他都没关系，只要你在他面前处处表现的都是美丽漂亮的一面，他就说你好。

这类孩子对美好的东西有强烈的追求渴望，对于丑陋的表现则非常厌恶。由于这类孩子几乎没什么害怕的东西，对外界通常是一种征服态处事，别人对他怎么样，他无所谓，但他对自己要征服对象的美丑很在乎。如果是丑的，即便征服了也不能增强他的荣耀感，所以他对征服漂亮的人、事、物很有激情。

这类孩子追求的美，并不是全方位的完美，也不仅仅是外在的视觉美，因为这个世界上没有绝对完美的东西，只要你身上有美的一面，他都会欣赏，这也是这类孩子有宽广人脉的原因，他可以把不同人的美，以及不同人身上的优势亮点，统统组合起来为自己所用。当然，如果你总是在这类孩子面前表现丑陋的言行，他也很难对你有好感。

这类孩子要形成完善的心理结构，需要穿越美丑观，这类孩子对美的追求，也有弊端，当他停留于表象的美好时，容易忽略深层的丑陋，当排斥外在的丑陋时，容易忽略内在的美好。美是分为内在美和外在美的，如果只关注外表美，而忽视内在美，就会限于浮夸、流于肤浅。家长要让这类孩子明白，美有各种各样的表现形式，有些美虽然从外面看不出来，但对我们更重要。面对这类孩子的美丑观，需要让他穿越自己的宠厌选择，比如，选择一个他特别不喜欢的人，让他找出这个人的几大优点，然后让他当众表扬对方，这样，就促使这类孩子能更全面地看待美丑。

4.2 不同孩子的心理特点

每个孩子都有自己的心理特点，面对同一件事情，同一个场景，孩子的反应不一样，他们内在的心理活动也不一样。我们通过下面三个场景来做个对比。

场景一

妈妈：女儿，买两根黄瓜回家。

女儿：咦，这茄子多便宜啊！妈妈没说不让买别的，我就再买些茄子吧。

场景二

妈妈：女儿，买两根黄瓜回家。

女儿：妈妈说要两根黄瓜，那就两根黄瓜吧。

场景三

妈妈：女儿，买两根黄瓜回家。

女儿：妈，今晚咱吃茄子吧，天天黄瓜，早就腻了！

场景一中的孩子是真假型心理，喜欢凭借自己的感觉做事，不会中规中矩，但是跟既定目标也不会相差太远。场景二中的孩子是善恶型心理，喜欢按照计划做事，不愿意随便改变计划。场景三中的孩子是美丑型心理，喜欢打破规则，不想按部就班。

真假型心理的孩子与外界相处时，非常懂得自己的需要，通常会很恰当地保障自我利益不受损失，同时还能再捞一点外快，而要实现这一点，这类孩子采用的法宝就是对别人尊重。刚开始与他接触的时候，你会觉得非常舒服，即使你身上有很多缺点，只要真实，他都可以接受。另外，这类孩子在对人尊重的同时，也会跟你有一种相互关心的互动。

真假型心理的孩子在看你的时候，仿佛在跟你说：我很尊重你，而且我很乖，难道你不该喜欢我，并且关怀关怀我吗？他呈现的心理状态是，既不会强迫你去关心他，也不会被动地等你主动来关心，而是用眼神向你发出邀请，让人心情愉悦地接受。如果你接受了他的邀请，就与他形成了友好的互动，感情上就会相互走近，然后，他就会启动捞实惠的程序。比如，自己有什么需求希望你能满足他，或者帮助他，由于前期相互关怀的感情铺垫，往往会让人不好意思拒绝。

善恶型心理的孩子总是缺乏安全感，与外界接触时，首先想到的是如何自我保护，怎样才能不受伤害。所以，这类孩子通常比较内敛封闭，在陌生的环境里不喜欢张扬，心里有什么想法也不愿意与别人沟通和交流，除非是特别熟悉的人。这一特点也导致了这类孩子人际关系紧张，很多人会觉得这类孩子不太合群，其实这类孩子的心思细腻，想法很多，只是都憋在心里。

善恶型心理的孩子在看你的时候，仿佛在说，我是不会主动侵犯你的，那你也不要欺负我，而且我那么柔弱，你真的忍心欺负我吗？这类孩子的眼神既容易害羞，又比较胆小，比如你当众夸奖他，他会脸红。由于这类孩子胆小，不喜欢挑战，有时候会显得比较窝囊，但另一方面，这类孩子比较严谨，不打无准备之仗，当胸有成竹的时候，他就会一鸣惊人。

美丑型心理的孩子特别喜欢表现自己，总想在众星捧月的优越感中展现自己的魅力，这也是这类孩子激发上进心的动力源。如果这类孩子得不到身边人的拥戴，即使给他再多东西，他也开心不起来。相反，如果这类孩子身边总有一群人围着他，把他当成小领导，他就获得了足够的优越感，他不仅不会独享物质，还会把自己的好东西拿出来与大家分享。

美丑型心理的孩子在看你的时候，你会觉得他在说："你看我多么炯炯有神，多有干劲，你小心点，早晚我是老大。"逞能，就是从各个方面彰显自己的聪明。所以，对美丑型心理的孩子，你可以不喜欢他的表现，他的张扬，但你不能打击他的聪明，讽刺他的彰显。甚至可以说，你不表现对他彰显的赞扬，你几乎不可能成为他的朋友，不可能和他进行更深层的交往。这类孩子的逞能味儿常常显得咄咄逼人，所以他若不能成为带领别人创新的领创者，就会成为被枪打的出头鸟。

4.3 解读孩子的心理倾向

真假型：心理迷茫易偷懒，脚踏两只船，急躁伤记忆。

善恶型：心理窝囊易怯战，反复求救援，急躁伤肠胃。

美丑型：心理逞强易护短，期待多夸赞，急躁出灵感。

1. 真假型孩子的心理倾向

这类孩子在生活中追求意义，如果找不到意义，就会出现内心迷茫。当真假型孩子迷茫的时候，也是他最懒惰的时候，一方面，他觉得做什么都没意思，不知道是为了什么而做，于是干脆就不做了。另一方面，他喜欢兼得，不想轻易做出某方面的牺牲，而这又会加重他的迷茫。如果在心理波动中，出现了急躁，对记忆力会有伤害，真假型孩子越是急躁的时候，越是大脑空白的时候。

家长抚育这类孩子，一方面要多带孩子在实践中去体验，在体验中去寻找乐趣，感受生活的意义，这类孩子只要在行为上一直处于探索的状态，他的大脑就会不断思考，创意就会产生，就不容易出现迷茫，另一方面，要让孩子懂得取舍，尽管兼得很好，但在不能兼得时，要知道及时放手。

2. 善恶型孩子的心理倾向

这类孩子平时自信心不够，缺乏自我突破的勇气，久而久之，就给人一种窝囊的感觉，这会让他更加胆小，形成恶性循环，在困难面前更加胆怯。遇到有一点小困难，就要向别人求救，可能在别人眼里，这些困难根本不算什么，但在他看来，已经火烧眉毛、不知所措了。如果在心理波动中，出现了急躁，就会吃不下饭，对肠胃造成伤害。因此，对这类孩子，在鼓励他自我突破的时候，要给他的自信心按下确认键，让他看到自己的进步。

家长抚育这类孩子，一方面要陪孩子一起去探索未知，提升孩子的胆量，孩子心里害怕什么，让他学会慢慢面对，并确认那并没有什么可怕的，当然，在这个过程中，家长要有足够的耐心，不要急于求成，孩子只有在一次次安全的体验中，才能建立足够自信，并进行更大的尝试。另一方面，家长引导孩子学会独立思考，学会自己独立解决问题，遇到一些小困难时，先不要急于求助，看看能用什么方法可以自己解决。实在解决不了时，再向外界求助。

3. 美丑型孩子的心理倾向

这类孩子平时比较张扬，总想表现自己的聪明，这就会让他对自己的缺点视而不见，如果别人指出他的缺点，他反而会不高兴，他最喜欢的是别人对他表现力的赞赏，夸奖的话越多越好，但这也容易导致他更加自负。如果在心理波动中，出现了急躁，他反而会生出不一样的灵感，由于他的应变力很强，遇到困难时，越是着急，越能想出更好的办法。

家长抚育这类孩子，一方面要启发孩子的责任心，孩子想要取得别人的赞赏，需要自己用担当去换取，你愿意为大家负责任，自然能赢得大家的肯定，并获得荣耀感，另一方面，为了防止他出现自负，需要不断给他设立新的目标，让他认识到，他取得现在的成绩虽然很好，但以他的潜力，完全可以取得更好的结果，这样他就把注意力放在下一次成果上了。

4.4 化解孩子的心理障碍

1. 真假型心理的孩子

（1）多疑障碍

真假型心理的孩子，最大的心理障碍是多疑心，对什么东西都要疑一疑，看看这个东西到底是个怎么回事。真假型人的多疑是根深蒂固的，虽然真假型人也会有嫉妒、虚荣，但仔细分析就会发现，真假型人的嫉妒和虚荣都是为他的多疑服务的。由多疑还衍发出真假型人的较真，也就是喜欢钻牛角尖。这里会暴露出真假型人的一个心理矛盾：真假型孩子心里希望别人多关心自己、宠爱自己，可你去关心他时，他又会表示怀疑，尤其是跟一个真假型孩子深入接触时，会更加明显。

真假型心理的孩子看上去乖巧可爱，很容易接近，但真正与真假型孩子交心并不容易，因为真假型孩子真假观很强，如果你对他太好，他会怀疑你动机不纯，如果你对他不够好，他会觉得你爱心不够，总之，真假型孩子总是能够在可信的事物中找到怀疑的成分，然后不断验证，这就是真假型孩子的多疑心。

（2）化解多疑

真假型心理的孩子之所以多疑心较重，主要在于对虚态事物不会把握，这时，他就需要大量的信息来弥补，面对真假型孩子的多疑，只要你提供足够的信息，把好的和不好的都说一说，让他在信息上有一个把握感，就会消除他的多疑心。

家长帮孩子化解多疑心，既不能用解释的方式，也不能用压制的方式。如果一味解释，真假型孩子会觉得，解释就是掩饰，掩饰等于承认事实，他会更加不相信你；如果压制真假型孩子的多疑，他会对身边的环境产生失望，感觉生活没有意义，最终很容易出现抑郁。正确的做法是培养孩子的奉献心，让孩子养成一个"我多疑、我奉献"的习惯，即对谁生疑，向谁奉献。积极帮助多疑对象解决他的学习问题、生活问题，这样就会由多疑变为信任，并且在奉献中开发出新的创意和智慧，将多疑心引导为造慧心，真假型孩子的多疑心自然就解除了。

2. 善恶型心理的孩子

（1）嫉妒障碍

善恶型孩子，最大的心理障碍是嫉妒心。善恶型孩子平时特别喜欢横向比较，与这个比比谁的成绩好，与那个比比谁的家境好，比较之下，善恶型孩子就会产生嫉妒心理，如果是真假型孩子，遇到比自己强的人，一般会选择把对方当成榜样，但善恶型孩子心中会非常不平，往往是一边自卑，一边嫉妒，倘若嫉妒心被放大，内心就会产生痛苦，甚至可能做出伤害别人的事情。

善恶型孩子是自强不息的一类人，如果培养得当，很容易成为专业性人才，因为善恶型孩子喜欢钻研，考虑问题深刻，往往能够在默默无闻中做出超常的成果。然而，嫉妒心就像善恶型孩子成功路上的绊脚石，当它不断被放大的时候，善恶型孩子的才能就会往伤害别人的方向上作用，我们看到社会上有不少人出现报复社会的心理和行为，基本上都是由嫉妒心引起的。

（2）化解嫉妒

家长帮孩子化解嫉妒心，要先懂得理解孩子，可以与孩子进行对话，告诉他们其实嫉妒别人的那个方面，就是他们渴望拥有的优点。你可以说："我注意到你嫉妒那个孩子的聪明，这其实表明你懂得欣赏别人的优点，你是一个懂得欣赏别人的人。你也想像他一样聪明。你所嫉妒的，其实是你希望自己具备的优点。"通过这种方式，让孩子明白嫉妒并不是坏事，而是他们想让自己变得更好的愿望。然后，我们要告诉孩子，"嫉妒是很正常的情绪，它表明你想让自己变得更好，想拥有对方身上的优点，这是一件好事。它驱使着你去努力，去成为更好的自己。我们一起加油，你也可以变得更优秀。"

通过这样的方式，我们帮助孩子转化嫉妒的情绪。慢慢地，他们会明白如何自我转化嫉妒情绪，将其转化为成长的动力。这样，孩子才会将压力转化为动力，自发地努力向前迈进，最终将嫉妒心引导为上进心。

3. 美丑型心理的孩子

（1）虚荣障碍

美丑型心理的孩子，最大的心理障碍是虚荣心。这类孩子通常是外表华丽，内心空洞，缺乏实在的内容作支撑，所以，他会寄托于虚存的东西，这也是为什么这类孩子的想法总是天马行空。

这类孩子的虚荣心是根本性的，很难通过后天改变，几乎他的一切行为都会围绕自己的虚荣心进行，比如美丑型人爱表现自己、爱出风头，有些美丑型孩子在学校里特别调皮，这都是虚荣心的驱使，美丑型人可以在自我的表现中获得足够的拥戴感，这能让他获得特别大的满足。

（2）化解虚荣

家长要化解美丑型孩子的虚荣心，既不能打击，也不能纵容，如果打击他，他会非常抗拒，甚至愤怒，并调动自己的智能与你斗智斗勇，另外，他在你这里得不到虚荣心的满足，就会想办法从别人那里得到。当然，也不能一味纵容他，如果只是满足了他表面上的虚荣，会让美丑型孩子内心膨胀，有可能闯出祸端。正确的做法是培养孩子的表现力和责任心，让孩子养成一个"我虚荣、我表现"的习惯，美丑型孩子虽然虚荣，但勇于担当责任，关键时候可以挺身而出，所以要鼓励他为集体负责，把表现欲发展为表现力，把虚荣心引导为领队心，如此一来，他自己得到了满足，身边的人也都能受益。

4.5 孩子心理异常的演变

真假型：持续妄疑·缺意义·不社交·多挑剔·内心迷茫·精神分裂。
善恶型：倒立表达·有痛苦·不吃饭·软对抗·自我封闭·偏激极端。
美丑型：情绪反常·不放松·睡不好·躁狂症·透支能量·暴力闯祸。

真假型心理的孩子，心理问题是从真假观而来的，他往往是对事情真相不确定而产生多疑，不确定别人是否对自己说了真话，想要跟身边的人真诚相处，但是又难以建立深层的信任。多疑到一定程度，会出现胡乱怀疑一切，就是妄疑。比如，他会怀疑社会不公正，怀疑身边的人很虚伪，怀疑自己被欺骗，然后感觉身边的人都不值得信任，就会觉得生活没有什么意义，当这类孩子找不到存在意义的时候，就不愿意去交朋友了，在家里对家人也经常是挑三拣四，内心逐渐开始迷茫，眼神迷离，极端表现就是精神分裂。

善恶型心理的孩子，心理问题是从倒立表达开始的，即心中想的与嘴上说的不一致，心理想法很多，但在语言表达方面顾虑重重，内心所想和外在表达经常处于一种矛盾状态，明明是心里想要，表现出来却是不想要，被人误解，这种倒立性与他的善恶观和羞恐有关。这类孩子习惯用善恶标准来判断自己和他人，然而由于羞恐的习性，又难以正确完整地表达自己，一方面不被理解，另一方面又渴望被理解，于是就开始产生痛苦，吃不下饭，在这种负面情绪的状态下，更加不愿意跟别人交流，常常表现为软对抗，再发展到一定程度就会是冷暴力，封闭自己，最后出现极端行为。

美丑型心理的孩子，心理问题是从情绪表达开始的，这类孩子情绪控制能力不足，心中有不满情绪要及时释放出来，若没有及时释放，或被压抑，就会情绪反常，然后身心无法放松，进而影响睡眠，紧接着开始出现躁狂症，若不能得到及时调节，就会造成身体能量透支。在不自控的情况下，出现行为冲动，暴力闯祸。

4.6 抚育孩子的心理健康

1. 真假型心理的孩子

抚育这类孩子的心理健康，要从化解孩子的多疑心入手。对于这类孩子，家长在孩子面前，要尽可能坦诚相待，让孩子感受到家人的感情是真实的，是值得信任的，比如你有一些真实的想法，可以跟孩子分享，哪怕有一些不好的想法，也可以适当给孩子分享，这类孩子相信世上的人和事都是不完美的，他既听到了好的，也听到了不好的，才认为是正常的。另外，你还要让孩子认识到，世上并不是所有的人都会对自己坦诚，当遇到有人欺骗自己时，要试着去理解别人，可能别人也有自己的苦衷，不能因为一次欺骗就对人生产生怀疑。

2. 善恶型心理的孩子

抚育这类孩子的心理健康，需要从鼓励孩子表达入手，家长要鼓励孩子勇于表达自己，不要在乎外界对自己的看法，这类孩子之所以不轻易表达自己，就是担心表达了之后，别人会不认可，被外界否定，家长要给孩子创设一个放松的表达环境。孩子希望别人理解是很正常的，但别人未必能准确猜到你的心思，当你把真实想法说出来的时候，自己心里就顺畅了，别人也更容易接纳你。另一方面，要让孩子建立自信心，这类孩子的很多心理问题都跟自信心不足有关，比如内心自卑，对人嫉妒时，都会使心理问题放大，当孩子有足够的自信，并愿意开发自己的创造力时，他的心理就会走向健康。

3. 美丑型心理的孩子

抚育这类孩子的心理健康，要让孩子从控制情绪入手，控制情绪不代表没有情绪，而是让孩子的情绪发挥正向作用。家长要让孩子在彰显自我的前提下，学会调控情绪。这类孩子通常是不容易出现心理问题的，如果心中有不快，他会直接表达出来，不会憋在心里，之所以出现心理问题，就是受到了外界干扰，压抑了自己，想要控制情绪，却越来越难以控制。当孩子有情绪时，提醒孩子让情绪服务自己的需要，比如，难受了可以哭，开心了可以笑，不满意可以喊出来，总之，你的情绪都是为了让你自己更好，不要因为别人的变化而影响你的情绪。当这类孩子能够在情绪上收放自如，并懂得真正对自己好的时候，是不会轻易有心理问题的。

4.7 读懂孩子的人际交往

人际交往是人生的必修课，不同的人在社交方面会表现出很大的差异。从基因版型的角度看，每个人都有自己的社交天性，这种天性会随着年龄和环境的变化而发生外在变化，但本质是不变的，因此，家长在抚育孩子时，提前把握孩子的社交天性，能够帮助孩子未来更好地应对社交。

真假型心理的孩子与人相处时，处处体现着对人的尊重，自己对你有需要时，不会直来直去地跟你讲，例如真假型心理的孩子想吃苹果，会指着苹果问妈妈，"妈妈，这是什么呀，这个味道怎么样呀"，这就是一种策动的方式。善恶型心理的孩子与人相处时，会首先表现很自律，希望对方也像他一样严格要求自己，本底上源于他的安全意识和防御心理。美丑型心理的孩子与人相处时，会有很强的主动性和表现欲，希望展示自己的聪明才智，让别人都崇拜自己。

1. 真假型心理的孩子

真假型心理的孩子通常是以尊重对方为前提，希望被你重视。这类孩子对别人的尊重体现在很多方面，这也是真假型心理的孩子的社交优势。这类孩子与人相处时，不仅会体现出乖巧可爱，还能让你感受到，他不会侵犯你，不会对你有索取的贪心，同时也不介意你身上的短板，这种全方位的尊重也在释放另一种信息，就是希望你能重视他，能够欣赏他，而且是出于真情实意。

真假型心理的孩子在社交中具有明显的优势，通常与身边的人相处融洽，很少出现社交障碍，这类孩子的真诚实在很容易跟别人建立信任，性格上的温和亲切让人感觉很放松，在人际关系中，真假型心理的孩子既是很好的氛围带动者，又是天然的人脉润滑剂，所以，真假型心理的孩子通常会处于一个良好的社交环境中。

抚育这类孩子时，要让孩子处理好与身边人的关系，先让孩子学会与同层次的伙伴相处，跟同伴玩好了以后，再给他找一个弱于他的对象，让他学会为对方负责，比如负责对方的学习或生活，这样他在对别人的尽责中，就会把社交优势发挥到最大，而且自身也获得了成长。最后再让他与强者相处，这类孩子最懂得如何与强者相处，所以，到后面家长就不用担心孩子的社交问题了。事实上，这类孩子是最懂得如何与别人相处的一类人，他们的社交优势，是未来无形的人生财富，也是他的核心竞争力，只要发挥正常，就可以形成自己的特色。所以，家长要保护好孩子的社交天赋，不要被伤害。

2. 善恶型心理的孩子

善恶型心理的孩子通常是以端正自己为前提，希望你也正经。善恶型心理的孩子在社交中通常是以善良为起点，以自我约束的方式与人相处。善恶型心理的孩子与人相处时，一方面会表现非常自律，甚至有些拘谨，另一方面，也希望对方像自己一样端正行为，不要有过激的动作，这是善恶型心理的人在安全感需求下的自保本能。

从总体上看，内向的善恶型心理的孩子是最不擅长社交的一类人，善恶型心理的孩子内在封闭、不够自信，这使得他很难主动与别人交往，加上善恶型心理的孩子心思复杂，表情严肃，别人通常也不太喜欢主动与他走近，所以，善恶型心理的孩子很容易在人际关系中出现社交障碍。现实中的很多善恶型心理的孩子，总会有一两个特别要好的朋友，但是与身边其他人的关系则不会特别亲近。

抚育这类孩子时，要让孩子处理好与身边人的关系，先让孩子学会与强者相处，这样孩子感觉有人可以保护自己，自己的安全感得到了保障，心理就放松了；然后再让他学会与同级别的伙伴相处，自己能够与对方交流心声，产生共情；最后再学会与弱者相处，就会启动自己的善心，懂得去帮助对方。

3. 美丑型心理的孩子

美丑型心理的孩子通常是以展示聪明为前提，希望得到光荣。美丑型心理的孩子在社交中非常张扬和外放，喜欢表现自己，越是在人多的地方，越想彰显自己的聪明才智。美丑型心理的孩子的这种表现不仅仅是要得到周围人的认可，更希望周围人能崇拜自己，追求一种荣耀感，这也是美丑型心理的孩子的上进动力。

外向的美丑型心理的孩子在社交中具有强大的优势，美丑型心理的孩子性情洒脱，乐于助人，而且对别人付出不求回报，很容易成为别人心中的依靠，从小就有很多要好的朋友，走到哪里，就可以把朋友交到哪里。表面上看，美丑型心理的孩子是最擅长结交人脉的，实际上，美丑型心理的人的社交特点中也存在缺陷。首先美丑型心理的人比较强势，而且不拘小节，不经意间得罪了别人，自己却意识不到，这一点在与善恶型心理的孩子的交往中很容易显露出来。另外，美丑型心理的孩子属于对立习性，遇到不顺的事情喜欢直接对着干，当两个美丑型心理的孩子在一起的时候，很容易出现直接冲突，很多在学校里打架的学生都是美丑型心理的孩子。

抚育这类孩子时，要让孩子处理好与身边人的关系，先让他学会与弱者相处，激发孩子的责任心，这类孩子自我保护能力很强，所以要先学会保护别人，其次，再学会与强者相处，若一开始就让他与强者相处，他会表现出不服气，而先有保护对象之后，自己的担当精神得到了彰显，就能更好与强者相处了，最后再学会与同层次的伙伴相处。

第五章　读懂孩子的灵性

5.1 孩子的灵性表现

听到"灵性"这个词，我们可以想到机灵、灵巧、灵妙、灵气、灵感、心有灵犀一点通……这些都是对灵性反应的描述。很多人会觉得比较抽象，其实它跟我们的生命状态是紧密相连的。灵，代表灵验，意思是屡试不爽，百分之百有效。比如，盖一座大楼需要先设计图纸，设计图就相当于大楼的灵魂，而每一个孩子在生命背景里都有一个最原始的设计，这个设计就包含在孩子的灵性种子里。

《爸爸》

爸爸从凉席上起来

身上布满了凉席的花纹

很快那些花纹又回到了凉席上

因为它们不愿流浪

灵性对人的作用是什么呢？

灵性就相当于人的精神种子，对人的一生至关重要，关系到婴幼儿时期的安全感和生存本能，青少年时期的理想与追求，中年时期的精神方向。

孩子若缺失灵性，很容易造成未来的情感饥渴、空虚寂寞、没有精神力，有人终生都在治愈幼年时的创伤，就是因为灵性遭到破坏。

《回到地面》

要是笑过了头

你就会飞到天上去

>>> 第五章　读懂孩子的灵性

要想回到地面

你必须做一件伤心事

灵性，也是人的灵感来源，发明家爱迪生曾说："天才等于百分之九十九的汗水加上百分之一的灵感，但那百分之一的灵感更重要。"我们经常会说前半句，而忽略后半句，导致人们过度关注汗水的重要性，而无数事实证明，如果方向不对，再多努力都是白费，这个努力的方向，就是由灵性决定的，然后由灵性生出的灵感，就会带给你无限创意。

《眼睛》

我的眼睛很大很大

装得下高山

装得下大海

装得下蓝天

装得下整个世界

我的眼睛很小很小

有时遇到心事

就连两行泪

在生活当中，我们会感受很多孩子的灵性表现，有灵性的孩子，经常会有奇思妙想，有很多小孩子写的诗歌，单纯而又优美，令人眼前一亮，就是灵性在线的表现。

前段时间在网上流传一段母子对话，也反映了孩子的灵性。

女儿：上顿面条下顿面条，天天吃面条，我都瘦成面条了。

妈妈：让你吃面条，也是为了打造你的魔鬼身材。

女儿：妈妈，你搞搞清楚好吧？我才3岁，我要什么魔鬼身材，我要的是可以帮助我长个子的营养，生长素，你连这个知识都不懂吗？

母亲：你是河南人，你不吃面条，你吃什么？

女儿：我不是河南人，我是中国人。

在这段对话中，妈妈的思维明显跟不上孩子的头脑，这是因为妈妈在用自己的理性跟孩子对话，而孩子在用自己的灵性说话。这也是为什么很多家长都感慨，说现在的孩子都太聪明了，他们总是说一些意料之外的话，让人无言以对，这都是孩子灵性在线的缘故。

有的家长会有这样的感觉，你的孩子，比你小的时候更聪明，有更快的反应，也有更深层的思考，若是这样，那么恭喜，你的孩子是灵性十足的造物珍品。

保护孩子的灵性，就是给孩子保留一双隐形的翅膀，在孩子以后的人生中，遇到打击不气馁，遇到绝望还能飞，在黑暗和落魄时，还有心情等待第二天的太阳。灵性对人生如此重要，所以抚育孩子，先要保护孩子的灵性，保证孩子有一颗完整的心灵。

我小表弟喜欢吃鱼，

他爸爸烧鱼，小表弟很温柔地说，

"爸爸，烧鱼不要放刺哦"。

5.2 解读孩子的灵性差异

淘能型孩子：灵性容易潜藏，多与孩子语言交流。

窖能型孩子：灵性容易休眠，多与孩子眼神交流。

耗能型孩子：灵性容易刁蛮，多与孩子皮肤交流。

有一位班主任在家长群里发了这样一段话：今天在爸爸手机里看到班主任在家长群里的一段话：无论成绩好坏，每个孩子都是种子，只是花期不同。有的花，一开始就灿烂绽放；有的花，需要漫长的等待。不要看别人的花怒放了，自己的花无动静就着急，也许你的种子永远不会开花，因为他是参天大树！

从灵性能量上分，孩子有三种类型，分别是淘能型、窖能型和耗能型，从字面意思理解，淘是淘汰，窖是储存，耗是消耗，淘能，就是汰洁成长信息，窖能，就是储藏成长信息，耗能，就是释放成长信息。对应孩子的先天性格，淘能型属于中向性格，窖能型属于内向性格，耗能型属于外向性格，不同类型的孩子，灵性特点和保护方式也是不一样的。

1. 淘能型孩子

淘能型孩子灵性表现就像闪烁的星星一样，是明暗相间的，灵性信息的释放不是连续性的，不经意间会让你眼前一亮，平时要多跟孩子进行语言交流，让孩子的灵性时刻保持在线状态。

这类孩子的灵性有一个特点是"喜承爱接连"，什么事情都要问个为什么，脑子里有十万个"为什么"，等着你给他答案，如果你不给他安排新的事情，他就一天到晚不停地叨扰你。孩子的这种惯性很容易影响他的内心镇定，因为他想知道的信息一时得不到，就会一直想着这个事情。面对这种情况，家长可以给孩子做适当的训练，比如，给孩子讲一个故事，讲到一半停下来，不给他说结果，不论孩子怎么问，都要隔一天再告诉他，这样的故事连续讲几次，孩子就习惯了，内心也就容易镇定了。

另外，这类孩子容易产生不确定性恐惧，尤其是容易产生后怕，如果家长让这类孩子挑战自我，孩子当时的恐惧不太明显，但过后会留下恐惧的阴影，而且这种恐惧很难祛除。这类孩子通常只关注自己的需要，对别人的需要难以觉察，容易出现冷漠。

2.窨能型孩子

窨能型孩子的灵性表现需要一个安全放松的环境，孩子越紧张，越不容易展现灵性状态，由于孩子对外向的反馈很敏感，不擅长用语言表达，家长多跟孩子进行眼神交流，给孩子无声的理解，有助于引导孩子灵性信息的释放。

这类孩子的灵性有一个特点是"喜静爱清闲"，平时喜欢安静，不喜欢运动，也不喜欢到人多的地方，不擅长跟陌生人相处，如果家里来了生人，他通常会躲避，或者沉默带着害羞。这类孩子喜欢重复的事情，如果没有给他安排新的事情，他就会把上次安排的事情重复一遍再重复一遍，而且不觉得厌烦，在这一点上刚好跟淘能型孩子相反。

另外，这类孩子有丰富的思想，但是不善于社交，身边往往朋友比较少，只有几个特别要好的朋友，一旦与人交朋友，就会付出巨大的热心和诚心。由于社交面较小，这类孩子不善于自我调节情绪，心里难受时，不愿意与人沟通交流，导致情绪郁结，很容易出现自闭。

3.耗能型孩子

耗能型孩子的灵性表现容易在自身能量的带动下，出现过激反应，导致表现过度，给人感觉躁动不安，家长平时多对孩子进行身体上安抚，给孩子进行皮肤交流，有助于孩子灵性信息的稳定。

这类孩子的灵性有一个特点是"喜动爱跃迁"，平时喜欢跑动，不喜欢安静，经常会打破常规，在这类孩子的眼里，规矩都是用来约束别人的，或者说规矩就是用来被打破的。如果没有给他安排新的事情，他会把过去的物品拆得七零八散，所以要对这类孩子不断设定新目标。

另外，这类孩子特别擅长社交，身边经常围着很多小朋友，这类孩子的胆量比较大，如果家长不能给孩子树立良好的规矩，孩子很容易闯祸，严重者很容易走上歪路或邪路。

无论是哪一类孩子，家长都不能用墨守成规的方式来培育，如果只用一种手段、一种方式、一种指令抚育孩子，这对每一类孩子的灵性都是不利的，所以家长需要结合孩子的变化，调整新的方法。

5.3 三类孩子的灵性常态

> 淘能型孩子：眼神闪出自创，体现幽香，神态灵光。
> 窨能型孩子：眼神浸出自强，体现端庄，心态贤良。
> 耗能型孩子：眼神注出自闯，体现豪放，形态粉扬。

1. 淘能型孩子：眼神闪出自创

"闪"是把内在聪明在眼睛中间歇而接连地表现：一会儿表现，一会儿不表现，隔一会儿又再继续着表现，这叫"闪"。眼光像琉璃珠子串一样。

淘能型孩子的自创，体现在自己要动手，多参与，学着创。这类人的创欲是在动手参与中产生的，所以，一定不要剥夺淘能型孩子的身体参与权。因为他的奇思妙想都是在事件的参与中产生的，如果剥夺了身体参与权，则对其创欲开发极为不利，还容易产出偷懒习性，最终个性将被共性压抑。

对这类孩子要做到"不打断",即不强行阻止孩子的自我发挥,孩子成长过程中,都有自我表现和自我展示的需要,家长不要轻易打断孩子,更不能打击孩子。比如,有的孩子喜欢自己跳舞,在任何人面前都可以手舞足蹈,不感觉到害羞,如果家长打断了孩子,甚至打击孩子,就会阻碍孩子的灵性释放,可能会给未来的一生都造成不良影响,这对中向型孩子更加重要。

2. 窖能型孩子:眼神浸出自强

"浸"是把内在聪明在眼睛中缓慢而持续地出现:或细或粗,从不间断,一个劲儿地绕着弯儿地出现,这叫"浸"。眼光散而不聚但不断亮。

窖能型孩子的自强,表现在不愿服输,喜欢暗自努力,这类孩子的坚韧不拔也是在不愿服输中产生的,因此,对这类孩子的不服气不能打压,而应该鼓励其克服新的困难。由于窖能型孩子习惯自我反省,很容易否定自己,因此,在自己的努力被肯定的情况下,更容易迈向新的台阶。窖能型孩子自强的最佳表现是厚积薄发、一鸣惊人。

对这类孩子要做到"恰救援",这类孩子在遇到困难的时候,不太懂得向外界求助,会把问题埋在心里,如果一直得不到外界的帮助,就会产生郁闷,久而久之,就容易自卑,在困难面前更加胆怯。这个时候,家长要及时发现孩子的需求,并主动伸出援手,然后还要给予孩子一定的鼓励,这样就保护了孩子的灵性种子,这对窖能型孩子更加重要。

3. 耗能型孩子:眼神注出自闯

"注"是把内在聪明在眼睛中突显而外放地涌现:不管你乐意、

不乐意接受，其光都一如既往地向你投射，这叫"注"。眼光激昂显得咄咄暖烫。

耗能型孩子的自闯，体现了勇争第一的心态和强大的开拓能力，这类人敢于闯禁区，探险路，但也容易闯祸。因此，面对耗能型孩子的个性，既不能打压，也不能纵容。既要激发他迎接更大的挑战，为其托底，还要帮其建立原则和底线，在核心问题上，不能手软。

对这类孩子要做到"善规范"，这类孩子不太容易安静，特别浮躁，小小年龄，就特别爱出风头，家长需要给这样的孩子设置一定的规范，对于这类孩子来说，最重要的不是给他勇气，而是防止他冲动，因为这类孩子胆商都比较高，但是容易头脑发热，不计后果，所以帮这类孩子树立规范，就是对他灵性种子的保护，尤其是对耗能型孩子更加重要。

4. 淘能型孩子：体现幽香，灵光

幽香，是一种淡淡的香气，也是一种曲径通幽的香，感觉不会一下子把香气全露出来。这种特性体现在淘能型孩子的身上，就是他若对你好，不会让你感觉一下子很突兀，也不会让你感觉有苛刻，而是恰到好处，顺其自然的，让人觉得放松舒适。

灵光，是淘能型孩子灵性正常的状态，我们常说"灵光闪现"，就是对这类孩子的描述。他的灵光不是持续的，而是有间歇的，发挥作用的时候，让人感觉出其不意，眼前一亮；不作用的时候，感觉像不存在一样，其实是暂时的停顿。

5. 窖能型孩子：体现端庄，贤良

端庄，是说窖能型孩子在神情和举止中常表现端正和庄重，给人一种正派的感觉，自我约束力强。这类孩子在社交中常常先端正自己，常常看到他在座位上正襟危坐，看上去严肃而拘谨，实际上，他希望别人也能表现正经和自律。

贤良，体现了窨能型孩子对德才兼备的追求，以及对个人名节的看重。自古以来，对贤良的才德孜孜不倦追求的人，大多是窨能型人，在现代的孩子中，虽然这种氛围不那么浓厚了，但在窨能型孩子的内心深处，依然向往这种品质。

6. 耗能型孩子：体现豪放，粉扬

豪放，是说耗能型孩子常给人一种落落大方而有气魄的感觉，这类人在生活中常常不拘小节，为人豪迈豪爽，总让人感觉很痛快，从来不会拘谨，这种特质也让耗能型人在社交中很有优势，往往人气很高，颇受大家欢迎。

粉扬，代表着一种青春和朝气，耗能型人在人群中好像一个太阳，一直散发着光和热，只要你在他的身旁，就会被他的激情所感染，所有的难过和不开心，都可以抛在脑后，即使是别人看来很难的事情，在他的眼里，也没什么大不了的，这也是耗能型人受欢迎的原因。

5.4 灵性成长的三条路径

淘能型孩子：心性公正，从容。

窨能型孩子：心态恒平，甜静。

耗能型孩子：心志奋勇，让功。

1. 淘能型孩子：需要心性公正，从容

心性公正，是说淘能型孩子应该体现出品性公允、公平的状态，让人心悦诚服，这类人本身具有这种潜质。淘能型人所体现的公平不是一种平均分配，而是根据人们的实际需要，因时因地而变，实现的是整体上的公平，如果淘能型人达到了性公状态，就会成为一种生命特色。

从容，是说淘能型人可以做到宠辱不惊，遇到任何事情从不慌乱。但是很多淘能型人遇到一些不平的事，就会抱怨不断，给人一种愤青的感觉，这就是灵性没有正常成长的表现。

2. 窖能型孩子：需要心态恒平，甜静

心态恒平，是窖能型孩子的提升点位之一，窖能型孩子经常会因为一些事心中不平，表面上看上去，他没有在意，但其实心里已经开始翻腾了，会产生很多复杂的想法，而且越想越难过，这也正是窖能型孩子需要突破的地方，做到了心平，灵性的成长才会更加顺畅。心平的标准是恒时之平，恒空之平，恒遇之平，即在不同时间、不同地点和不同境况下，都能做到心平。

甜静，是说窖能型孩子需要展示一种安静美好的状态，对这类孩子来说，做到"静"很容易，难的是做到"甜"。窖能型孩子遇到任何事情不容易在第一时间朝好处想，往往先想不好的地方，然后脸上就难以看到愉悦的表情，做到了甜静，就能让灵性迈向更好的方向。

3. 耗能型孩子：需要心志奋勇，让功

心志奋勇，是说耗能型孩子在志向面前，需要展示出超出常人的勇气和胆魄，这是耗能型人的立世之本，这意味着，耗能型人做不到从容可以理解，难以做到性公也问题不大，但若不能做到志勇，就会丢失最基本的生命价值，灵性也难以正常成长。

让功，是说耗能型孩子要去掉抢功的习性，做到能为别人托底。一般情况下，耗能型人喜欢担责任，也容易立功劳，但又习惯把功劳揽在自己身上，引起别人的不满，也会给耗能型人的进一步发展带来障碍，能做到让功，意味着耗能型人的层次升级。

5.5 保护灵性三部曲

> 淘能型的孩子：用才去唤醒，氛围温馨，调整偏见。
>
> 窘能型的孩子：用爱去唤醒，眼神回馈，穿越下念。
>
> 耗能型的孩子：用败去唤醒，体温依偎，去除宠厌。

有很多孩子，小的时候很机灵，但随着年龄的成长，慢慢不机灵了，没有灵气了，其实这是孩子的灵性在小的时候遭到了破坏。

孩子在不同阶段，灵性被破坏时，都有不同的表现。如果孩子没有灵性，会是什么表现呢？没有灵性的孩子通常没耳性、没记性、没常性、没耐性、没有钻研性。

第一，没耳性

没有耳性的孩子躯体习惯难养。有位家长曾经讲述了一个育儿中的困惑，9岁的儿子有一个不好的习惯，自己喝水的时候，每次用过一个杯子之后，就会将杯子放下，然后去做别的事情，如果再想喝水，就会跑出去再拿一个杯子。时间长了，他的屋子里，不论哪个角落都能堆很多杯子。妈妈对此非常头疼，一开始妈妈会提醒他："不要再拿杯子了，用你原来的那个杯子。要不你就把你用过的杯子拿回来，然后再换下一个。"可妈妈说归说，儿子就是记不住，真正的是"屡教不改"，他的屋子里每天依然会存很多杯子。这就是孩子的没耳性。

第二，没记性

没有记性的孩子总会出现学习上的记忆困难。关于孩子的记忆力问题，有几种情况，一是记忆力特别好，比如家长在唱歌，孩子在旁边听，只听了两遍就能跟着唱了，孩子连歌词都不认识，却能凭着记忆把一首歌唱出来。还有一类孩子恰恰相反，越要记忆什么，却偏偏记不住什么，一首五言律诗，背了一个早上，依然没有记住，孩子自己也很苦恼，这种记性的差异也反映了灵性的不同。

第三，没常性

没常性是说孩子做什么事情都不能坚持到底。比如有一对父母给10岁的儿子报了几个课外兴趣班，每一个都是事先征询过儿子的意见，确定他感兴趣想学才报的名。但是儿子对任何一门课都是三分钟热度，新鲜劲一过就不愿意继续坚持，屡次半途而废。久而久之儿子自己也不知道对什么事情有兴趣，这让父母头疼不已。

第四，没耐性

没耐性是当今的孩子普遍存在的现象，就是常说的孩子专注力差，严重的被称为多动症，坐在沙发上像坐在钉子上一样，很难安静下来，坐在教室里总是有很多小动作，一会儿抠抠桌子，一会儿低头看看凳子，一会儿又拍拍同桌，就连在家看动画片时也不能专注。还有一种情况是容易发脾气，跟父母说话完全没有耐心，两句话说不好就冲父母吼，让家长非常焦虑。

第五，没钻研性

没有钻研性就是不喜欢动脑子，一种是太感性，做什么事都横冲直撞，不计后果，另一种是没有主见，做什么都要征求一下父母的意见。有位家长反映，孩子做数学题，一点儿也不爱动脑，老师教过的公式，她能够记住，但就是不会用。写作业的时候，依赖性特别强，做稍微难一点的题，她多想一会就能做出来的，却不愿多思考，总是直接向家长寻求帮助。

孩子的灵性，是与生俱来的，灵性表现是精神种子的萌芽状态，如果孩子的灵性被保护得很好，就能为将来的幸福奠定好基础，遇到挫折或伤害时，就像有一双隐形的翅膀一样，可以自我疗愈，给自己巨大的精神支撑，如何灵性在小时候被破坏了，将来就可能出现精神的迷茫、空心病、缺乏精神追求等问题。那么，如何才能保护好孩子的灵性呢？首先要唤醒孩子的灵性，其次要对孩子进行爱的确认，第三是帮孩子去除灵性成长的障碍。

1. 保护灵性第一步：唤醒灵性

"育儿先唤灵，灵醒方延命"，孩子的灵性如果处于不醒的状态，是很难萌芽的，对于不同的孩子，灵性唤醒的方式也不相同。

（1）淘能型的孩子：用才去唤醒

这类孩子比较容易自恋，因为身边没有自己佩服的人，他就会认为自己的是最好的，也就没有上进动力了。很多家长在这一点上容易陷入误区，如果自己的孩子是这种类型，又比较优秀，家长就喜欢在别人面前炫耀，对孩子过度赏识，导致孩子进入自恋程序中，灵性不再萌芽。用才唤醒，是给这类孩子找到一个榜样，让孩子向着更好的方向努力，这类孩子嫉妒心比较小，只要看到别人的优势和长处，就会主动向对方学习，灵性也就启动了。

（2）窘能型的孩子：用爱去唤醒

这类孩子比较容易自卑，自卑的原因一方面是看到自己的缺点和错误，无法接受，对自己否定，另一方面是认为别人对自己不好，总是担心别人会伤害自己，心中缺爱。对这类孩子要给予足够的爱心，让孩子感觉到这个世界并不像自己想的那样糟糕，爸爸妈妈都是希望自己好的。由于这类孩子比较自律，不善于打破规矩，所以家长不用担心给了孩子太多爱之后，孩子会骄傲自满，反而要鼓励孩子打破规矩，不要墨守成规，这样，灵性才不至于经常处于休眠态。

（3）耗能型的孩子：用败去唤醒

这类孩子比较容易自狂，孩子天生胆量比较大，只要是自己想到的，几乎没有他不敢干的，如果父母不进行约束，孩子可能会更加无法无天。甚至有的家长反映，即使对孩子进行体罚，他还是屡教不改，隔两天都要闯个祸，让人无语。对待这类孩子，需要让他感觉到挫败感，这类孩子一般只愿意接受成功，不愿意接受失败，当他有了挫败感之后反而会冷静下来，这样就从自狂回到了自信的轨道上，灵性也会真正觉醒。

2. 保护灵性第二步：爱的确认。

（1）淘能型孩子：家庭氛围

淘能型的孩子灵性萌芽需要温馨和谐的环境氛围。这类孩子对环境的要求非常高，而且只相信已经做出来的，对听到或看到的信息总是持有一种怀疑的态度，所以，家长必须在孩子面前拿出足够的真诚。例如，父母之间经常发生矛盾，为了给孩子一个和谐的环境，故意在孩子面前表现很和睦，这样反而会增加孩子的多疑心，因为孩子可以感受到最真实的状态，与其在孩子面前伪装，倒不如向孩子敞开心扉，与孩子坦诚交流，反而能起到正向作用。

（2）窘能型孩子：眼神回馈

窘能型的孩子灵性萌芽需要眼神交流，不能太粗心。这类孩子对细节特别敏感，有个风吹草动都能够察觉，而且是内在敏感，外在反应迟钝，如果家长比较粗心，很容易给孩子增加不安全因素。例如有的家长把孩子一个人关在屋子里，孩子会因为怕黑而产生恐惧，以后会更加胆小，家长需要做的是与孩子一起体验生活中各种变化，让孩子用身体感受到，外界的环境并没有那么可怕。另外与孩子的眼神交流非常重要，这类孩子的眼神是羞涩恐惧的，不敢轻易与别人对视，孩子心中的很多误解也都是由眼神引起，家长与孩子进行眼神交流，让孩子感受到别人眼神的变化，从而打开自己的心灵，让灵性萌芽。

（3）耗能型孩子：体温依偎

耗能型的孩子灵性萌芽需要皮肤交流，多跟孩子拥抱。这类孩子的能量比较大，内心比较容易烦躁，看上去天不怕地不怕，实际上，深层的恐惧是害怕寂寞，害怕没有人爱。与孩子多进行皮肤交流，就是消除孩子的深层恐惧，让孩子能够安定下来，只有内心安定了，外在的表现自然就正常了。平时家长之所以抱怨这类孩子容易惹是生非，觉得特别难管，就是没有明白孩子的深层需要，才导致孩子只有通过不断跑动才能平衡内心的缺失。所以，如果你的孩子是这种类型，一定要多抱抱孩子，多跟孩子进行身体接触。

3. 保护灵性第三步：去除障碍

（1）淘能型孩子：调整偏见

这类孩子有一个很大的问题就是容易自以为是，对事物的判断习惯跟着自己的感觉走，这就免不了会出现偏离真相。尤其是孩子对某个人产生偏见的时候，更容易出现偏激的想法，比如孩子在学校里不喜欢某个老师，那么他这门功课很可能学不好。

调整孩子的偏见就是让他看到事物不同的一面，提升孩子思维的全面性，不要陷入局部的感知中，这样也有助于孩子的灵性丰满。

（2）窘能型孩子：穿越下念

这类孩子下念是指很容易把人和事往坏处想，事情还没有去做，他就想万一失败了怎么办，未来有困难解决不了怎么办，他跟别人在一起时，因为一个微小的变化，就会想别人是不是对他有意见，所谓言者无心，听者有意，就是说的这类孩子。

让孩子穿越下念就是不要让他顺着坏的方向去想，而是要往好处去想，遇到不满意的情况，思考怎么通过自己的努力变得满意，对于尚未发生的事情，要相信事情会往好的方向发展，即使出现意外情况，也可以用智慧去应对，这样孩子的灵性就能正常成长了。

（3）耗能型孩子：去除宠厌

这类孩子往往宠厌观很重，只要是自己认为好的人，即使有再多缺点，犯多大错误，都可以不介意，只要是自己认为不好的人，哪怕再优秀，再善良，他也看不上，而且判断好坏的标准非常肤浅，很容易被假象迷惑。

对于这类孩子，家长要让孩子认识到，任何的美好都有表面的美好和内在的美好，有时候看上去美好的东西，内在也有丑的一面，看上去丑的东西，内在也有美的一面，看待所有的美和丑，都要用同一个心态。这样孩子的灵性成长就不会偏离正常的轨道。

最后，保护灵性的关键要让孩子回归生命本底。命是灵的载体，生命是灵性的主体，无论哪一类孩子，保护灵性都要基于孩子本身的生命，让孩子对生命有感知，无论是对自己、对他人、对自然，既能感知到生命的活性，也能感知到生命的情绪、心理，既能用感性、理性来感知，还能用悟性感知，这才是以孩子的生命为本，也才能让孩子成为一个鲜活的生命。

5.6 灵性孩子与家长的缘分

> 淘能型孩子：本是父母开心丸，把浮云的变为幸运的；
> 　　　　　　媚眼变慧眼，爹的厚谊娘的冠（信誉）。
>
> 窨能型孩子：本是父母丰顺船，把仅存的变为成群的；
> 　　　　　　祟脸变贵脸，爹的肚皮娘的肩（勇气）。
>
> 耗能型孩子：本是父母带劲源，把别人的变成自身的；
> 　　　　　　秽言变瑞言，爹的妙计娘的款（实力）。

1. 淘能型孩子：本是父母开心丸

淘能型的孩子有个明显的特点，就是爱笑，表情永远是迎合的状态，时刻表现着对你的尊重，看到这样的孩子，人们本能的反应就是想抱一抱。这类孩子的情商往往比较高，一方面他会顺应你的情绪，与你互动，另一方面，当你不开心的时候，他也会想办法哄你开心，家里有一个淘能型的孩子，父母常常感到很暖心，你时不时会听到他说，"妈妈，你累了吗？我帮你揉揉腿吧"，瞬间感觉心都要融化了。对于这类孩子，顺应他的先天程序，不要给他留下压抑感，他会成为你的开心丸。

"把浮云的变为幸运的"是说淘能型孩子往往容易成为生活中的幸运儿，这与他的个性有很大关系，这类孩子有着丰富的情感，擅长在生活中改善自己，我们经常看到有很多人特别会生活，很懂得对自己好，一般都是淘能型孩子。这类孩子之所以容易幸运，一方面是他有很多新奇的想法，另一方面他会把这些想法落到实处，把虚的东西变成实的，这也与他的实在本能有关，想到哪里，通常就能做到哪里，对于这类孩子，要让他的小幸运变成大幸运，就要鼓励他有大理想，他的理想越大，未来的成就也就越大，并且会为了理想，自发提升毅力。

"媚眼变慧眼，爹的厚谊娘的冠"，是淘能型孩子把浮云变幸运的前提，这类孩子擅长社交，人缘很好，但也容易把人与人之间的关系停留在感情层面，常常会情令智昏。这类孩子的眼神在常态下是很迷人的，就是娇媚的眼神，我们看到很多明星眼神会放电，擅长眉目传情，大多是淘能型的人。这类人的成长方向，就是把娇媚的眼神，变成智慧的眼神，父母恰当的抚育方式能帮助孩子把媚眼变慧眼。

从父亲角度说，要跟孩子的亲情中融入友情，学会跟孩子交朋友，做到畅所欲言，没有拘泥感，父亲不要总在孩子面前做出高高在上的样子，或者太有距离感，那样不利于这类孩子的提升。从母亲角度说，要让孩子感受到信誉的支撑，帮助孩子提升信商，母亲答应孩子的事情，尽量去兑现，要求孩子做到的事，自己尽量也做到，让孩子从母亲身上感受到信誉，也建立自己的信誉。

2.窖能型孩子：本是父母丰顺船

窖能型孩子具有积累的本能，如果你的孩子是窖能型，通常会发现，他喜欢把之前用过的东西，都储存起来，自己学过的课本，写过的作业，也会整理得很好，就像一个小收藏家。有这样的孩子在你身边，可以减少很多不必要的浪费，而且这类孩子思维缜密，善于计算，喜欢思考，想得全面，完全是一个智慧好帮手，父母只要对孩子及时肯定，他就会成为父母的丰顺船。

"把仅存的变为成群的"是说窘能型孩子积累的成果，当这类孩子开始在某一方面积累时，会一直持续下去，对自己积累的东西，是重复不嫌烦的状态。这就像细胞的复制一样，可以一变二、二变四，再加上这类孩子有足够的韧性，当他想要做成一件事，往往能坚持不懈，即使中间遇到困难，或暂时中断，他的心理不会断线，遇到合适的机会，他还会继续坚持下去。这是另外两种孩子所不具备的优势，家长需要做的，是引导孩子朝着有用的方向积累，让积累复制的东西发挥更大的价值。

"祟脸变贵脸，爹的肚皮娘的肩"，是窘能型孩子把仅存变成群的前提。这类孩子虽然有很多想法，但是不愿轻易表达，平时看上去沉默寡言，心里有想要的东西也不敢说，很多时候内心所想与外在表现是相反的，正因为如此，这类孩子经常会刻意掩饰自己，生怕别人看透了自己的心思，体现在表情上，就会给人一种鬼祟的感觉。因此，窘能型孩子的成长方向，就是让祟脸变贵脸，在表情上彰显出贵气感，父母恰当的养育方式能帮助孩子提升贵气。

从父亲角度说，在孩子小时候多一些皮肤接触，多抱抱孩子，比如父亲躺在床上，可以让孩子在父亲的肚子上玩耍，这样可以增加孩子身体上的安全感，让孩子在未来环境中，身体更放松。从母亲角度说，要多给孩子精神安全感，比如当孩子想要退缩时，缺乏勇气时，给孩子鼓励，让孩子感受到无形的力量。

3.耗能型孩子：本是父母带劲源

耗能型孩子几乎从不缺乏生活的激情，有这类孩子在身边，你的活力可以一直被他带动。这是一类爱动的孩子，当你带孩子出去玩儿的时候，会发现，他跟其他的小伙伴在外面跑了一整天，都不觉得累，这是因为耗能型孩子身体能量很足，另外，这类孩子胆量很高，喜欢寻求一定的刺激和挑战，跟他在一起，你总会有不一样的体验，他不像窘能型孩子那样想得多，做得少，也不像淘能型孩子那样喜欢与你谈心，他展示给你的，永远是行动在前。对于这类孩子，家长不能打击他的好动，顺应他在生活中的小挑战，他能够给你不一样的惊喜，成为父母带劲源。

"把别人的变成自身的"说明耗能型孩子具有非常强的社交能力，但又与淘能型孩子的社交不同。淘能型孩子可以跟身边的人都玩得很好，与每一个人都相处融洽，人缘很好，而耗能型孩子喜欢带领着大家一起玩，喜欢做领袖，如果跟这类孩子玩得好，他会跟小伙伴不分你我，你的也是我的，我的也是你的，而对方也会心甘情愿地接受。因为他的担当性让对方感觉很可靠，很放心，愿意听从他的指挥。但前提是，在抚育这类孩子时，要适当引导，让他养成为大家负责的习惯，这样他就能获得能量的加持。

"秽言变瑞言，爹的妙计娘的款"，是耗能型孩子把别人的变为自身的前提。这类孩子虽然有责任心，容易担当，但往往情绪不自控，说话口无遮拦，尤其是发怒的时候，说话特别难听，让人心理上不易接受，这也在无形中会得罪很多人，让人在心理上对他产生埋怨。因此，这类孩子的成长方向，就是让秽言变瑞言，学会口吐莲花，无论是喜悦状态，还是生气状态，都能控制自己的言行。父母恰当的养育方式，能帮助孩子从秽言变瑞言。

从父亲角度说，多给孩子思想上的支持，比如，孩子遇到难题了，跟父亲讨论过之后，想到了更好的办法，当孩子拿不定主意时，父亲提供一些好的建议。在物质层面，由母亲给孩子提供能量，比如给孩子花钱的时候，尽量是由母亲花给孩子，这样对孩子的完整性更有利。

第六章 读懂孩子的命性

孩子的命性，也称为生命属性，当孩子的先天性格反映在生命属性上，就是植物属性、矿物属性、动物属性。其中植物属性的孩子对应中向性格，矿物属性的孩子对应内向性格，动物属性的孩子对应外向性格。

6.1 解读孩子的生命属性

1. 植物型孩子

在自然属性层面，植物型孩子受外界环境的影响较大。就像一棵植物，需要合适的阳光、空气和水，如果环境改变了，它的生长状态也会改变，有些植物只有在特定地域内生长才能结出最好的果实。有些植物只有在特定环境中才能存活下去，《晏子春秋》有文，"橘生淮南则为橘，生于淮北则为枳，叶徒相似，其实味不同。所以然者何？水土异也"。这都说明了环境对植物的作用，而植物型孩子也更容易受到环境的影响。"近朱者赤，近墨者黑"通常体现在这类孩子身上。

植物如果在幼小时受到破坏，后期很难修复，植物型孩子若小时候的成长受到过伤害，后期更难以治愈。植物有喜阴和喜阳之分，如果是喜阳的，就会朝着阳光的方向生长，植物型孩子如果有欣赏或崇拜的对象，也会向对方看齐。植物不像动物那样有攻击性，也不像矿物那样被动，植物型孩子在社交中会用恰当的方式满足自己的需求。

在社会属性层面，从外表上看，植物型孩子亲和圆润，灵活自然，内心是实在的，没有复杂的心眼，跟他在一起，你会感觉很放松。植物型人的真心在肉体，即在行为上对你好，才是真的对你好。当植物型人把你当成他的好朋友，他会把自己的好东西与你分享，有好吃的好玩的，都会带上你，当你遇到困难的时候，他会为你提供帮助，不求回报，当你生病了，他会在你身边照顾你，而且关心很到位，这说明他对你出了真心。如果植物型人只是嘴上说对你好，行为上很少兑现，则说明没有出真心。

在独立属性层面，植物型孩子是以信息为主的，植物型孩子有很大的好奇心，对任何事情都要问个"为什么"，做事情喜欢追求意义本身，这类孩子在父母面前并不是言听计从的状态，虽然看上去态度很好，但如果他认为没有意义，即使答应你的事，他也不会去做。另外，这类人喜欢标新立异，想象力丰富，创意很多。但慧体容易出疑心，习惯从反面判断信息，比如你越说一个人好，他越会想对方不好的地方在哪儿，你越说对方不好，他越会想对方好的地方在哪。

2. 矿物型孩子

在自然属性层面，矿物型人对环境的要求不高，矿物型孩子的内在程序，不容易受到环境的影响。矿物没有主动性，矿物型孩子也经常处于被动状态，即使有喜欢的东西，也不擅长主动争取。另外，矿物是静态的，矿物型孩子也是喜静不喜动，不爱热闹，不容易浮躁。矿物具有很大的稳定性，这类孩子追求安稳，不喜欢经常变动，面对突发状况不善于应激，做事情喜欢按部就班，依照计划和流程。矿物具有可塑性，这类孩子有很强的再塑性，如果在成长中出现偏差，或违背了先天程序，后期用适合的方式，更容易纠正。

在社会属性层面，从外表上看，矿物型孩子稳重内敛，规矩安静，内心盘算，即使是一件小事，他也会思考得很细致，跟他在一起，你总是不知道他心里在想什么，这类孩子平时不爱跟人交流，尤其是家里来了陌生人，他会本能地躲避。在面对陌生人时，他的心中有太多顾虑，比如担心自身的安全感，担心别人对自己有不好的看法，担心自己的形象不够好，等等，这些顾虑综合在一起，使得他在陌生人面前非常拘谨，看上去比较沉闷和封闭。但是在熟人面前，他反而容易放得开，如果他在情体上跟你互动了，说明他对你出了真心。

在独立属性层面，矿物型孩子是以能量为主体的。矿物型人的自我建立，受能量影响很大，这类人天生自信心不足，抗挫折能力差，如果一直被家人打击，他可能会一直活在痛苦中，难以从负面能量中穿越出来，经常自我否定。这类人也会经常有自己的想法，但情体上有恐惧和胆怯，使得他常常埋没自己的想法，比如一个好的想法可能在心里已经酝酿很久了，演练很多次了，但真正展示自己的时候，还是会本能性紧张。这类孩子看上去很听话，实际上是自主性不足。

3. 动物型孩子

在自然属性层面，动物型孩子在环境中的适应能力很强。动物是动态的，动物型孩子也是喜动不喜静，喜欢热闹，平时看到这类孩子一直跑来跑去，总是不觉得累，好像有释放不完的能量。动物喜欢主动出击，动物型孩子也是主动出击的类型，有喜欢的东西或喜欢的人，会马上行动起来，想办法得到。动物的应变力强，动物型孩子也有很强的应变能力，不喜欢按部就班，经常打破规则，甚至给人感觉有些反复无常。但面对突发状况，动物型孩子往往能发挥更大潜力。

在社会属性层面，从外表上看，动物型孩子华丽张扬，大气奔放，内心是空洞的，也就是内在并没有很多实在的东西，就像衣服的袖子一样，只有外表一层，这也说明动物型孩子心胸开阔，不拘小节。有句话叫"不打不相识"，就经常发生在动物型孩子的身上，即使他跟你发生了巨大的冲突，可能过几天又会成为很好的朋友。但动物型孩子对高效的追求，经常让人产生很大压力，如果是矿物型孩子跟他在一起做事情，会感受到强烈的紧迫感。另外，当动物型孩子向你出真心的时候，他会为你出谋划策，跟你进行思想交流，这说明他的真心在慧体。

在独立属性层面，动物型孩子是以材料为主体的，面对事情，总是行为在前，先干再说。当动物型孩子还没有考虑周全的时候，就已经开始行动了，这跟矿物型孩子的稳扎稳打完全不同，难道动物型孩子不担心会出错吗？首先，动物型孩子做事先想好的一面，只要目标定好了，就想尽办法达成目标，出了问题再想办法。其次，动物型孩子有团队思维，即使自己力量有限，也可以调动其他人一起去完成。第三，即使最终事情没有做成，也没有关系，至少去尝试了，不至于有遗憾，而且出错本身在所难免，即使错了，也不一定是坏事。这也说明动物型孩子具有更强的自主性。

6.2 命性成长的阶段差异

1. 植物型孩子

在学龄前阶段，帮孩子营造安定、温馨的家庭氛围。植物型孩子对于环境要求很高，其学龄前如果缺少安定、温馨的家庭氛围，上学时孩子就坐不住，注意力不集中，手上总要玩点儿什么东西，并且会有丢三落四的毛病。

在小学阶段，关注其独立自主、自立、自理能力的培养。家长要注意，千万不可以把植物型孩子照顾得什么都不用自己做，如果这样，他会懒惰，缺乏动力，就不好好学习，还会影响智能开发。平时可以让孩子自己洗自己的小件衣服等。

在中学阶段，关注其逻辑思维的训练。如果植物型孩子的逻辑思维没有得到及时训练，就会迷茫，刚开始脸上虽然看不出什么，但两眼无神，左右摇摆。到了初中理科成绩开始下滑，并且脸上也会逐渐出现迷茫表现。平时可以给孩子讲一个故事，然后让孩子写出故事梗概。除此之外，还要帮孩子训练其胸怀、包容心、兼容性。植物型孩子如果不兼容、不包容，不但影响孩子的人际关系，而且影响孩子的学习。

2. 矿物型孩子

在学龄前阶段，家长要多与孩子沟通。矿物型孩子胆商低，学龄前，孩子在家还能与家人大胆交流，但到外面就不行了。所以家长要多与孩子交流，不管其听懂听不懂，让孩子从小养成交流的习惯。

在小学阶段，要关注其动手能力训练，肢体协调训练。矿物型孩子天生胆商、体商偏低，如果得不到及时训练，矿物型孩子在班里会出现表现不积极、做作业慢、不爱活动、体育不好、动手能力差等问题。

在中学阶段，要鼓励孩子多进行人际交往。如果矿物型孩子内心压抑，无处交流，就会感觉到人生是痛苦的。从而造成进取心下降，另外，还要防止孩子出现自闭症和自我斗争，所以，要鼓励其主动与同学、朋友交往，主动与父母、朋友交流、交心。

3. 动物型孩子

在学龄前阶段，要给孩子足够的拥抱，多与孩子躯体接触。动物型孩子天生体内能量足，浮躁，因此对于躯体接触和安抚要求很高，其学龄前如果缺少拥抱、抚摸，上学时就很调皮，"找打"。

在小学阶段，对"人来疯"不要打压。这个阶段的动物型孩子爱表现，甚至有时弄得家长下不来台。好的方面是上课积极发言，爱活动，爱劳动。这个时候千万不可以打压孩子，打压会引发叛逆。

在中学阶段，要培养孩子的耐心，关注孩子沉迷游戏的风险。这在初中阶段需要格外注意，动物型孩子喜欢挑战和探索未知，而且自制能力比较差，如果在体验游戏的过程中，家长没有及时引导，动物型孩子很容易上瘾。

6.3 读懂孩子的命性需求

> 植物型：需要亲情，心中期待多情趣父母，家长多费脑。
>
> 矿物型：需要父爱，心中期待纯爱心父母，家长多费心。
>
> 动物型：需要抚慰，心中期待常亲昵父母，家长多费力。

读懂孩子的需求，才能助推孩子的成长，从命性的角度看，每一类孩子都有共性的需求，也有个性的需求，共性需求容易被发现，个性需求容易被忽视，而孩子若想成为独特的自己，家长就需要读懂孩子独特的命性需求。

> 世界上最遥远的距离
>
> 不是天和地
>
> 而是家长鞠躬尽瘁
>
> 但孩子却心事重重
>
> 拒绝沟通

1. 植物型孩子的命性需求

这类孩子对亲情的需求最大，植物型孩子重情，认为情是家的支柱，没有感情的家庭，就不叫家庭，而且这种感情是真实的，不虚假的。对这类孩子，家长要给予孩子的是真情实意，不能让孩子感觉有虚情假意，甚至可以向孩子诉说自己难过的事，孩子更容易跟你走近。

这类孩子心中期待的是多情趣父母，因为植物型的孩子在趣味中更容易取得成就，他本能上需要父母给他营造有趣的环境，但养育这类孩子，父母会比较费脑，因为孩子好奇心强，喜欢打破砂锅问到底，有任何不懂的地方就想向你寻求答案，脑子里就好像有十万个为什么，对家长来说，是需要消耗脑力的。

2. 矿物型孩子的命性需求

这类孩子肉体胆量不足，情体比较敏感，慧体喜欢思考。由于身体不爱动，探索能力不足，很容易导致体能和脑能发展不协调，体能发展滞后，脑能发展靠前，父亲的爱，可以帮助孩子建立肉体层面的自信，让孩子摆脱"以己为弱"的心态，让慧体自信和肉体自信统一起来。

这类孩子情体敏感，容易把事情往坏处想，而且看不清自己的真实需要，父母对孩子单纯的爱，可以让孩子获得情体的安定，让孩子懂得爱自己，这类孩子只有学会了爱自己，才能够爱别人。当然，养育这类孩子比较费心，因为他的心思很细腻，又不善于表达内心的想法，但他又希望你猜对他的心思，你要是猜不对，他又不高兴了，对家长来说，是很消耗心力的。

3. 动物型孩子的命性需求

这类孩子看上去自信而张扬，比较坚强，但他也有脆弱的一面，有时候发脾气也是在表达自己的脆弱，对这类孩子也需要给予适当的抚慰，最直接的方式，就是给孩子多拥抱。

这类孩子所期待的是常亲昵父母。如果动物型孩子在小时候得到的拥抱不够，长大以后更容易情绪失控。当然，养育这类孩子的挑战在于要多费力，因为这类孩子能量很足，需要释放，给家长的感觉就是比较闹腾，如果接受了孩子的特性，就会得到孩子更多的回馈。

6.4 解读孩子的命性优势

植物型：自由，自提，悠扬，开朗。

矿物型：自在，自律，涵养，善良。

动物型：自主，自逸，豪爽，阳光。

---

1. 植物型孩子的命性优势

自由是这类孩子始终不变的追求，在这样的追求中，也会开发出美好的想象力和创新力。这类孩子的自由感是身体和精神两个层面的，身体上的自由是指不愿意被束缚在狭小的空间，需要一定的活动范围，精神上的自由是可以无限畅想，把未来的美好场景提前勾勒出来，有了自由感，这类孩子才会活得轻松愉快，否则就会压抑。

自提是说一个有理想的植物型孩子，会马不扬鞭自奋蹄，自觉努力上进，不需要别人督促。

悠扬原指声音高低起伏，悦耳和谐，这里是说植物型孩子擅长创造和谐氛围，让环境中的每一个人都感觉很舒适。

开朗是说这类孩子在社交中体现出的互动状态，并且总能保持乐观的常态。

2. 矿物型孩子的命性优势

自在是这类孩子渴望的舒适状态，当这类孩子刚到一个新环境时，也会尽量给别人创造自在的感觉，不会轻易干扰别人。

自律是说这类孩子自我约束能力很强，做事情能够持之以恒，比如锻炼身体，如果三类人约定好每天早上锻炼身体半小时，可能另外两类人坚持几天就放弃了，但矿物型孩子往往能坚持到底。

涵养是这类孩子正常成长时展现的亮点，这类孩子善于积累，记忆力好，能够自我约束，习惯自我反省，在这些特点的加持下，就容易沉淀出有涵养的状态。

善良是这类孩子的生命先天特色，这里的善良主要指善良的初心，即善心，家长在抚育孩子时，不仅要保护好孩子的善心，还要让孩子有善良的方法，这样才能结出善良的果实。

3. 动物型孩子的命性优势

自主是这类孩子最基础的生活状态，这类孩子的自主性体现在任何事情，都要自己拍板，自己做决策，天生就有独立性优势，不喜欢依赖别人，相反，往往会成为别人的依赖，别人有了不确定的事，有时也让他来做主。

自逸是身心的安适，这类孩子由于情绪问题，本身不容易达到这种状态，而一旦有了自逸的状态，则说明这类孩子已经走向了成熟，并且在各种事情中能够做到游刃有余。

豪爽是指这类孩子比较大气和爽快，不拘泥于小节，直来直去，快人快语，比较洒脱。

阳光是说这类孩子不仅乐观，而且能够像太阳一样照亮别人，用自己的感染力影响别人。

6.5 解读孩子的命性劣势

> 植物型：赌气，挑衅，膝盖，自以为是，得意忘工。
> 矿物型：怄气，磨叽，胸怀，固执己见，得意忘形。
> 动物型：撒气，折腾，脑袋，刚愎自用，得意忘静。

1. 植物型孩子的命性劣势

植物型孩子：在生气时常表现为赌气，赌气是知道应该这样，偏偏要那样，在适当的机会故意给你找个茬气气你。这类孩子在赌气时最常见的表现是当面一套，背后一套，你让他做什么事情，他表面上答应你了，但实际上并不去做，或者故意跟你提的要求不一样，让你不满意。

挑衅是这类孩子如果对你表示不满意，又有情绪的时候，会表现出来，比如他明知道你做不了某件事，故意跟你说，"有本事你来干呀"，瞬间让人感觉很无奈。

膝盖问题，主要指植物型孩子的敬仰问题，这类孩子崇拜谁，就会向谁学习，未来就可能跟谁站在一起，这类孩子对自己的偶像很容易顶礼膜拜，崇拜过头就容易失去自我，给人感觉缺乏骨气。

植物型孩子的"自以为是"更多是一种自恋的表现，自己认为自己的观点和做法都是正确的，其实是信息了解不全面，导致的一种偏见，这种偏见不是不可更改的，如果提供给足够的信息，他很可能会自动调整自己的判断。

得意忘工是说植物型孩子在得意的时候，会忘记自己的主体目标，陷入陶醉当中，该做的事情也不去做了。

2.矿物型孩子的命性劣势

矿物型孩子：在生气时常表现为怄气，就是一种软对抗，拒绝沟通的状态，你问他怎么了，有什么不开心的事了，他始终保持沉默，让人着急又无奈。

磨叽是说这类孩子做事情效率太低，总是慢半拍，明明很着急的事情，他依然拖拖拉拉，不能速战速决。

胸怀问题，是这类孩子成长路上的巨大障碍，很多矿物型孩子明明非常优秀，但因胸怀不够宽广，导致人际关系紧张，未来发展困难，另外，这类孩子在人际交往中比较敏感，"言者无心，听者有意"就是说的这类孩子，别人说话的时候可能没有想太多，但在他看来，可能对方是故意针对他，就会心中不平。所以，养育这类孩子，主要是帮助他扩大胸怀。

矿物型孩子的"固执己见"更多是一种顽固的表现，不仅固守自己的意见，而且不愿意做出改变，即使你把事实摆在他面前，他可能依然会视而不见，这是跟"自以为是"的区别。

得意忘形是说这类孩子在得意的时候很容易失态，难以控制自己，给人一种嘚瑟的感觉。

3.动物型孩子的命性劣势

动物型孩子：在生气时常表现为撒气，轻者大吵大闹，重者就是搞破坏，摔东西，这类孩子最容易出现情绪失控。

折腾是说这类孩子在家里或者学校里常常让家长和老师难以安宁，例如，有的动物型孩子在幼儿园时搞恶作剧，把洗洁精倒进茶杯里，在别的小朋友睡觉的时候大声唱歌，等等。

脑袋问题，主要是说动物型孩子的冲动问题，这类孩子很容易头脑发热，尤其面对刺激的时候，很难自控，出现过激的行为，不考虑后果，很多校园霸凌现象，都是这类孩子造成的。

动物型孩子的刚愎自用也反映了一种专制性，即不考虑别人的意见，别人同意他要做，别人不同意他也要做，表现出一种强制性和强迫性。

得意忘静是说这类孩子在得意的时候，安静不下来，一定会到处显摆自己，希望得到别人的夸赞和拥戴。

6.6 生命属性要全面看待

为什么家长总是因孩子的问题焦虑？因为缺乏恰当的抚育方法，更缺乏对孩子完整的认识，有的家长看见孩子说大话就打击孩子，认为孩子不切实际，结果孩子在被打击的同时，领袖特质也埋没了。有的家长看见孩子爱玩就限制孩子，认为耽误学习，其实爱玩儿的孩子感觉统合能力很强，适当的玩儿能更好提升未来的学习能力。很多时候，家长在孩子身上看到的现象可能只是假象，背后还有你不知道的真相，千万不能因噎废食，削足适履。

其实，在生活中，很多"熊"孩子的所作所为，都暗藏惊喜：有小脾气的孩子，说明他懂得善待自己。有小自私的孩子，说明他不需要讨好别人。会哭闹喊叫的孩子，说明他没有压抑自己的情绪。懂得顶嘴的孩子，说明他没有停止独立思考。当你看见了孩子身上的闪光点，那孩子肯定也能从你眼中看到那个优秀到闪闪发亮的自己。

植物型：俗——表面开放诚心郁，雅——貌似淘气内麻利。
矿物型：俗——表面善良忠心惧，雅——貌似娇气内卖力。
动物型：俗——表面豪爽恒心逆，雅——貌似傲气内风趣。

植物型孩子：平时看上去既开放又淘气，开放的表现令人称赞，因为与人友好互动，活跃氛围，给别人带来快乐，人缘很好。正因如此，开放，让这类孩子信息面扩大了，接收到的信息更多了，于是多疑心开始作用了，他要分辨真假，印证真假，不轻易相信别人。所以这类孩子看上去跟每个人都很友好，但想要深入走进他，是很困难的，这也让植物型孩子的真诚，无法展现彻底，看上去让人点赞的"开放"特点，却容易让他往负面发展。

淘气的表现总让家长和老师头疼，比如孩子不喜欢数学老师，每次在数学课堂上都故意扰乱秩序，在老师眼里，他成了一个不守纪律的坏孩子，家长听到老师的反馈，也对孩子产生误解。然而，在孩子淘气的背后，是果敢的性情，做事情不拖泥带水，如果在孩子淘气的领域，梳理出一个他认可的意义，或提供一个更有意思的学习方式，容易朝正面发展。

矿物型孩子：平时看上去既善良又娇气，善良的表现容易让人认可，认为这是一个好孩子，但孩子的善良通常是从小善起步的，如果只停留在小善的层面，孩子并不懂得如何在自我独立的基础上行善，如何在行善中保护自己，如何防止被别人利用，这些问题帮孩子理通了，才能避免孩子产生恐慌，在对自我的坚守中，消除恐惧。

娇气的孩子容易得到更多照顾，表面上看，孩子是脆弱的，柔弱的，但在娇气的背后，是孩子的坚韧和毅力。这个时候，千万不要把孩子当成弱者，否则，孩子就真的朝着弱小的方向发展了，要看到孩子内在强大的一面，鼓励孩子的自立、自强。

动物型孩子：平时看上去既豪爽又傲气，豪爽的表现让人眼前一亮，呈现的洒脱个性，宽阔心胸，总会让人豁然开朗。但豪爽的背后，是他的三分钟热度，他什么都想体验和尝试，但都很难持久，因此，在肯定他豪爽的同时，还要给他明确的目标，培养他的恒心。

傲气的表现，让人感觉动物型孩子总是目空一切，什么都不放在眼里，好像只有自己是最大，这会让跟他在一起的人有一种压抑感。但是，傲气的背后，不仅含有动物型孩子的勇气和担当，还有他的幽默风趣，在困难面前，既能迎难而上，还能带着大家在欢笑中做事，如果把傲气引向更大的担当，孩子就会生出英雄气。

6.7 如何抚育不同命性的孩子

植物型：预备靠山，逻辑训练。

矿物型：足备财源，交流情感。

动物型：后备人缘，情商拓展。

1. 轻松养育植物型孩子

（1）预备靠山

植物型孩子的成长需要一个依靠，这个依靠就是他学习的榜样，也是他努力的方向，有了这个依靠，他就会有目标感，身心也能放松，若父母能做孩子的靠山，就让孩子以自己为榜样，若父母感觉自身能量欠缺，可以为孩子找一个更大的靠山。

（2）逻辑训练

植物型孩子从小需要进行逻辑训练，这是他欠缺的地方，一个没有逻辑思维的植物型孩子很难有兼容心和包容心。因为植物型人的客观灵感是珠状的，一点一点的，不和别人相连。而逻辑思维训练就是把珍珠穿成一串的过程，然后对人生才是一种装饰，所以逻辑思维训练对植物型孩子来说非常重要。一个没有逻辑思维的植物型孩子就像一盘散沙，不能给你的生命做装饰，不能帮助你。

具体的训练可以从游戏开始，比如传话筒游戏，完整地传达别人的话，一字不差，包括语气也不变。第一个人说句话，然后依此往下传，如果有人拐弯了，十有八九就是植物型孩子，要么加一句，要么减一句，他认为不合自己的逻辑，其实他没逻辑，只是凭感觉。经过这样的训练之后，有助于提升孩子的逻辑性。这里要说的是，动物型孩子也缺乏逻辑，但是却不需要训练，因为动物型孩子缺乏逻辑并不影响大局，不会感觉不靠谱，哪怕上一句在说谈恋爱，下一句就说宇宙天体，跳跃的思维不影响与人的交往。但植物型孩子如果没有逻辑，就会给人感觉不着调，不靠谱，所以才需要专门训练。

失了一颗铁钉，丢了一只马蹄跌；

丢了一只马蹄铁；折了一匹战马；

折了一匹战马，损了一位将军；

损了一位将军，输了一场战争；

输了一场战争，亡了一个帝国。

上面这个场景就是一个线性逻辑，一般矿物型孩子就是这样的逻辑，但植物型孩子的逻辑可能是"丢了一只马蹄铁，帝国亡了"，中间是缺少逻辑线条的。对植物型孩子的逻辑训练，就是帮助他把逻辑线串起来，就像用一根绳子把一盘珠子串起来一样。

2. 轻松养育矿物型孩子

（1）足备财源

矿物型孩子在成长中不适合给予他太多金钱上的压力，有的家长为了让孩子独立，特意跟孩子哭穷，这对动物型孩子比较有效，但对矿物型孩子会起反作用。即使家里确实条件欠佳，也要跟矿物型孩子说，"放心吧，虽然现在家里有困难，但总有一天会好起来的"，要多给孩子传递正向信息。如果条件允许，就给孩子备好财源，这类孩子天生擅长理财，有了财源，反而让内心更加安定。

（2）交流情感

矿物型孩子从小需要多进行情感交流，这类孩子喜欢把自己的情感窝藏起来，快乐的事情也不跟别人讲，喜欢独欢，不和别人交流，这并不是故意的，只是没有养成这种习惯，他会想，"我把快乐分享给别人，不是嘚瑟吗？""我的痛苦跟别人讲，不是伤害别人吗？"这是一种习惯。所以，要让这类孩子从小养成情感交流的习惯，否则，别人会感觉他装，不真诚，不坦荡，有鬼祟。养成好的习惯是为了别人，也是为了自己。

3. 轻松养育动物型孩子

（1）后备人缘

养育动物型孩子，需要为他的未来发展准备人脉资源，这类孩子将来是需要生活在人群中的，他需要的不仅仅是一个伙伴，或单个好朋友，而是每个交往方向上都要有人，比如，有一群人愿意追随他，有更优秀的人可以引领他,也有同等层次的人愿意跟他合作,这样动物型孩子将来才能施展自己的抱负,创造更大的社会价值。

(2)情商拓展

拿破仑说:"能控制好自己情绪的人,比拿下一座城池的将军更伟大。"这句话用在动物型孩子身上再合适不过了,这类孩子将来完全可以独当一面,可以开辟一片天地,但情商是自己的短板,经常难以控制自己的情绪,往往因为冲动而功败垂成。

拓展动物型孩子的情商,可以通过游戏来训练,比如,让动物型孩子先说出自己平常最排斥听的话,再请三个同学轮流说给他听。在其恼怒之余,分别对这三位同学说三句宽恕的话。经过多次训练后,动物型孩子的情绪控制能力就能得到提升。孩子的情商拓展之后,可以做到把情绪转化成志气。比如恼归恼,怒归怒,但是大脑不死机,并不耽误思考某个问题。

第七章　读懂孩子的才能

7.1 你的孩子是哪种人才？

> 将才：骨干、精英型，独立执行能力。
> 相才：军师、编剧型，协调管理能力。
> 帅才：领导、带头型，统合驾驭能力。

每个孩子都有自己先天的特质。有些孩子天生具有严谨缜密的特点，分析问题逻辑清晰，做事计划周密。而有些孩子则善于在行动中调整方法，边做边想。这些不同的先天特点使得他们在未来会成为不同类型的人才。从社会需求的角度来看，可以将人才分为将才、相才和帅才三大类。

将才是独立干将，能够独当一面的人才。他们是实干者，未来可以成为某个领域或行业的骨干分子，或业务专家。将才具有独立执行能力，遇到再大的困难也能够担当到底，绝不逃避责任。将才担当的原则是，要么他没有把握或接受不了可能的后果，就不去担当；一旦决定担当，就会对成果负责，不会担一半留一半，更不会考虑给自己找躲责的退路。其次，将才具有技术攻坚能力，即他们拥有真本事，经得起检验。或许没有全面技术，但一定有实用的核心技术，这些技能可能包括沟通和操作等。此外，将才还具有快速落实能力，善于将想法变成现实。他们相信"实干兴邦，空谈误国"，坚信成果是靠实干得来的。在创意研讨会上，别人可以滔滔不绝地谈想法，而将才则在思考哪些想法可以立即落实。

三国时期的关羽、张飞和赵云都是典型的将才，他们都是独当一面的人才。关羽出战从不考虑失败后谁来救自己，张飞出马从不问士兵是否充足，只问何时动手，赵云出手从不担心对方人多势众，更不担心自己的后路。

相才是设计策划，善于出谋划策、创意较多的智囊型人才。未来可以成为某领域的智囊、策划者。相才具有缜密谋划能力，优势在于缜密的思维逻辑，环环相扣的设计。在做事之前，相才先进行大脑的预先演绎，从而用最小的代价取得最大的成绩。相才将所有相关因素考虑在内，归纳筛选，重新组合，找到最适合的路。其次，相才具有估因控效能力，即方案设计好后，能够预判可能出现的情况，并提前想好对策。第三，相才具有拐点翻转能力。相才谋略不仅局限于一种思路，通常有上策、中策和下策全部预备。根据事态发展，随时调整计划。最终的结果往往不取决于开始的起点，而是由拐点的翻转决定。

三国时期的诸葛亮、一统江山的刘伯温都是名垂青史的相才。诸葛亮一生传奇无数，通晓天文地理，深韬略通历史，多谋善断，神机妙算，运筹帷幄，决胜千里。刘伯温精通三韬六略，善于深谋远虑，料事如神，人莫能测。朱元璋多次称赞他为"吾之子房"。

帅才是统御指挥，具有杰出指挥才能的人才。未来可以成为某领域的统帅或行业领袖。帅才具备识人驭人的能力，领导别人需要懂得人性，能够驾驭人性。帅才知道每种人的特长在哪里，短板在哪里，知道如何把人的价值最大化发挥出来。其次，帅才具有容错补过能力。在团队中，任何人都可能犯错。帅才要容得下过错，并替下属弥补过错，甚至在关键时刻帮下属承担责任。第三，帅才具有自我人格魅力。帅才让别人愿意跟随自己，心服口服。他们拥有令人敬佩的特质，如大气、不拘小节、具有强烈的感染力。帅才让人们看到他们，就像看到了旗帜，瞬间提升了凝聚力。

历史上的刘邦曾说："夫运筹帷幄之中，决胜千里之外，吾不如子房；镇国抚民，给饷馈，不绝粮道，吾不如萧何；连百万之众，战必胜，攻必取，吾不如韩信。三者皆杰，吾能用之，此吾所以取天下者也。"刘邦就是典型的帅才，他可以让将才和相才都为自己所用。

家长要如何判断自己的孩子是将才、相才还是帅才呢？可以从他们的核心差异来看，这三类人才在记忆力、反应力和创新力方面有所不同。

首先是记忆力。将才型孩子在记忆方面对具体操作技术感兴趣，对一些虚的理想以及与自己行为无关的东西不感兴趣，他们不爱记忆这些。相才型孩子在记忆方面比较有优势，大部分相才型孩子记忆力都很好，因为相才是智囊型人才，擅长储存知识。而帅才型孩子在记忆力方面则表现为对课本知识兴趣不大，不喜欢死记硬背，对理论课听不进去。

第二是反应力。将才型孩子对具体做人和做事方面具有很好的反应能力。相才型孩子对人事物的策划谋略更感兴趣，反应更敏捷。而帅才型孩子对如何掌控人事物有更敏锐的反应力。例如，刘备是帅才，喜欢研究用人；诸葛亮是相才，喜欢研究和钻研理论；张飞是将才，只对怎样打败对方的技术和具体指导战术的谋略感兴趣。

第三是创新力。帅才创大，相才创谋，将才创勇，这是先天情况下创新力的潜能。帅才创大，善于无中生有、小有变大有。相才创谋，善于策划谋略、排忧解惑。将才创勇，善于独立撑事、悍勇果敢。在引导孩子的过程中，父母要针对三类孩子的先天创新潜能，引导他们发挥自我潜能的道路。这样一方面容易达到效果，另一方面也能与孩子的潜在兴趣相吻合，使得他们在原本的才能上获得举一反三的能力。

让我们从孩子的先天特质出发，用正确的抚育方式来引导他们的成长。在抚育孩子的过程中，了解他们的优势和特点，培养他们的潜能，让他们在未来成为有用之才。不同类型的人才在社会中都有各自的价值，我们应该尊重孩子的天赋，让他们在自己的领域发光发热，为社会做出更多的贡献。只有理解和尊重孩子的个性，才能使他们在人生的道路上茁壮成长，发展出自己独特的潜力。

7.2 不同人才的处世模式

将才：动手多于动口，运作先于统筹，善于舍己帮友。

相才：动口优于动手，统筹先于运作，善于免费猎友。

帅才：动口因于动手，统筹验于运作，善于化敌为友。

将才型的人习惯边做边思考，边实践边调整。不喜欢苦思冥想，因为他们深知只有实践才能验证想法和设计的可行性。将才型的人也会表达，但他们的表达总是为了服务于实践。他们清楚最终成果来自于实践的结果，而非仅仅停留在思考阶段。将才型的人懂得根据实践的需要和变化来调整自己的语言和想法次序。因此，他们很少将事情想得面面俱到，不善于统筹兼顾，但在具体运作中可以通过弥补统筹中的漏洞来取得成功。

将才的舍己帮友体现了他们的仗义。舍己代表他们愿意先为他人付出，甘愿自己先出力，暂时将个人利益放在一边，以此表现出真诚和义气。将才相信"将心比心"，诚挚对待他人，相信这样做必然会得到他人的认可和回馈。这里有两层含义：一是舍己帮友并不意味着背叛其他朋友，他们不会为了帮助别人而牺牲朋友的利益，这也体现了他们的可靠性和信赖度；二是帮助朋友并不是无偿的，虽然可以一时奉献，但并不意味着会一直被人剥削。如果他们帮助你，而你在能量和信息方面没有给予任何回馈，他们会感受不到你的诚意，这样下次他们也不会轻易再帮助你。

抚育将才型孩子时，家长要保护他们的实践特质和仗义品性。这类孩子喜欢先动手去尝试新鲜事物，家长不要因为害怕他们犯错而去阻止，否则他们的操作能力将得不到锻炼。当孩子表现出仗义的时候，家长也不要担心孩子吃亏，因为他们自己很清楚自己的需求，最终会想办法实现目标。家长要在肯定孩子现有特质的基础上，帮助他们完善其他方面的短板，比如思维不全面等。

相才型的人习惯谋定而后动，三思而后行。他们不喜欢冒险，不会轻率行事，喜欢在开始行动之前充分考虑，进行周密的谋划。相才与人相处时，主张以理服人，君子动口不动手。相才最喜欢的状态是一切都在预料之中，所有弊端都已经提前规避，对于可能的变数，他们会制定第二方案和第三方案。当相才决定开始行动时，必然是成竹在胸，胜券在握。他们还具有一定预见性，对于尚未发生的事情，他们能够提前推断，对别人的行动也早有预先考虑，但有时也会因为过于谨慎而失去机会。

第七章 读懂孩子的才能

相才张仪

在秦国被六国合纵之术制约之时,张仪到秦国提出连横之策对抗六国合纵。他不断奔走于各国之间,逐个收买、分化、威胁、利诱,有效地瓦解了六国的合纵关系。《孟子》曰:"张仪一怒而诸侯惧,安居而天下熄。"

相才的免费猎友体现了他们的社交智慧。猎字反映了主动获取,这也是思想上的主动,即先进行策划,考虑哪些人对自己是有价值的,是值得交往的,然后把对方纳入自己的社交圈,寻找机会与对方建立关系。相才一般不会用利益去建立情谊,一方面情谊是无法用利益来衡量的,另一方面用利益换来的情谊也不会真正长久。他们会启动智慧,满足对方更高级的需求。例如,对方遇到难题,陷入困惑时,通过相才的指点,对方会豁然开朗,茅塞顿开,从而建立起真诚的友谊。这样的情谊也会更加持久。

抚育相才型孩子,需要注意两个方面:一方面是关注孩子的智力发展,另一方面是为孩子的智力提供有效的品德支持。相才孩子天生具有智力优势,但如果不加以适当开发,可能会导致思维偏激。因此,对相才孩子的抚育重点在于拓展他们的思维格局,避免陷入狭隘的个人思维。更重要的是,即使孩子智力很高,如果缺乏相匹配的品德素养,也容易走上错误的道路。因此,在抚育相才孩子时,德智并行至关重要。

相才孩子智力天赋出众,但这并不意味着可以忽视他们的品德。家长应该注重培养他们正确的价值观和道德观,让他们在拥有强大智力的同时,也具备优秀的品德。这将有助于他们成为有担当、有责任心的社会栋梁。同时,引导他们学会换位思考,增强同情心和共情力，让他们能够更好地与他人沟通合作，发展出更加成熟和稳健的社交能力。

帅才型的人习惯于先实践后总结，先接任务后想办法。他们说出来的话总是有一定的实践依据。帅才对自己的实践经验非常重视，认为实践是最好的检验。帅才在实践中积累经验，并从中总结教训，用以指导未来的行动。他们的行为总是超前于他人，能够提前预见局势发展，因此，在时间节奏上占据绝对优势。将才和帅才都侧重于实践，但二者还是有区别的。将才的实践更偏重于某一领域的技术性实践，并且与当下的需求紧密结合，行为和思维是同步调整的。

帅才的化敌为友体现了他们的宏观格局。在帅才眼里，没有绝对的敌人，即使是对手也可以成为朋友，在更大的视野下，敌人也可以变成帮手。帅才注重全局的动态和局面的走势，他们不会纠结于某件小事，也不会拘泥于某一个细节，而是着眼于整体利益的最大化。他们愿意放弃局部利益以实现整体的利益。

齐桓公是一个典型的帅才。在春秋时期，齐襄公被杀后，公子小白和公子纠为争夺王位而战，鲍叔助小白，管仲助纠。在双方交战中，小白被管仲射中，险些丧命。然而，后来小白做了齐国的国君，即齐桓公，听从鲍叔的建议，任命管仲为相国。在管仲的协助下，齐国数年间成为中原最发达的强国。

抚育帅才型孩子，家长要重点培养他们的宏观思维和应变能力。帅才需要有大格局的认知和视野，家长应该从小帮助孩子开阔视野，不要局限于眼前，而是以更高的定位去培养他们。由于帅才将来可能面对复杂的环境和变数，因此需要训练他们的应变能力，在突发情况下能够从容应对，用现有条件化解困境，这样才能成为出色的帅才。

总之，不同类型的人才在社会中都有各自的价值。家长在抚育孩子时应根据他们的天赋特点，采用正确的抚育方式，帮助他们发展潜能，让他们在未来成为有用之才。

对将才型孩子，要保护好他们的实践特质和仗义品性，避免阻碍他们的动手能力和义气。

对相才型孩子，要重点培养他们的宏观思维和应变能力，让他们能够做出全面、超前的谋划。

对帅才型孩子，要注重培养他们的实践经验和宏观格局，帮助他们学会先实践后总结，并在复杂环境中运筹帷幄。

通过正确的抚育，让孩子们在各自的领域发光发热，为社会做出更多的贡献。

7.3 别让爱成为孩子成才的阻碍

爱含弈，将才闭，体能的外感知觉被关闭。
爱含逼，相才闭，脑能的内感直觉被关闭。
爱含欺，帅才闭，远能的灵感自觉被关闭。

孩子要成才，关键在于成为最适合自己的才。若家长逼着帅才死读书、捏着相才去习武，不仅不能成就孩子，还会埋没他们的潜能，扭曲他们的成长路径。家长的抚育方式起着决定性的作用，他们爱孩子，希望孩子能成才，同时也渴望孩子幸福。然而，太多的事与愿违，并不是因为家长的爱不够多，而是因为爱中存在杂质，家长未能自知或未能真正理解孩子的需求。

爱含弈，将才闭。是说家长跟孩子有博弈，对立，会导致将才型孩子外感知觉关闭。有些家长与孩子斗智斗勇，乐此不疲。若孩子是帅才，或许没有太大弊端，但若是将才，就会影响他们的外感知觉。将才的实干性靠外部感觉推动，即感受到哪里，就会做到哪里。若孩子把关注点放在算计和内在较量上，一方面这不是他们的优势，另一方面势必降低外部敏锐性，影响实践能力。

抚育将才孩子，不能用对立思维。不要阻止孩子追求自己喜欢的事物，也不要强迫孩子做自己不愿意的事情。家长应该尊重孩子的选择，哪怕他们与自己的期望不符。虽然家长觉得自己的选择是为了孩子好，但与孩子对立的方式很容易破坏孩子的体能外感优势。

爱含逼，相才闭。是说家长对孩子有逼迫和强迫，会导致相才型孩子内感直觉关闭。有的家长耐心不够，看到孩子进步缓慢，就忍不住催促。如果孩子是相才，这样的行为会影响他们的智能提升。相才的优势在于大脑内感，但需要外部放松的环境。若孩子一直处于紧张状态，会导致大脑死机，灵感断线，使他们失去优势才能，最终无法成为他们该定的人才。

抚育相才孩子，不能试图强行让他们屈服。即使孩子表面上妥协了，也对他们造成内在的伤害。相才的内在优势用于设计和策划，如果受到强迫，会本能地用内在力量对抗，耽误了思考，甚至导致内在能量难以支撑智能性思考。

爱含欺，帅才闭。是说家长对孩子有欺骗，会导致帅才型孩子出现灵感自觉关闭。有的家长在抚育孩子时，总喜欢用哄骗的方式，来达到目的，比如明明答应过孩子的事情，却不兑现；明明可以实话实说，却故意欺瞒。久而久之，帅才型孩子的多疑心就会逐渐放大，自己的灵感会受到干扰,判断力也会降低。

抚育帅才孩子,要注意保护帅才孩子的远能自觉,即长远的能力和自主性。帅才型孩子在思考问题时通常会考虑长远,而且他们本能地会去思考如何去做。因此,家长不应该过度欺骗和欺瞒孩子,否则会导致他们远能自觉关闭,对未来的成才产生不利影响。

总之,家长要理解孩子的特长和个性,给予他们自主选择的空间。不要用斗智斗勇、强迫和欺骗的方式来对待孩子。重视孩子的远能自觉,尊重他们的选择,关心他们的成长幸福。在这样的关怀下,孩子才能真正成为最适合自己的才,展现出独特的潜能。

7.4 别让天才孩子与你擦肩而过

> 将才成汰才:不自主,不自信,不自强。
> 相才成歪才:缺愉悦,缺理解,缺求学。
> 帅才成怪才:好惹事,好较劲,好放纵。

孩子抚育好了,未来就会成为优秀的将才,相才,帅才,并且都会彰显出自己的优势特色。若没有抚育好,会怎样呢?首先孩子会出现各种逆反行为,即孩子对你表示反抗,这种反抗实质是在提醒你要调整方式,不要再破坏他的先天程序。

将才型孩子如果没有得到适当抚育,可能会表现出顺毛驴式行为。也就是说,他们在自己感觉良好的时候,会盲目执行和服从,但一旦心理感觉不舒服了,就会强力抗争,坚决不执行。这种行为背后反映了他们内在需求没有得到满足,需要家长引导他们更加理性地处理问题。

相才型孩子如果没有得到适当抚育，可能会出现全盘否定式表现。无论家长说什么，交代什么，他们都持否定的态度，抗拒家长的要求。这是因为他们内在有一套预备表达和展现的东西，却没有得到展现和重视，因此不允许别人在他们面前表现。在这种情况下，家长需要以理解和支持的态度，尊重孩子的个性特点，帮助他们树立积极的自我认知，克服消极的否定情绪。

帅才型孩子如果没有得到适当抚育，可能会出现行口不一式表现。尽管他们答应家长做某事，但在具体执行时总是拖拖拉拉，缺乏坚持到底的决心。这可能让人感到失望，然而，这种行为并不是因为他们没有能力完成，而是因为他们内心已经产生叛逆情绪。在这种情况下，家长需要耐心引导，鼓励孩子积极面对挑战，坚持完成任务，从而培养他们的责任心和自律能力。

当孩子出现以上逆反行为时，家长若能及时调整抚育方式，孩子依然有可能回到正常的成长轨道上来，成为特色人才。如果家长对孩子的逆反行为置之不理，甚至强行打压，孩子的成长状态可能会出现更大偏差，最终成为汰才、歪才或怪才。

将才成为了汰才，就会不自主，不自信，不自强。正常的将才是有高度独立性和自主性的，并且不需要外在驱动，能自发前进，而汰才是随波逐流，人云亦云的状态，结局只能是被社会淘汰。

相才成为了歪才，就会缺愉悦，缺理解，缺求学。正常的相才是善于学习，理性开明的，而歪才不仅缺乏上进心和愉悦感，还会满脑子歪门邪道，遇到问题，不想着如何去解决，总想着投机取巧，蒙混过关，最终被身边的人嫌弃。

帅才成为了怪才，就会好惹事，好较劲，好放纵。正常的帅才是统管全局，分配活泛的，而怪才总是不顾大局，只顾自己享受，还习惯跟别人较劲，惹起事情来不计后果，本该自己担当的责任也逃避了，最终是自己把自己给抛弃了。

作为家长，我们不希望孩子走向错误的道路。我们应该深入了解孩子的个性特点，根据他们的需求，采取恰当的抚育方式，让孩子在适应的同时建立正确的性格和观念。用正确的方法引导孩子，让每一种人才都成为具有创造力的英才。因为优秀的将才、相才和帅才都离不开良好的抚育，而正确的抚育方式可以让孩子在未来展现出更多的优势特色，成为一个自信、坚定、充满创造力的人才。

7.5 抚育孩子的特色素质

> 将才靠势，胆商至上，勇，忌讳赶尽杀绝。
> 相才靠智，智商至上，平，忌讳赏罚分明。
> 帅才靠赐，情商至上，公，忌讳励志鼓动。

1. 将才特色素质

将才靠势，即将才需要顺应潮流、随机应变，这是对将才的高要求。将才具有出色的执行力和创造力，但成果的大小取决于其格局大小。大格局的将才能把握整体局势，明确主次，而小格局的将才虽然行动敏捷，但缺乏长远考虑，可能因一时冲动而忽略重要事项，损失更大利益。因此，家长应该从小培养孩子远大志向，因为志向是比思维和方法更为重要的，它能引导孩子具有更高的思考和更巧妙的方法。

将才的优势是胆商，劣势是智商和情商，智商劣势是不善于统筹兼顾，容易偏激，偏信，偏见。以偏概全是将才孩子常见的问题，只要对某个人有了偏见，对方的优点或其他作用就都不考虑了。情商劣势是容易被煽动，缺乏定力，将才孩子本来就是行动在前，若别人故意怂恿，他就会更加冲动。因此，将才在发挥胆商优势的同时，还要弥补智商和情商的短板。

抚育将才孩子时，家长应保护其勇气和行动力的同时，培养其综合思维能力。孩子之所以偏听偏信，是因为掌握的信息不全面，急于下结论，缺乏耐心。适当训练可以弥补这一短板，比如让孩子经历一件事后，梳理出其逻辑，思考与其他相关事件的关系，这样可以帮助孩子形成全面思维。

将才的勇气是与生俱来的，但历史上的优秀将才都是智勇双全的。有勇无谋只是匹夫之勇，所以有勇有谋是将才必经之路。例如将才张飞就是典型例子，他在攻取巴郡之事，利用巧计布下埋伏，捉拿严颜，又将对方劝降，然后放榜安民，不侵扰百姓，不仅收获了民心，还顾全了大局。因此，有勇有谋，是将才超越自己的必经之路。

将才应避免赶尽杀绝，不给对手留余地。将才不乏竞争之心，也喜欢胜利的滋味，但在取得优势时，态度影响着下一步的成果。将才应接纳对手，扩大格局，发现自身不足，获得提升。这符合合作共赢的社会原则，一个人的成功不应建立在他人失败之上，而应该通过合作共同成长。

在抚育将才孩子时，要让他们意识到"做人留一线，日后好相见"。与人相处要保留余地，即使与别人发生冲突，也不要将对方逼入绝境。因为尽管对方目前与你为敌，未来也可能成为你的益友。培养孩子拥有这种长远眼光是至关重要的。

2. 相才特色素质

相才靠智，即智能和智力是相才的立身之本。相才可以缺乏强壮的体魄和丰富的情感，但绝不缺乏智谋。这类孩子往往聪明过人，小时候就展现出与众不同的聪慧。然而，家长容易陷入一种误区，认为聪明的孩子将来更有出息，于是将重心都放在孩子智力的提升上。虽然优势越来越明显，但劣势也会逐渐显露。若孩子只有高智商，而缺乏其他特质的支撑，他的发展可能会受到长期影响。

相才的优势在于智商，劣势在于体商和性商。相才往往喜欢动脑筋，不善于动手，对于身体素质的提升不太重视，这导致他们的身体能量可能不足，关键时刻可能出现心有余而力不足的情况。此外，相才在异性关系方面可能不太擅长，不懂如何与异性相处，导致他们的表达与对方接受的总是不一致。严重者可能出现性商解构，即在异性交往上存在盲区。因此，抚育相才孩子时需要弥补他们在体商和性商方面的不足。

家长在抚育相才孩子时，一方面要保护他们的智商发挥，同时也要注重培养他们的体商和性商。相才孩子虽然善于动脑，但缺乏操作能力，这会成为他们成长的障碍，导致心理水平高于生理水平，即眼高手低的情况。鼓励他们与他人交流沟通，从他人的想法中获取灵感并完善自己，同时教导他们如何与同性和异性相处，不要封闭自己。

相才的平，指心平，既是"任凭风浪起，稳坐钓鱼台"的定力，更是得而不喜，失而不忧的从容。但凡相才，皆是脑力劳动者，不像将才和帅才那样，需要什么，想要什么，就用双手争取什么，相才往往是心要手不要，即心中已经酝酿了很久，手上还没有拿到，手上越没有，心中越难以平静，这会使他们的心理处于不平衡状态。另一种表现是贪心，明明已经得到应得的回报，但还想得到更多，导致心态不平衡。这种状态严重干扰相才的智能发挥。因此，一个心态平衡的相才孩子，才能成为优秀的人才。

相才忌讳赏罚分明。虽然听起来像是一种奖励制度，但这种方法不适用于相才的特性。相才处理事情往往很规矩，一切按部就班，缺乏灵活性。然而，在当今社会，年轻人个性鲜明，注重特色，不喜欢单一规定。若相才只是严格按制度办事，忽略了人性的差异化需求，甚至把人当成机器来管理，将难以获得认可。因此，相才需要在这方面进行自我突破。

在抚育相才孩子时，要多提升他们的灵活性和变通能力。相才孩子通常喜欢严格按照规矩办事，虽然这样显示了他们的自律，但有时会给人过于刻板的印象，这对于建立人际关系并不利。因此，我们要让相才孩子意识到，坚守原则固然重要，但也要根据环境变化适当调整方法，以应对不断变化的情况。刻板，不利于人脉关系打造，因此，要让相才孩子意识到，坚守原则很重要，但要根据环境变化适当调整方法，以应对变化。

3. 帅才特色素质

帅才靠赐，这意味着帅才的待遇不需要刻意追求，而是由团队、未来和环境所赐予的。团队赐予帅才信任和支持，因为帅才在团队中树立了威望，取得了成绩，为每个人负责。未来赐予帅才回报，因为他们考虑长远利益，愿意进行大投资以获取更大的成果，调动更多资源来实现目标。环境赐予帅才好运，因为帅才积累了德行和功绩，所以会吸引好的结果。

帅才的优势在于情商，但劣势可能在于信商和体商。情商是帅才领袖魅力的基础，帅才需要善于与不同的人打交道，安排任务，并让团队成员愿意跟随。然而，帅才也需要弥补信商和体商的不足。信商体现了帅才的诚信和可信度，这对于领导地位的稳固至关重要。而体商则涉及帅才的身体素质，虽然通常有较好的基础，但过度消耗和透支可能会影响其领导力。

在抚育帅才孩子时，要重点培养孩子的信商。作为未来的行业领袖，帅才必须树立威信，让别人相信和愿意追随。如何让别人相信你，愿意追随你，是帅才孩子从小要训练的，教导孩子"一诺千金"、"祸从口出"的重要性，让他们养成信守承诺和言行一致的习惯。

帅才的公，并非指大公无私，而是始终站在公正的平台。任何人都不可能完全没有私心，拥有一些私心是很正常的。然而，帅才能够将私心服务于公共利益。帅才的私心应该是建立在公共平台上，满足个人需求的同时不损害公共利益，不偏袒私人利益。在面对不同的下属时，若出现激烈的矛盾，帅才最佳的处理方式是寻找双方共同的目标，创造更广阔的公共空间。虽然矛盾未必完全消除，但关注点已经转向如何合作，如何实现共同目标。以《三国演义》中的例子来说，东吴的甘宁和凌统原本有深仇大恨，但后来却化解了矛盾，成为了兄弟，这得益于帅才孙权的领导智慧和他们共同的目标背景。

帅才忌讳的是励志鼓动，不能空喊口号或灌输虚无缥缈的鸡汤。作为懂得创需的一类人，帅才知道如何创造和满足需求。不同人有不同的需求，有些人需要释放心中的不满，有些人渴望得到更多的利益，还有人希望得到更好的晋升。帅才擅于发现每个人的实际需要，并及时满足大家的需求，从而获得大家的真心拥护。如果只是一味地鼓吹虚幻的美好，打造一种幻象，最终会令人失望，难以持续。

在抚育帅才孩子时，要让孩子养成脚踏实地的习惯，避免假大空，这类孩子说起未来的想法可以滔滔不绝，但是具体落实的时候，却懒于去做，这是帅才型孩子真正成才的阻碍，如果帅才型孩子开始懂得一步一个脚印，不断用实践去验证想法，并提升自己时，他的短板就得到了弥补，未来就很可能成才。

当然，无论孩子是哪一类人才，都需要其他类型的人才进行配合与支持，相互补充对方的短板。但前提是首先要发挥自己的特长和特色。如果一个将才没有充分发挥出自己的执行力，而去锻炼策划能力，结果可能会导致将才变得无所作为，相才也未必真正成为相才。同理，若相才自己的策划能力没有发挥出来，而只专注于练习执行力，也会事倍功半。

要让孩子的特长与才能得到发挥，并懂得与他人配合，可以通过相互演练来提升大家的综合素养。例如，在角色扮演游戏中，不同的孩子分别扮演三类人才，然后共同合作完成一项任务。在这个过程中，大家的思考能力、策划能力、执行能力和配合能力都会得到提升。

这样的演练活动不仅可以帮助孩子发现自己的特长，并学会在合作中发挥优势，还可以培养孩子们对不同类型人才的尊重和理解。通过相互合作，他们会意识到每个人都有自己独特的贡献价值，互相学习，共同进步。这将有助于孩子们在成长过程中更好地发挥自己的潜力，并且尊重他人的优势，从而更好地融入团队合作中。

第八章 读懂孩子的情感

8.1 情感的表达类型

无论是男孩还是女孩,他们都拥有不同的情感类型。有些人直来直去,喜欢你就直接告诉你,不喜欢也毫不掩饰;而有些人则多愁善感,心里的想法不轻易表露,总是默默等待你去猜。还有一些人则很随性,只在适当的时候,以细腻的方式传递心意,虽然没有明说,但你早已心领神会。根据表达方式的不同,我们可以将情感表达分为三种类型:主动型、被动型和策动型。

1. 策动型

策动型孩子在表达情感方面非常恰到好处。他们不会隐藏自己的心思,也不会让你感到突兀。策动就是带有策略性的主动,他们会巧妙地创造机会,营造氛围,让你感觉非常自然和轻松,没有任何压力或避讳。

这些孩子在人际交往中很有亲和力,人缘很好。无论对方性格如何,他们都能友好相处,因为他们本能地表现出对别人的尊重。即使你们有不同的喜好或观点,他们也会接纳你,这种真诚使得他们在同性和异性中都备受欢迎。

2. 被动型

被动型孩子在表达情感方面往往很纠结。首先,他们很难理清喜欢和不喜欢的感觉,常常陷入既喜欢又不喜欢,想在一起又想分开的纠结状态。其次,即使确定喜欢对方,也不愿意表达出来,常常憋在心里,话到嘴边却说不出来。实际上,他们心里早已琢磨得很清楚,担心主动被拒绝或者表达不好而尴尬。

这些孩子生活中有着很细腻的一面，他们经常深思熟虑，能考虑到别人忽略的细节。如果相处得好，他们可以成为智慧的伙伴，可以帮你梳理思绪，提供周到的建议。在初次接触时，他们可能话不多，但一旦熟悉，就会向你敞开心扉，与你分享内心的感受。但如果生气了，他们可能会不理你，拒绝沟通。此时，他们需要多次主动的关心和理解。

3. 主动型

主动型的人在表达情感方面非常直接简单。喜欢你就会直接告诉你，不喜欢就直截了当地表达。他们非常明确自己的感受，不纠结也不犹豫。他们是那种拿得起放得下，不喜欢纠结的类型，面对不开心或生气时，就会直接释放情感，过后就能忘记，不会抱怨或把不愉快的事情放在心里。

这些孩子通常表现得轻松豪爽，心里没有太多的包袱。他们爱思考，经常能想到别人忽略的地方。如果与他们相处愉快，他们会成为不错的智慧伙伴。但如果与他们吵架，他们可能释然很快，但别人可能会纠结很久，所以他们很容易在不经意间得罪别人。

8.2 情感类型的对比

策动型：幸运，注重感受，情感遗憾源于"慰"。

被动型：能忍，注重交流，情感遗憾源于"备"。

主动型：自信，注重享受，情感遗憾源于"亏"。

1. 策动型孩子

幸运是策动型孩子的天性。他们总觉得自己特别幸运，仿佛上天眷顾着他们。这种心理让他们时常有一种自我感觉良好的感觉。他们可能会觉得小富即安，对现状满足而不思进取。不过，这种对自己的喜爱，也是其他类型的人可以学习的。

策动型孩子最相信自己的感受，尤其是第六感。他们的感觉有时候毫无道理，却准确无误。比如，你对他撒谎，说得天衣无缝，但他会感觉你在欺骗他，尽管没有任何理由。正因为他们敏锐的感知力，生活中的判断很多时候基于自己的感觉。当然，这种判断并不总是准确的，因为主观感觉有时与客观真相相悖。所以，策动型的孩子需要学会补充理性分析能力来提高判断准确度。

策动型孩子在情感上遗憾源于"慰"，他们需要得到安慰。如果他们受到伤害，只要得到适当的安慰，他们就能很快走出阴影。具体的安慰方式，要根据他们受伤害的程度大小而定。如果是小伤害，信息性的安慰和语言沟通就可以。如果是比较严重的伤害，可能需要用材料性的安慰或者能量性的安慰。当然，有时候同时使用多种安慰方式也是有效的。不过这种方式对其他两种类型的人可能无效，甚至可能适得其反。对主动型的人来说，他们需要行动上的支持，例如生病了，你要在床前端茶倒水，单纯的安慰并不足够。而被动型的人则需要解气的方法，仅仅安慰可能让他们越来越难受。所以，要根据不同的人选择更适合他们的方式。

2. 被动型孩子

被动型孩子通常是能忍耐的高手。他们很有韧性，做事情有坚持到底的毅力。面对逆境，他们不轻易放弃，可能一开始表现不太突出，但是最终会坚持到底。他们很少在明面上与人对立，这是因为他们更追求和谐的氛围。他们总是想维持一种持续的和谐，避免与人发生冲突，因为对立可能会产生意料之外的情况，这超出了他们的预料，他们内心的胆子也不支持他们这样做。然而，要注意的是，能忍并不等于宽容。尽管他们当时可能会忍耐，但在心里他们会记住，将来可能会做出反击。

被动型孩子对情感交流的需求很大，他们有很多想法，需要有人愿意倾听。当他们遇到困惑时，希望能得到他人的开解。他们虽然不太愿意主动与人交流，但对交流有更高的期望。他们希望别人主动倾听他们，同时也特别希望别人能满足他们的需求。如果别人不能理解他们的心思，他们可能会不高兴。所以，他们常常认为懂他们的人很少，误解也在所难免。其实，这只是因为不同人的生命程序不同而已。

被动型孩子的情感遗憾源于"备"，他们常常因为准备不足而感到不安。他们为自己做的大部分事情几乎都是在为准备而做。一旦准备充分，他们就会胸有成竹，一鸣惊人。但是，他们也往往会对自己产生误判，总觉得准备还不够，而别人只需准备八分就开始行动。他们经常感到举棋不定，犹豫不决。

3. 主动型孩子

主动型孩子自信满满，始终相信自己。一方面，他们在做任何事之前，都已经想象了最好的结果，把目标设定得很明确。一旦有了目标，他们会竭尽全力去实现。另一方面，他们喜欢尝试新事物，对于生活的变化保持开放的心态，因为他们认为变化带来的刺激是一种享受。即使尝试失败，对他们来说也是一次新的体验，不会因此气馁。此外，他们相信即使不能独自完成，也能调动他人的力量，一同完成目标。

主动型孩子的体验来自于对生活的享受，他们喜欢追求新鲜刺激。这种享受也是他们前进的动力。只有满足了他们对新鲜刺激的需求，他们才能充分发挥自己的聪明才智，创造更多惊喜。如果他们的这种享受没有得到满足，他们就会表现得躁动不安，很难安定下来。所以，当他们表现得不安定时，并不是因为有什么难题困扰着他们，而是因为他们对生活的享受还不够。

主动型孩子的情感遗憾源于"亏"，情感和遗憾联系在一起，因为他们认为所有的情感都是为了弥补遗憾而存在的。情感越丰富，心中的遗憾越深。主动型孩子在情感中受到伤害，一定会感觉自己吃了亏。要帮助他们解决情感上的问题，就要解决他们感觉上的亏。比如，看到他生气，你可以说："我统计了一下，我们这件事没有吃亏。"这样才能有效地安慰他们。平时和他交往时，你愿意主动吃几个小亏，那么即使他吃了个大亏，他也不会觉得吃亏。

每个孩子都有不同的情感类型，了解这些类型，并学会适应他们的方式相处是非常重要的。不同类型的孩子在情感表达和接受上有不同的需求，我们可以通过给予合适的支持和理解来增进亲子关系，让彼此更加快乐和幸福。

8.3 孩子对情的态度

> 策动型：是家庭起点，真情需考验。
>
> 被动型：是责任演变，用情总纠缠。
>
> 主动型：是做人资源，敌友可互转。

策动型孩子认为情是家庭的起点，真情需要经过考验。对他们来说，感情是生活的核心，包括与家人的亲情、与小伙伴的友情，还有未来的爱情。这些感情是他们生活的主要组成部分，如果完全失去了情感，很难想象他们会是什么样子。他们把情放在第一位，这样的好处是有助于建立良好的人际关系，他们会关心别人，给予温暖和安慰，当你难过时，他们会安慰你；当你遇到困难时，他们会帮助你，让你感受到充满人情味的社会。然而，不好的一面是他们可能会陷入情感之中，难以自拔，认为情感高于一切。有时，因为被情感所蒙蔽，可能会因情误事，成为自己的羁绊。为了确定情感的真假，他们需要经过考验，一旦发现你的情感是虚假的，即使你有很多优点，他们也不会再让你走进他们的内心。

被动型孩子认为情是责任的演变，在感情上很容易出现纠缠现象。这类孩子对情感有很大的需求，但不轻易表达情感，因为他们把情感与责任联系在一起。对他们而言，用情就要负责，如果他们感觉负担不起责任，就不会轻易表达情感。他们的好友数量通常非常有限，一般只有一两个关系特别要好的朋友，而其他同学关系则保持着一种不远不近的状态。这类孩子总是在情感中添加很多附加条件，虽然表面上看起来用情很真挚，但实际上并没有真正理解情感的真谛。特别是一旦表达了情感，他们容易纠缠不清。例如，当他们与一个特别要好的朋友产生深厚感情时，会产生很多期待，希望对方满足他们某些心理需求，却不主动表达这些需求。当别人无法猜透或满足这些需求时，他们会生闷气，这就是他们对情感的纠缠。

主动型孩子认为情是做人的资源，敌友可以互转。对他们来说，对待情感与对待钱财的态度很相似。他们把情感看作是一种为实现目标而服务的资源。情感并不是一成不变的，朋友可以成为对手，对手也可以成为朋友，这取决于双方的目标是什么。如果你与他们有共同的目标，他们会把你的事情当成自己的事情，把你的困难当成自己的困难。在这种情况下，他们会视情感为一种资源，愿意为你负责。而当他们需要你的时候，你也会听从他们的安排，这符合他们对情感的处理方式。

8.4 孩子的情绪弱点

> 策动型的孩子，对"思"的情绪控制力较差。
> 被动型的孩子，对"悲"的情绪控制力较差。
> 主动型的孩子，对"怒"的情绪控制力较差。

每一种情感类型的孩子都有不同的情绪特点，对情绪的驾驭能力也各不相同。让我们来看看不同类型孩子的情绪表现：

1. 策动型孩子的情绪

策动型的孩子最难驾驭的情绪是"思"。他们非常在意真假问题，常常陷入对事情反复质疑的困境。这是与他们关注真假观念的心理类型有关。一旦他们没有穿越"思"的情绪，就会常常疑神疑鬼，分心思考，难以确定。为了追求真相，他们常常追根究底，直到确认了真相，内心才能安定，而对于"思"带来的困扰也会消失。有些孩子在青春期时可能会出现相思病，特别是女孩子，这也与他们的真假观念有关。比如，对某个异性有好感，但对方是否也有同样的心思，她并不确定，于是就进行各种假设，不断猜测，结果越想越模糊，影响了学习。

策动型孩子最擅长驾驭的情绪是"喜"，他们不会因喜悦而得意忘形。你会看到他们像乐天派一样，总是积极向上，不开心的事情不会长时间放在心上，有开心的事情虽然高兴，但不会过于张扬。比如同样是考了一个好成绩，被动型的孩子特别希望有人过来夸奖他，跟成绩不如自己的学生在一起时，心里会有一种抑制不住的优越感，还会有一种难以隐藏的小自傲，如果是主动型的孩子，恨不得全天下都知道他很优秀，别人就应该吹捧着他，簇拥着他，让他享受到众星捧月的荣耀，他才会满足。而策动型的孩子在成绩好时并不会改变与同学的关系，他认为成绩只是成绩，好朋友永远是好朋友，即使面对成绩比他差的，他也不会看不起。

2. 被动型孩子的情绪

被动型的孩子最难驾驭的情绪是"悲"。他们内心常常感到悲伤，这是因为他们的善恶观念，他们看待自己、他人以及整个世界都是从善恶角度来思考问题的。他们崇尚善良，排斥邪恶，但在现实中，善恶是共存的，甚至相互交织，有时看似善的行为也可能带来恶果，反之亦然。他们难以接受恶的存在，有的人甚至将别人的性格缺陷或未满足心理需求理解为恶。因此，这类孩子心中常常带有不满，面对这个世界的很多矛盾，他们感到难以接受。有些被动型的孩子关注感情，有些关注国家大事，总是脸上难见喜悦，比如林黛玉的多愁善感，杜甫的悲国忧民，都是这种类型。

被动型孩子最擅长驾驭的情绪是"怒"，这类孩子不常在脸上表现喜怒。即使内心非常生气，甚至已经发狠发恨，外表也看不出来，这是他们能忍耐的特性。与其他两类孩子相比，策动型的孩子情绪内外是一致的，心里不高兴，脸上也表现不高兴；主动型的孩子一旦不高兴可能就直接发火。然而，被动型孩子可以做到能忍则忍，忍气吞声，忍辱负重，直到忍无可忍。这一特点虽然看上去有些窝囊，但另一方面也反映出他们能够韬光养晦，蓄势待发，一鸣惊人。历史上有名的勾践灭吴的故事，就是被动型忍怒的典型。

3. 主动型孩子的情绪

主动型的孩子最难驾驭的情绪是"怒"。他们发怒往往是因为支配欲望被阻挠，虚荣心未得到满足，心中感到不美。对这类孩子来说，发怒是正常的情绪表达，不需要刻意忍耐。他们常常会表现出喜怒无常的情绪，即使暴怒了，也很快会恢复平静。这与其他两类孩子不同，策动型的情绪内外一致，心里不高兴就表现出不高兴；被动型的孩子则可以忍耐很久。主动型的孩子会表现得喜怒无常，不打不相识，而且这种情况常常发生在他们身上。例如，主动型的孩子跟同学打架，看起来要决裂的样子，但过几天，他们又和好如初，之前的不愉快早已抛之脑后。这也表现出了他们的豁达性格，不记仇。

帮孩子穿越愤怒，可以让孩子通过一些小游戏进行训练，化恼怒为宽恕。比如自己先说出平常最排斥听的话，再请三个同学轮流说给他听。在其恼怒之余，分别对这三位同学说三句宽恕的话。再比如，在三人小组中，相互说出一件让自己最愤怒的过去的或刚刚经历的往事。如果往事中涉及了亲友，可以换个别的名字来描述。可以限制说的时间，还可以提前酝酿组织一下语言。当一个人在说的时候，另外两个人不去打断，让这个人说完之后，再换另一个人，直到三个人轮番一遍。在说的过程中，保持上想，用思维演绎化解怒的情绪。

这类孩子最擅长驾驭的情绪是"悲"，这类孩子的心态与策动型的乐观还不同，策动型虽然心态积极，但也会因"思"伤心，因欺骗难过。而这类孩子心中很少留有悲的痕迹，他是把目标放在第一位的，别人会因为没有满足需求而难过，他若没有达到目的，会继续想办法，不会轻易退缩，已经发生的事情不纠结，想的永远是下一步怎么办，如何用行动改变现状，有时想法还没有完善，行动已经开始干了，来不及引起悲伤。由此可见，主动型的孩子，与被动型的孩子，在情绪擅长点和薄弱点上是截然相反的，前者最不擅长驾驭的"怒"，刚好是后者擅长的，后者最不擅长驾驭的"悲"，刚好是前者最容易突破的。

除了"怒"和"悲"，还有一种情绪没有提到，那就是"恐"。恐的情绪是三类人的共性问题。不管是策动型、被动型还是主动型，有时候他们面对"恐"的情绪处理会变得很困难，这取决于他们处理其他主体情绪的能力。当人们恐的情绪出现或处理不好时，通常是因为与他们自己的情感类型相对应的主体情绪没有得到穿越，从而增加了处理"恐"的难度。比如，策动型孩子没有处理好"悲"的情绪，就会增加穿越恐惧的难度，如果自己悲的情绪处理好了，穿越恐惧时也会容易很多。

最后，不论是哪种情感类型的孩子，他们都有情绪擅长点和情绪薄弱点。了解这些情绪特点，帮助他们穿越不同的情绪，让他们更好地处理情绪，有助于他们健康成长，并与他人建立良好的人际关系。

8.5 未来情感的隐患

策动型：情丐隐患

被动型：性奴隐患

主动型：色霸隐患

不同类型的孩子都有各自的情感隐患，我们来看看具体情况：

1. 策动型孩子：情丐隐患

情丐，即感情乞丐，在感情中沦为乞丐，向对方乞求关心和爱抚。策动型孩子容易成为情感乞丐，过于依赖他人的关心和爱抚。他们很重感情，追求真心实意，但如果他们的内心成长得不够充实，和血性的融合不好，就可能把"情"当成生活的主要依靠。他们可能在感情中过度陶醉，觉得拥有了爱情就饱足了。为了追求感情，可能不惜付出一切，可最终却可能什么也得不到，白白浪费了很多时间，最后只剩下无尽的遗憾。

抚育策动型孩子时，家长应该帮助他们树立理想和志向，提供足够的精神营养，避免在感情中迷失自我。让孩子明白感情固然美好，但自己要清楚最需要什么，无论遇到什么样的感情，都应该追求更好的自己。

2. 被动型孩子：性奴隐患

性奴，是指在性别关系中，表现出奴性，彻底丢失自我。被动型孩子容易表现出奴性，完全听从他人的安排，丧失自我。他们或许有很多想法，但自信心不足，总是不敢做出决定，希望别人来帮他们做决定。如果在成长过程中，家长处处替他们做主，让他们养成依赖的习惯，就容易助长他们的寄生性。在未来的感情生活中，他们会彻底失去自主性，对方的意见成为唯一的选择，但如果对方不能让他们满意，他们会非常痛苦。长此以往，会在感情中耗费很多精力，难以持续幸福的关系。

抚育被动型孩子时，要让他们从小学会自己做决定。如果孩子依赖父母的决定，担心自己会犯错，家长可以给孩子更大的容错空间，让他们明白，即使犯错也没关系，只要是自己的决定，出错了可以及时调整，变得更完善。但千万不要在想法上依赖别人，这样孩子在未来的感情生活中就能避免性奴隐患。

3. 主动型孩子：色霸隐患

色霸，是指在感情中，表现出强烈的独占欲，过度控制对方。主动型孩子容易表现出强烈的独占欲，试图在对方心中占据全部位置。这是主动型孩子最容易出现的隐患，会让对方感到强烈的压迫感，进而对他们产生排斥。

虽然这类孩子看似很自主，但强烈的控制欲实际上是另一种不自主的表现。他们希望对方完全听从自己的支配，只有这样他们才会感到满足和快乐。如果对方不接受他们的控制，他们就会暴怒，失去快乐和幸福感。这种独占欲会剥夺对方的自主性，导致关系出现问题。

抚育主动型孩子时，要让他们意识到每个人都是独立的个体，尊重对方的自主权，才能建立持久和谐的关系。他们需要明白自己要做自己的主人，同时也要让别人做自己的主人。如果希望享受支配中的快乐，就要增加责任感，树立更大的目标，给对方展示自己的机会，这样即使不控制对方，对方也会愿意配合。这样才能避免色霸隐患。

第九章　读懂孩子的初恋

9.1 初恋背后的隐情

青春期的萌动让很多人想到"早恋",但其实这个词是中国特有的,国外很少用来形容青少年男女的交往。例如,在美国,"约会"和"恋爱"是两个不同的概念,约会是男女开始交往,学习如何和异性相处,一起参加活动,学校和家长也鼓励这种单独交往。然而在国内,"早恋"这个词在青少年中流行,男生和女生的交往就被蒙上了阴影。很多家长反对"早恋",却认为青春期情窦初开是美好的。因此我们称男生和女生在未成年时期的情感交往为"初恋"。

正确的引导可以让初恋发挥积极的作用,但处理不当可能带来严重后果。打压孩子会有哪些后果呢?

对策动型孩子打压,可能导致智商下降,这个影响是很大的,虽然当时被打压住了,但几年后可能发现孩子变得不聪明了。

对被动型孩子的打压后果更严重,因为他们本来就很自卑,如果再受到打压,会更加消极,甚至留下心理阴影,可能埋下抑郁症的隐患,即使当时没有抑郁,他们在成年后患上抑郁的概率也会很高。

对主动型孩子的打压,会让他们失去斗志,原本积极进取的心态完全消失,进入随波逐流、顺水推舟的状态。本来这件事是主动型孩子的奋斗动力,打压后动力没了,他们就不想努力了。

所以打压初恋绝对是不明智的,上面提到的后果是正常的,并没有危及生命。有些孩子可能会变得极端,甚至有轻生的倾向。最正确的方式是适当引导,在引导前先了解初恋产生的规律。

帮助初恋的孩子，理解他们的情感，正确引导他们，可以让初恋成为他们成长的一部分，而不是带来伤害。

9.2 初恋萌动的差异

> 策动型：女孩是想了解异性想法，男孩是对生理差异好奇。
> 被动型：女孩是求保护和找靠山，男孩是找知己说悄悄话。
> 主动型：女孩是借机锻炼支配力，男孩是彰显实力和品位。

青春期的孩子出现异性爱慕是很正常的现象，这也是费洛蒙激素分泌的必然结果。但不同类型的孩子，情感萌动的初心有所不同。

首先看策动型孩子，他们是非常好奇的一类人，小的时候总喜欢问"为什么"。他们的问题永远问不完，喜欢探究世界的奥秘。进入青春期后，对异性也有着强烈的好奇心，这是策动型孩子青春萌动的本能驱使。男孩和女孩好奇的点位也有所不同，男孩对异性器官感到好奇，女孩则对异性的想法感兴趣。总的来说，他们都是想了解异性生命的不同之处。

接着看被动型孩子，他们的情感萌动通常不是因为好奇心。因为他们心思较多，胆子较小，所以寻找异性伙伴更多是为了寻求陪伴。被动型女孩希望找到一个可以保护自己的伴侣，因为她们常常担心别人会欺负自己，甚至担心受到伤害，所以渴望一个可以成为靠山的伴侣。被动型男孩则希望找到一个知己，可以与之倾诉心事。对被动型孩子来说，最大的渴望是有人真正懂自己，有人能够倾听他们的心声。这种渴望也延续到了成年，如果你的伴侣是被动型人，你会发现他们常常愿意与你分享心里的感受。

最后是主动型孩子，他们是外向的一类人，也有强烈的表现欲。为什么他们喜欢表现自己呢？一方面是满足虚荣心，另一方面是为了展示自己的支配能力。虚荣心和支配欲是主动型孩子的两大心理本能，与生俱来。如果主动型孩子在青春期出现情感萌动，女孩会锻炼自己的支配能力，男孩则展现自己的实力，他们会因此感到自豪和有面子。此外，还有一种原因是通过这种表现来缓解内心的焦虑感。

总之，不同类型的孩子在青春期的情感萌动有着不同的动机和表现方式。家长们可以理解孩子的特点，正确引导他们的情感，让他们在青春期的成长过程中得到适当的支持和关爱。

9.3 初恋发生的催化剂

前面提到，在男生和女生交往之前，有着情感萌动的差异，不同类型的孩子，对异性的情感需求不同，有了这种需求，不代表就会产生初恋，还要有催化剂的作用。

在之前提到的男生和女生交往之前，会有不同类型孩子对异性的情感需求，而初恋的发生还需要一些催化剂。

首先，我们来看主动型孩子，他们有三个恋爱催化剂。第一个是学习成绩特别优秀，居于班级前五名左右。这样的情况下，早恋概率很高，与被动型孩子相反，主动型孩子成绩越好，越容易早恋。第二个是他们对异性的外貌非常在意，对吸引与排斥的观念异常严重。再加上这一点，早恋发生率在百分之七十以上。第三个是主动型孩子喜欢在集体场合中积极表现自己，并且表现效果很好，表演力强的话，基本上就会早恋。值得注意的是，这里所说的表演是指生理行为，而表现是指心理上的表现。有些人表现欲很强，但表演能力不佳，只是在个人之间表现得不同。

接下来是被动型孩子，他们也有三个恋爱催化剂。首先是学习成绩中等以下，如果被动型孩子成绩特别好，反而不容易早恋。第二个是从语言表达能力来判断，如果他们的口才表现两极严重，就容易早恋。所谓两极，是指高兴时滔滔不绝，不高兴时一言不发，冷战几天不说话，这就是两极。这不是说他们没有口才，而是表现太随机太自我，想说就说个没完，不想说就保持沉默。如果符合这种情况，并结合第一条，初恋概率就达到百分之七十以上。第三个是定力不强，胆小如鼠。如果这三个条件都满足，那基本上肯定会有恋爱对象。你可能会说，胆小如鼠的孩子怎么会去恋爱呢？这里需要解释一下，被动型孩子的恋爱对象通常是暗恋对象，不是真的谈恋爱。这是被动型孩子的恋爱特点。或许家长会认为这个问题不大，不用太担心，但实际上，被动型孩子的暗恋可能带来负面影响。

最后是策动型孩子，他们也有三个恋爱催化剂。第一个是学习成绩两极分化，即某几门或某一门特别优秀，而另一门却中等以下。在这种情况下，早恋概率很高。第二个是孩子长相漂亮或帅气，并且潇洒浪漫。同时满足这两点，早恋的概率超过百分之七十。第三个是非常注重自己在集体场合中的形象和面子，同时胆子不小。如果同时满足以上三条，那么早恋几乎是必然的。

在以上恋爱催化剂中，第一条是由他们自身的主动努力造就的。第二条是由他们的自然条件决定的。第三条则是由他们所处的环境条件共同塑造的。也就是说，青少年的初恋是由外界客观条件、个人自身条件，以及他们自己的主动行为共同决定的结果。

9.4 化转初恋的三把钥匙

越来越多的人认为，对青少年初恋，不能一棒子打死，处理不好有弊端，处理好了，就能发挥正向作用。从初恋本身来讲，社会理解是，人的爱情萌发的最初部分。从导源上来说，初恋本身是一个互补的过程，是智慧的互补，但是在处理的过程中，由于经验不足，就可能会偏离方向，很多负面影响也是这样产生的。另外，在导源上的原因是一样，具体到个人上，也会存在差异，因为人的类型不同，各自驱动力的模式也会不同。从初恋产生的原因角度，我们可以因人而异，恰当化转。

1. 主动型孩子败在试婚恋

主动型孩子通常胆大，表现欲强，一旦恋爱，跟异性的接触没有一个度，很容易造成双方的生理后果，引发很多家庭和社会问题。主动型孩子的个人英雄主义还很容易闯祸。

主动型孩子最容易出现的是试婚恋，这也是家长最担心的情况，主动型孩子一旦出现试婚恋，其可怕在于心态上的独占欲，主动型孩子谈恋爱容易走到试婚恋上，就是因为独占欲强、独占欲显态存在。而且没有限度，加上主动型孩子又有个人英雄主义，很容易闯祸。

试婚恋顾名思义就是试验婚姻，也就是同居。当主动型孩子开始恋爱时，他不仅是要对方心里惦记着他，脑子里想着他，更重要的是身体也属于他，这就是主动型孩子独占欲在作用。同时主动型孩子也是以此来试探对方对自己是否真心，独占欲在孩子那里是潜在的，他自己都不清楚，他的真实想法是要轰轰烈烈地谈场恋爱，然后在能量信息都投入的情况下，由材料来实实在在地体验一下。

比如一个外向男孩喜欢上一个女孩子，刚开始他会用层出不穷的花招来百般示好，一旦发现对方也开始对他有好感时，脑子里便出现一个意识："对方是我的"，于是，女孩的一举一动都必须是按他的意愿行事，主动型孩子喜欢对方比对方喜欢他多了那不行，他就会出手镇压，"不许投入的感情比我少！"，同时在身体上面的接触随之而来，与异性的接触就没有度了，容易做错事，造成不可想象的后果。

主动型孩子的试婚恋如何化转呢？

把主动型孩子的独占欲引导成为领队力，促导孩子与多个异性交往，分散注意力，这样主动型孩子虚荣心得到满足的同时，独占欲就不起作用了。

为了避免主动型孩子因独占欲造成早恋的恶果，可以促导主动型孩子与多个异性交往，分散注意力。这样主动型孩子的虚荣心得到满足的同时，独占欲就不起作用了。更重要的是要激发主动型孩子的担当精神，让他为团队负责，为集体负责，为多个人负责，这样就避免了在单个人身上的过度投入。

2. 被动型孩子败在潜暗恋

被动型孩子一旦暗恋某人就会非常自卑，表现出来不洒脱，心里敏感紧张，容易受伤害；每天胡思乱想，容易做春梦，严重影响学习和身体健康。若压抑到一定程度，会做出极端行为。

被动型孩子容易出现的潜暗恋，这对被动型孩子来说是比较危险，为什么潜暗恋对被动型孩子是危险的呢？因为被动型孩子一旦暗恋对方，就容易把老师、父母、学习、家庭等忽略。看上去整天不吭声不捣蛋，但学习成绩就是上不去，为什么呢？因为单相思。他的大脑在上着网，聊着天，不停地想，逐个盘算，盘算暗恋对象。前面讲到，生理胆量小，心理上又缺定力，所以生理上展示不出来，就在心理上反复发展。所以，被动型孩子早恋对象少，但暗恋对象多。被动型孩子出现潜暗恋还有更深层的原因，跟潜态的独占欲和自卑感有关。

凡属选择暗恋的都是对自身的条件调查不充分，他自己不知道自己会什么、有什么、能什么，根本性的不自信导致选择暗恋，怕失面子：我喜欢你，你不喜欢我，我多丢人啊。所以被动型孩子不敢说，不敢表白，认为自己内在什么优势都没有，说了也不一定会得到好的回应，要是一表白关系僵持了，连朋友也做不成了，还不如不吭声自己暗恋呢。尤其对方周边还有其他异性，那这暗恋的概率就更大了。基本上被动型孩子都有共性，只要一有喜欢的异性，就会觉得自己处处不如别人。

被动型孩子的潜暗恋如何化转呢？

鼓励被动型孩子把他的爱放到阳光下，在众人的陪护下进行。这样既有利于开发被动型孩子的胆量，又有利于被动型孩子的学习进步，还让被动型孩子活得更加坦然，并让被动型孩子的未来人际关系更加顺利。

暗恋对被动型孩子来说，分散精力，耗散能量，既不利于孩子学习，也不利于孩子身体健康。处理的方法就是促动被动型孩子由暗恋转为明恋，促动被动型孩子向对方表白。促动时要注意：

第一种要创造条件，增加被动型孩子的胆量，增加自信。方法就是重新算账，重新估计自己：虽然我长得不好，其他人还没有我长得好呢，应该这样算条件，虽然我是天下第三，但是第一还没出生呢。

第二种你要对被动型孩子讲明：要真的喜欢对方，首先要给对方制造价值成就。哪怕是对方有了另外的在你之前的对象，而你又说喜欢他，他会有两种可能：第一种是对方尴尬，觉得惋惜；第二是好像让对方左右为难，前后难以取舍。但不管是哪种情况，都会增加对方的自信，这样给对方直说，结果是对方的价值感和成就感的提升，好令对方自我肯定，所以从这个角度讲，也应该明恋而不是暗恋。

第三种对于宿命论的被动型孩子，认为命里是我的终究是我的，等就行了，不用努力。要告诉被动型孩子，这种宿命论解决不了任何问题，必须加上自己的努力，然后机遇才能真正变成实惠，变成现实，不然失之交臂，后悔莫及。你坐那等不行，任何实惠利益都是你创出来的，做出来的，而不是等出来的。

3. 策动型孩子败在模糊恋

策动型孩子孩子本性多疑，模糊恋会增加策动型孩子心中的疑惑。 从这个方面检验对方的爱好像是真的，从另一方面去检验又好像是假的，于是，整天分心跑神，严重影响学习和生活。

策动型孩子最容易出现模糊恋，策动型孩子在恋爱方面也是谨慎，但跟被动型孩子的谨慎又不一样，不像被动型孩子那么自卑，同时又不像主动型孩子那样主动，就是模糊处理，如果你邀我跳舞，我就与你共舞，如果你不动，那我就暗恋几天就当玩玩。

模糊恋有两种表现，第一种是对方没有明确态度，如果策动型孩子问对方"你喜欢我吗"，对方就是不说，但是在行为上该怎么玩儿还怎么玩儿，甚至还有点激进，这样策动型孩子就陷入模糊当中。他本能又很较真，就想追问清楚，这样就开始跑神分心。第二种表现是态度表达清楚，但是真假有待确认，策动型孩子重真假，你越说是真的，他越怀疑是假的，于是就会在真爱和假爱之间摇摆，就会不断考验，从这个地方考验是真的，从另一方面考验又不是真了，然后越思考越分心。

策动型孩子的模糊恋非常消耗他的心神，让他分散注意力，学习不专注。根源上，这样跟策动型孩子的自作聪明有关，因为模糊恋对策动型孩子来说，是进可攻退可守的，是一种进退自如的办法，但实际上，对策动型孩子的弊端也最大，越模糊越不容易凝聚。

策动型孩子的模糊恋如何化转呢？

模糊恋转暗恋：让策动型孩子把某一个比较合适的人当作自己的榜样，鞭策自己努力学习，避免胡思乱想，分心跑神。

对非恋爱期的策动型孩子，一定要实事求是地，并且一丝不苟地主动把问题剖解清楚让对方决定，下定决心，态度明朗，这样再去取舍，不要模糊摇摆。策动型孩子都是自以为很聪明，越聪明的策动型孩子，越容易犯模糊的错误，越想选择进退自如的待遇，而进退自如的弊端是两极，取这一极，那一极让你永远后悔着。该左时左，该右时右才行。

策动型孩子喜欢的对象一般走两个极端，要么是"英雄"，要么是"匪才"。策动型孩子爱英雄，但是找不到英雄就爱"匪才"。所谓"英雄"，在这里可以认为是，有上进心的优秀青少年。所谓"匪才"，在这里可以认为是不思进取、无事生非、混混式的迷惘青少年。

策动型孩子只要喜欢上对方，就会向对方靠拢，把对方当成榜样，向对方学习。所以如果策动型孩子喜欢的是英雄对象，就促导策动型孩子由模糊恋转成暗恋，越是暗恋，策动型孩子就越觉得对方完美，越觉得对方伟大，不自觉就会把对方当成学习的榜样，进步的动力。如果策动型孩子喜欢的是匪才对象，就促导策动型孩子由模糊恋转成明恋，明恋之后，策动型孩子就会全面审视对方，当看清对方真实情况后，当发现对方不是自己想象当中的那么完美时，策动型孩子就会因失望而放弃恋情，远离对方。当面对第二种情况的时候，家长容易出现一个问题，就是禁止和对方走近。出心是好的，但是你越不让走近，策动型孩子好奇心就越重，就越想看个究竟，就越喜欢对方。

9.5 化转初恋，需要一个媒介

不同孩子的初恋如何化转，我们已经了解了方法的不同，在化转的过程中，还需要给孩子寻找合适的媒介，以规避各种可能的弊端，再配合相关的训练，将会对孩子的生命状态全面助益。

1. 主动型孩子：欲擒故纵的化转

主动型孩子喜欢主动进攻，这是他的生命本能，但要让他明白的是，与异性相处，就像抓沙子一样，抓得越紧，丢得越快，只有把手松开，才能得到更多，越是感觉需要对方，越需要从心理上把对方放下，联想到军事上的"欲擒故纵"原理，虽然想得到对方，但是故意把对方放在生命的远处，把对方当成"天使"，就像天边的使者，而不是把对方当成恋人。这就是抛依考验，先抛后依，才可能更长久。这既是对自己心态的提升，也是对别人情感的验证，同时符合可持续原理。如果不这样做，主动型孩子一味想要得到对方，就会表现很专制，况且恋爱当中没有不出现差错的，有了差错，主动型人很容易武力解决，产出严重后果。

对主动型孩子的日常训练，主要以提升自我控制能力为主，比如，训练孩子的语言表达，这类孩子经常口无遮拦，所以才会有"祸从口出"，可以把这四个字写到一个小纸条上，刷牙的时候，反复提醒自己。自我暗示的时间长了，自然就小心了。另外，也可以通过一些角色扮演的游戏来帮助这类孩子增加语言的可信度，这样有助于他减少冲动的想法和行为。

2. 被动型孩子：扩展边界的化转

被动型孩子胆量不如主动型孩子，做不到主动进攻，如果有喜欢的对象，让他从心理上放下，也很难，所以对主动型孩子适合的方法不能用在被动型孩子身上。对被动型孩子需要进行明暗操作，即扩展他的交往边界，如果他有了一个恋爱对象或暗恋对象，就再给他找一个好感对象，或者是学习上的对手，两者相随。被动型孩子主要是心理上的独占欲重，这跟主动型孩子身体上的独占欲不同，心理的纠结往往来自对方一言一行的变化。当他同时有两种对象时，这种问题就自动解决了。

对被动型孩子的日常训练，可以先从鼓励他的信心开始，这类孩子之所以不够主动，是对自己的优势认识不清，有喜欢的异性，却憋在心里，反而不利于健康，当鼓励他主动时，他不会像主动型孩子那样有失控风险，反而能去掉自己不自觉的扭捏行为。另外，晚上睡觉的时候，可以尝试裸睡，也有助于他在心理上打开自己。

3. 策动型孩子：启发责任的化转

策动型孩子喜欢一心一意，很难在情感上分出来长短。因此要对策动型孩子的情感能量先做负责，先有预购对象，然后再出恋爱对象，这种方式对策动型孩子才有用。简单说就是交换，就是边边关系。比如，你想跟某某谈恋爱，那你先要给另一个异性朋友补课，帮助她提高语文成绩，辅导她写作业之后，再去见你想见的人。所有的策动型孩子，在没有谈恋爱之前就给他一个异性对象让他负责，这样他在谈恋爱的时候就不容易陷入进去了，相当于边谈恋爱边工作，这种疏导方式看似简单，但做起来高效，平时不容易想到，等出了事再找朋友谈就为时已晚。

对策动型孩子的日常训练，主要从责任心和身体锻炼入手。比如，让孩子成为家里的主人，给孩子一些生活费，让他邀请自己的好朋友到家里吃饭，如果策动型孩子找不到做主人的感觉，他是很难有真正自信的。另外，要让孩子积极锻炼身体，比如可以练习双盘，仰卧起坐，转呼啦圈，肚皮舞，等等。

综上所述，针对不同类型的孩子，在化转初恋的过程中，寻找合适的媒介是非常重要的。对于主动型孩子，采取"欲擒故纵"的方式，放松心态，不要过度追求对方；对于被动型孩子，采取"扩展边界"的方式，让他们同时有多个对象，减少心理的独占欲；对于策动型孩子，采取"启发责任"的方式，先有预备对象，再有恋爱对象，使他们更负责任。通过合适的媒介和日常训练，帮助孩子更好地化转初恋，不仅可以规避潜在的问题，还能促进他们全面健康地成长。父母应根据孩子的个性特点，细心引导，关注他们的情感发展，以培养他们健康的感情观和人际关系技巧。这样，孩子们才能在成长过程中更加自信、独立、成熟。

第十章　抚育孩子生命健康

每个孩子都是独立、有价值的个体，有着自己独特的性格、特质和潜力。作为家长，我们的责任应该认识孩子的生命健康，从而更好地帮助他们成长。而生命健康包括生命结构完整，生命功能强大，生命作用健全。

10.1 孩子生命结构完整

生命的组成结构有三个部分：肉体、情体、慧体，也就是材料体、情绪体、智慧体。这三者相互补充、相互牵制，形成完整的生命。肉体需要慧体来指导方向，慧体需要情体来修养，情体需要肉体提供能量。只有肉体，情体，慧体结构完整，生命才能自我进化，完成生态赋予的天然使命。

从三体的关系来看，肉体、情体、慧体这三重结构是在轮流替换的分工合作中运转。肉体储存着物质，情体储存着意识，慧体储存着精神。情体所储存的意识是供慧体在创造时使用的素材。情体越宽容，慧体的创造力就越丰富。不能理解事态发展过程的人意味着情体发育不健全，不能预测事态发展趋势的人意味着慧体发育不健全。例如，有些孩子计算能力很强，但是缺乏应变能力，这叫作不机警。有些孩子学习能力很强，但没有一点主见，这叫作不完整。还有些孩子实践能力很强，但在规定的时间内无法完成任务，这叫作不高能。聪明而不机警，机警而不完整，完整而不高能，都意味着生命健康不完整。

> 肉体健康：骨坚、筋软、肉弹。
>
> 情体健康：心宽、志远、性欢。
>
> 慧体健康：念全、慧满、行善。

能培养一个肉体骨坚、筋软、肉弹，情体心宽、志远、性欢，慧体念全、慧满、行善的孩子，一定是父母的荣耀，父母的自豪，父母的最大回报，这就是孩子的立体健康。

骨坚的孩子意志力强，我们经常用临危不惧、刚强不屈来形容一个人的骨气，这样的人有胆魄和勇气，也常用刚正的气概形容一个人的风骨，在大是大非面前，不会轻易退缩和妥协，有高尚的人格。骨骼代表着人的躯体内核，人格代表着人的生命内核，因此，骨坚的孩子容易拥有巨大的人格力量，能自己确定目的，并根据目的支配和调节自己的行为，克服困难，这也是意志力的内涵。

筋软的孩子化转力强，从身心的对应关系上说，筋硬的孩子往往有着固执的习性，明知道不对，却依然坚持，自己跟自己较劲。反之，筋软的孩子有更好的应变性，容易做到收放自如，有较好的性格，遇到突发状况也能应对化转。虽然两者之间不是因果关系，但身体对心理是一种支撑作用，也就是说，要想提升化转能力，就要由筋软支撑，否则，就会想到难做到。

肉弹的孩子适应力强，肌肉是与自然环境距离更近的躯体部分，肌肉有弹性，就更容易适应环境的变化，比如环境中的温度和湿度发生变化时，皮肤和肌肉要很快做出调节，使身体与外界相协调。从身心关系上说，肉弹的孩子容易有灵活的行为风格，为人处世不刻板，遇到不同类型的人，进入不同的场景，能切换相应的行为模式，也容易有较大的处世格局。

心宽的孩子"纳异力"强，孩子未来的人生境遇需要不断在纳异中扩展提升，纳异意味着要接受不同，接纳与自己不同观点的人，不同习惯的人，甚至不同立场的人，更重要的是接纳自己的不足。"纳异力"越强，人的待遇也越高，要做到纳异，就要有宽广的胸怀，不要事事斤斤计较，可以在物质上清清明明，但不能在情感上过于苛刻，即使面对批评和指责，也能从中找到自己的成长点，人的境遇就改善了。

志远的孩子执着力强，执着力决定着一个人完成目标的能力。任何一个有价值的目标，都不是能轻易实现的，既要面对各种困难和阻碍，还要接受各种挫折和失败，若没有强大的执着力，稍微遇到一点逆境，就想要放弃，则很难获得成功。让孩子从小树立远大志向，有利于执着力提升，当孩子遇到眼前困难时，他想的是未来更大的目标，不计较一时得失，就不容易被挫折打败。

性欢的孩子悦己力强，性欢指性情欢喜，性格欢脱，容易创造欢快的氛围，享受欢愉的生活。这对孩子化解痛苦，收获幸福至关重要，人之所以痛苦，是因为悦己力太弱，不懂得如何取悦自己，善待自己，爱自己，面对同样的事情，别人能从中找到快乐，自己却总是看到负面信息，让孩子从小养成性欢的情体，有助于他将来创造属于自己的幸福，成为一个不辜负自己的人。

念全的孩子策划力强，念全指念力健全，想法全面，人在做事情之前，都会有一个初步的预估，而预估是否精准，取决于念全程度。比如，要做一个策划，就要把所有相关的内容都考虑在内，并力求对自己有利，对别人有利，对未来也有利，事前考虑越完整，试错成本就越低，损失就越小，成果就越大。让孩子用健全的念力，启发全面的思维，指导有效的行为，就容易心想，聚能，事成。

慧满的孩子启发力强，慧满指智慧圆满，慧满的孩子，能够启发别人，也能够从身边的人和事中获得启发，把一切都能当成灵感伴侣，每天都遇到更好的自己。智慧不是靠知识获得，不是从别人处学得的，是通过打开悟性来提升的，从灵性处开启的，可以说，每个孩子，天生都有智慧种子，是在外力作用下萌芽，还是在外力作用下埋没，取决于家长的抚育方式，遵循孩子的先天程序去抚育，有助于他的智慧圆满。

行善的孩子幸福力强，行善包含善心，善力和善法，有善心无善力，只是爱莫能助，给人感情支持，却无法提供实质性帮助，有善力无善法，很可能适得其反，给人帮倒忙，真正的行善是带着一颗善良的内心，运用强大的能力，采取正确的方法，帮助别人，成就自己。懂得行善，长于行善，就容易收获幸福感，在满足别人的同时，也让自己获得了满足，生命始终活在互相成就之中。

10.2 孩子生命功能强大

生命的功能健康，关键是感知力的正常。感知功能也是生命的基础功能，我们每天都在感知生命的变化，当你用心观察的时候，会发现，人与人之间的感知力是不一样的，比如，我们每个人都能感受到身体的饥渴、痛酸麻胀，也能感受到别人的情绪变化，但是有的人除了能感受到这些之外，还可以感受到别人的微表情，以及通过敏锐观察，可以感知到别人的心理变化，这就是感知功能的差异。

我们对单一的感知力都较为熟悉，比如"嫩嫩绿绿的园子里有很多彩色的花"是视觉感知，"鸟儿清脆的喉咙唱出婉转曲子"是听觉感知，"遥知不是雪，为有暗香来"是嗅觉感知，"不到庐山辜负目，不食螃蟹辜负腹"是味觉感知，"伸手接住一朵飘下的雪花，冰冰凉凉的"是触觉感知。

除了单个感知外，不同的感知觉之间也会相互配合，形成统合感知，比如孩子在幼儿园种植植物时，就是视觉、嗅觉和触觉的配合，也称为统合感知。

统合感知就是不同的感知觉相互配合而产生的综合感知力，如果不同的感知觉之间出现了割裂，就会导致统合感知力不足。例如，孩子不好好吃饭，在看电视或玩儿手机，家长就在旁边喂孩子吃饭，导致孩子的味觉和视觉出现割裂。在幼儿园通常有植物角活动，孩子自己动手种植物，感知生命，就是视觉、嗅觉、触觉相互统合的过程。

五种感知觉相互统合而生出的立体知觉称为统觉，统觉是立体感知觉，是五种感觉的协调作用，统觉开发之后，人的推理系统更健全，逻辑系统更全面，学习能力大大提高，创知能力迅速增强，悟性也会开启，对未来有一定预见性。当五觉统合失调时，会出现顾此失彼，错误不断，反应迟钝，应变力低下，把心理水平误认为是生理水平，还会出现理解力差、会通力差、记忆力差等问题。

提升五觉统合的方法有很多，比如有的孩子爱玩儿，家长就可以借助孩子玩儿的机会提升孩子的统觉能力，就像有很多游戏需要眼耳手鼻相互配合，就能对孩子的统觉起到训练作用。

在2022年教育部发布的《义务教育劳动课程标准》中，明确为每个学习阶段的学生制定了"烹饪"、"家居美化"、"家庭清洁"等日常生活劳动，使学生更好地了解来之不易的劳动成果。这不仅可以提升孩子的动手能力，更重要的是，能提升孩子的统觉能力。

然而，令人遗憾的是，很多家长对孩子的统觉建设并没有足够的重视。统觉的发展不仅影响孩子未来的学习能力，还影响着他们适应环境的能力和对变化的应对能力。

五觉畅通，孩子的学习能力更强。

五觉统合，孩子的学习效率更高。

五觉协举，知识为灵感传递信息。

总的来说，孩子的五种感觉间的相互协调非常重要。手眼的协调、手耳的协同、手眼耳的配合、味觉嗅觉触觉等等配合顺畅、相辅相成，能帮助孩子更好地体验、思考、体悟和认识自己和世界，从而更好地完善自我，改造这个世界。统觉是认识、成长、改变的基础，也是身体健康的更高需求。

在现代社会中，我们不断接触各种信息和刺激，感知功能的健康显得尤为重要。让我们关注孩子的五觉统合能力，引导他们多角度感知世界，培养综合分析和判断能力。通过日常生活中的劳动，让他们体会感知的乐趣，从而提升感知力，让孩子成为更聪明、更健康的未来之星！

10.3 孩子生命作用健全

孩子拥有了完整的生命结构，具备了肉体、情体、慧体立体健康，又拥有了健康的生命功能，完善了自己的感知能力，接下来，就要实现健康的生命作用，即健康的人际关系。孩子走进这个世界，身体、情感和思维在不断强大，也在不断接受外界信息获得成长，最终他要在人群中，与不同的人相处，融合不同人的智慧，进而让自我更加完整。孩子在人生的道路上，所要面对的相处对象，有同性和异性，有上级和下级，也有朋友和对手。面对不同的角色，孩子该如何驾驭好自己的人际关系呢？

1. 与上级相处

孩子的上级代表父母、老师等资源调配者，也代表导师、高人等智慧启迪者。广义上说，孩子在班级里的班长，一起玩耍的孩子头，心中崇拜的偶像等，也属于上级范畴。孩子与上级相处中，最大的矛盾是权力上级和智慧上级的混淆，尤其是在家庭环境中，父母作为权力上级，掌握着资源，却想让孩子的精神也听指挥，既要约束行为，还想控制想法，只因为那句"我是你妈"。孩子的问题是，享受着权力上级的资源，却用境界上级的标准要求爸妈，既渴望自由，还想啃老。在很多家庭里，孩子被当成"小皇帝"、"小公主"来养，养成了无法无天的小霸王，全家人都成了孩子的下级，孩子没有了上级观念，也丢掉了敬畏心。

与上级的相处能力，是生命环境升级的素养保障。在生态循环中，上下级关系只是角色与分工不同，与尊卑无关，权力上级给自己提供的是资源，智慧上级为自己启发的是灵感。

对于青少年而言，如何从小就养成正确的上级观呢？先要让孩子有敬畏之心，有的孩子从小目无一切，无法无天，虽然胆子很大，但也为将来的闯祸埋下了隐患。比如很多青少年犯罪的情况，基本都是由于其内在缺乏对生命的敬畏之心造成的，也是因为从小没有树立正确的上级观念导致的。我们提倡孩子要勇于探索，敢于闯入思维禁区，但对自然、对生命，应当是心存敬畏的。这种敬畏不仅仅是一种谦卑心态，更是一种真正实现自我认知的体现，是一种对生命真相感知之后的应有常态。在这样的常态下塑造的人格，才是既能容纳万物，又能被万物所容纳的人格，才是既能实现生命价值，又能体现生命意义的人格，自然也会有正确的上级观。

2. 与下级相处

孩子的下级代表一起玩耍时的追随者，崇拜自己的小伙伴，担任班干部时的班级成员等，这些现实中的模拟下级，是孩子建立人格下方结构的演练场，如果演练不好，将来走向社会就很难跟下级相处，不知道该如何做好一个领导。例如，有一个班级里的纪律委员，希望给班级争取荣誉，想让班级的纪律成为年级的优秀代表，于是对班里的同学监督严格，但很多同学并不理解他，反而在经常对他进行挖苦、排挤，背后中伤，他感到非常委屈。这就是在与下级相处的模拟中，出现了障碍。

与下级相处的能力，是一个人能不能当好领导，带好一个团队的基础，一个智慧的上级，能够看清不同下级的优点、缺点，并实现价值最大化，能够让下级之间保持团结，提升凝聚力，更重要的是，好的上级都善于做伯乐。

对于青少年而言，如何从小开发孩子做上级的能力呢？先要让孩子养成开阔的心胸。未来的孩子，都是充满个性的，有些还比较任性，如果没有开阔的胸怀，是很难在未来社会中做好上级的。

3. 与朋友相处

孩子的朋友就是身边一起玩耍的小伙伴，关系要好的同学，无话不谈的知己，再比如小组讨论时的组员，课外活动的队友，还有一起玩游戏的网络朋友，等等。有的孩子朋友很多，跟不同类型的同学都能处成朋友，有的孩子朋友很少，只有一两个特别要好的朋友，与大部分的同学都关系冷淡。孩子将来踏入社会之后，会面临各种不同的朋友，有工作中的同事，有社会上的伙伴，有生活中的闺蜜，也有一直在支持你的家人。跟各种朋友相处融洽，遇到困难时，会有不同的朋友为你提供帮助，身处低谷时，会有仗义的朋友拉你一把，能够让你在顺境和逆境中正常前行。

朋友需要优点互补，在学习中，你擅长数学，我擅长英语，你可以帮我解决数学难题，我可以助你提高英语成绩。朋友更需要缺点互堵，如果说优点互补是一个基础，那么缺点互堵就是更高的社交境界。在一个团队当中，如果只有优点互补，而把缺点隐藏起来，是很难可持续发展的，因为任何一个人都不完美，都有缺点，在优点互补时期，可以实现短期的利益最大化，但是当缺点暴露出来的时候，相互无法容忍，就有可能出现集体崩盘。有人会问，不可以用优点补缺点吗？事实上，优点可以替缺点，却无法补缺点。比如在一个团队中，有的人很勤奋，是优点，而有的人很懒惰，是缺点，你可以让勤奋的人代替懒惰的人，却不能让勤奋的人为懒惰的人干活，这样既不公平，也不长久。缺点和缺点只能互堵，就是把特定的缺点组合起来，让一种缺点和另一种缺点相互作用，最终两个缺点都被转化，发挥正向作用。比如有的人比较专制武断，有的人爱和稀泥，这是两个人的缺点，当这两个人在一起配合时，后者不会给前者争权力，顺应了他的脾气，前者的立场坚定，也帮助后者明确了方向，这是典型的缺点互堵。

4. 与对手相处

孩子的对手，可以是父母眼里的"别人家的孩子"，跟你处在同一个阶段，但总是让你不舒服，让你不能松懈，只要你停下脚步，父母就把他拿来作为批评你的媒介。对手也可以是总给自己找碴儿的某个同学，让你看到对方时就心生讨厌，恨不得让他永远消失在你的视野。懂得跟对手相处，是人格右方结构健全的体现。如果不懂得跟对手相处，将来可以有小成功，但是难以有大成就，因为小成功靠朋友，大成就靠对手。

作为青少年，如何从小培养与对手相处的能力呢？首先要对孩子从小进行挫折抚育，带着一颗玻璃心的孩子，是很难与对手相处的，而一个心灵足够强大的人，则不会轻易被外在力量所打倒，而这种强大，非自我突破不可得。有些人说起心灵强大，就会想到艰苦的磨炼，其实，强大的心灵不一定非要经历很多磨难，锻炼心灵的机遇，在生活中是很常见的，比如，很多孩子在成长过程中，当遇到困难时，会不由自主地想要退缩，甚至逃避。这个时候，家长在坚持原则的基础上，鼓励他不要放弃，并使其调动自己内在的力量，最终克服困难，从眼前的障碍中穿越出来，那么，我们一定能看到孩子发自内心的愉悦和自豪，这种快乐，远远超过任何外在福利所带来的兴奋，并且持久而令其自信倍增。这样的场景，我们经常会在很多少儿训练营里见到，甚至很多家长在开展家庭抚育时，也有过类似的体验。其实，这种体验，就是孩子战胜自己的过程，也是心灵强大的过程，更是人格自我完善的过程。也许在困难突破之前，孩子会觉得难如登天，而一旦突破，就会马上感觉非常轻松，有时只在一念之间。这对于处在重要成长期的孩子们来说，是极其重要的，我们看到当今很多的孩子内心脆弱，经不起风浪，甚至经不起批评，都是太缺少自我的突破体验导致的，而这正是我们的家长和老师需要理解和引导的。

5. 与前辈或先进者相处

对孩子来说，前辈可以是家里的长辈，也可以是社会上的年长者，先进者可以是自己的大哥哥、大姐姐，也可以是成绩比自己优异的同学，如班里的学霸，或者同领域中的佼佼者。比如自己在学习钢琴，而一个同学钢琴天赋很高，已经达到练到了精湛的演奏技巧，对方就是自己的先进者。概况说，先进者就是已有成果的过往者，先于自己的探索者，早于自己的成功者，或者强于自己的奋斗者，优于自己的精进者，胜于自己的领跑者。

对于青少年而言，如何学会与前辈或者先进者相处呢？其中非常重要的一点，就是鼓励孩子结识忘年交。忘年交通常是指不拘岁数、辈分的差距，但友情及交情很深厚，思想相似的朋友。多指年岁差别大、行辈不同而交情深厚的朋友。孩子在成年之前，能够结识一些忘年交，会对他的成长带来深远的影响，青少年由于知识和阅历的局限性，特别需要得到别人的点拨，而忘年交则可以让他更全面深入地认识这个世界，提前明白很多道理，少走很多弯路，也有利于生命作用健康。

6. 与后辈或后进者相处

对孩子来说，后进者可以是成绩比自己落后的同学，技艺不如自己的同伴，体能或脑能弱于自己的学生，年龄比自己小的同伴，也包括家境或家世不如自己的孩子等，如何与后进者相处，体现一个人素养的高低，在《三字经》中耳熟能详的"孔融让梨"的故事，就是孩子与后进者相处的典范。在学校里，学霸如何与学渣相处，也一直是热议的话题。

作为青少年，如何从小培养与后进者相处的能力呢？如果孩子比较内向，平时不太爱说话，就把他当成小老师看待，倘若他的小伙伴成绩不好了，就让他把这个小伙伴当成他的学生，帮对方解决学习上的难题。如果孩子是活泼可爱的类型，就为他找一个负责对象，比如他的好朋友早上总是不想起床，就让他为这件事负责，以后他好朋友起床的事就交给他，直到对方养成习惯为止。如果孩子是比较外向，非常张扬，就引导他学会保护弱者，让他做别人的依靠。这样一来，不同的孩子都能提前演练与后进者相处的能力。

7. 与异性相处

男生和女生的互动，既有心理和情绪的碰撞，又有智慧的交叉和互补。进入青春期的少男少女，对异性世界充满好奇，总想知道对方在想些什么，也想得到异性的认可。作为家长，需要全面的思维来看待孩子的异性关系。

从显态说，青少年两性相处是第一次荷尔蒙分泌与异性产生的吸引过程。爱情激素PEA的分泌，使人感觉更有精力、信心和勇气，这会让自己无限放大对方的优点，忽略对方的缺点。多巴胺的分泌，给双方带来渴望、期待和幻想，并传递亢奋和欢愉的信息。除此之外，去甲肾上腺素分泌，能让人产生怦然心动的感觉。

从含态说，青少年两性相处是融合异性智慧的演练场。男孩和女孩的智慧有先天的优势和短板，就像前面提到，男孩是空间智慧优势，女孩是时间智慧优势，反过来，男孩的时间智慧是短板，女孩的空间智慧是短板，正因如此，双方才有弥补的需求和动力，这也是异性相吸的现象背后，更深层的原因。为什么初恋会让人终生难忘？因为初恋是男孩的空间智慧与女孩的时间智慧第一次交叉。女孩从异性身上感受到更大的空间格局，更开阔的视野，男孩从异性身上感受到不一样的思考角度，觉察到自己的思维漏洞，双方体会的是前所未有的生命级互补。正是因为生命级需求获得了一定满足，才让人记忆深刻，久久不能忘怀。

从潜态说，青少年两性相处是满命种子的萌发过程。每一个人的生命，都是不完整的，男孩或女孩，都只能是半命，双方的互补，才可能升级为满命。每一个生命，先天都有一颗满命种子，都有从半命走向满命的原始驱动。两性互动刚好给自己的满命种子提供了萌发的土壤，情感的不断深入，就是在给种子浇水，只是有很多人，因缺乏经验，情感驾驭力不足，导致生命被情感绑架，反而把满命种子淹没，丢掉了主体。如果孩子在成长过程中，提前启发他的满命思维，让他在满命种子发芽之前有一个准备，就不容易在恋爱中迷失方向，让异性健康互动真正为生命的升华服务。

第十一章　抚育孩子身心和谐

孩子的身心和谐，是生理和心理相互协调互补，共同为生命的需求服务，在孩子成长道路上，每一个阶段目标的完成都需要身心配合，若身心相互矛盾，无法统一，就会导致孩子的内心郁闷纠结，身体能量耗散，学习效率低下，因此，抚育孩子的身心和谐，直接关系着孩子在每个阶段的健康成长。

11.1 孩子的身心失和

在青少年群体中，身心失和的情况非常普遍，很多时候，生理和心理的需求是相反的，这就导致身心冲突，当人的智慧力量不足以协调二者矛盾时，就会出现自己跟自己过不去，自己跟自己较劲，自己讨厌自己等情况。

比如，心理独立和生理依赖，一方面是孩子感觉自己长大了，内心有独立自主的需求，另一方面生存还无法独立，必须依靠父母满足物质需要，心理上强烈的独立意识，与生理上物质的依赖，导致身心剧烈冲突。

再比如，心理开放与生理封闭，孩子在成长中，内心希望与朋友、家人敞开心扉，友好交往，另一方面，因性格和想法不同，得不到对方的理解，导致孩子生理走向封闭，于是出现了身心对立。

除此之外，还有心理自制和生理冲动，孩子的内心希望做一个自律的人，但面对现实时，生理的本能无法自控，身体意志力不能支撑，于是出现生理冲动，这也是一种身心失和。

孩子出现的各种身心失和，会给学习和生活带来各种困扰，比如，注意力分散，兴趣点不凝聚，内心抗干扰能力太差，无法抵抗外界的各种诱惑，等等，这对孩子未来的人生成就和幸福，是一种严重的阻碍。

从生命角度看，身心失和有着先天的原因，心的本能是求集中，身的本能是求放松，两者的作用方向是不一致的，比如，孩子在学习时，心里告诉自己，要集中精力，认真听讲，而身体面对外向干扰时，就不自主地要放松一下，结果心做主时，身不配合，身做主时，心又有意见，身心矛盾就产生了。

从家庭环境上说，家长对孩子的抚育方式不当，也会导致孩子的身心失和，比如当孩子需要身体体验的时候，你剥夺了孩子动手参与的机会，当孩子需要用心思考办法解决问题时，你来代替孩子思考，久而久之，孩子就形成了依赖的惯性，自己的身心也难以和谐，再比如，家长对孩子释放恐惧、悲伤、愤怒等情绪时，也会给孩子种下身心失和的种子。

因此，对于孩子的身心和谐问题，家长要足够重视，避免在不知不觉中给孩子的身心分裂埋下隐患，家长应该用正确的方式促进孩子的身心和谐。

11.2 别给孩子种下身心失和的种子

家长在不经意间，会向孩子释放很多情绪，看上去好像对孩子没有太大影响，但实际上，很容易给孩子的身心失和埋下种子，比较常见的情绪有恐惧、悲伤、愤怒等。

1. 家长的嫁恐

嫁恐，就是转嫁恐惧，把自己的恐惧转嫁到孩子身上，或用恐吓的方式对待孩子。比如，"你再哭，就让警察把你抓走"，"你再哭，妈妈就不要你了"，在孩子很小的时候，这种方式的确有效，着实让你省心了不少，但从长远来看，却会给孩子造成实质性伤害。孩子的心理种下了恐惧的种子，将来每当他的身体要去挑战困难的时候，心理埋下的恐惧就会消减他的信心，然后就想要退缩，这就是一种身心失和的表现。对于不同类型的孩子，家长的嫁恐，也会产生不同的影响。

对中向型孩子，会导致他心中持续的不安，无法放松，严重影响慧体成长，这类孩子的智慧体在放松、愉悦的环境中才能逐渐完善，如果心中有恐惧，个人的关注点就会放在对身边一切的质疑上，智慧成长就停滞了。

对内向型孩子，会导致他严重缺乏安全感，感觉人间没有可以信赖的人，没有可信之处，找不到人生的寄托点，无法树立自己的理想和高度，个人胆商建设也会受到严重影响。

对外向型孩子，会导致他走向极端，这类孩子的情绪控制能力本就是短板，容易头脑发热，如果给孩子增加了额外的恐惧，孩子出于逆反性，会破罐子破摔，不计后果，个人的思考能力也降低了。

2. 家长的移悲

移悲，就是转移悲伤、悲痛、悲哀。一方面是把悲转移到别的事情上，让孩子看见了，另一方面是直接转移到孩子身上。比如，妈妈经常在孩子面前释放很多怨气，或诉说曾经的难过经历，给孩子的感觉就是，妈妈有很多委屈，妈妈的内心很痛苦，妈妈的生活不幸福。

把悲伤转移给孩子，只会让悲伤变得更大更深，而且传递到了下一代。当这种悲伤在孩子身上不断加强时，就会生根发芽，孩子的心理始终都有一个消极程序，每当要快乐时，都会被这个程序干扰，导致身心失和。对于不同类型的孩子，家长的移悲，也会产生不同影响。

对中向型孩子，会导致他快乐缺失，难以找到生活的意义。这类孩子本来属于乐天派，在快乐的氛围中探索每件事的意义，若他觉得一件事没有意义，他就不愿意去做，如果他一直在悲伤的氛围中成长，感受不到快乐，他会觉得生活没什么意思，进而走向消极。

对内向型孩子，会让他进入悲观漩涡，孩子看到妈妈很悲伤，就会感觉自己是没有资格快乐的，心里想，"我妈妈那么悲伤，我还敢快乐吗？我还敢笑吗？"若自己追求快乐，就觉得自己不孝，长此以往，孩子就会认为在人间是无法乐活的，活在世界上就是承受苦难的。

对外向型孩子，会导致他失去担当性，这类孩子对生活的态度，一直是勇于进取的，而且一定要满足自己享受生活的需要，在此基础上，他会承担更多责任，若生活的氛围是悲伤的，他就缺乏担当动力，进而走向随波逐流。

3. 家长的迁怒

迁怒，是把自己的怒气发泄到另一个人身上。比如，妈妈跟爸爸在生活中有了矛盾，双方心中产生了愤怒，就把这种愤怒发泄到孩子身上。再比如，孩子只是出现了一个小小的错误或失误，家长就大发雷霆，对孩子过度指责打击，好像孩子犯了不可饶恕的错误一样。家长的这些行为都会给孩子种下身心失和的种子。而对于不同类型的孩子，家长的迁怒，也会产生不同影响。

对中向型孩子，会导致他缺失爱的根基，这类孩子生活的基点是情感和爱心，孩子渴望得到身边人的真情实意，也愿意向别人奉献爱心，若孩子接收了很多父母愤怒的情绪，孩子会感觉人间是没有爱的，自己也没有爱的动力了。

对内向型孩子，会导致孩子自我的否定和深深的负罪感，他心里会想，"原来这一切不幸都是我造成的，爸爸妈妈生气都是因为我，我做什么都不对，我就该自认倒霉"。孩子在这样的心理环境中成长，很难建立积极的心态，产生的都是自卑，也难以获得幸福感。

对外向型孩子，会导致他产生仇恨感，这类孩子的心理需求更多是成就感和荣耀感，若接收到的是父母的愤怒情绪，他会继续把愤怒迁移到别人身上，再去伤害别人，而且感觉搞破坏是有道理的，这就形成了恶性循环。

家长的上述情绪，给孩子种下了身心失和的种子，也许当时看不出对孩子的影响，但随着你以后不恰当的抚育方式，孩子身上这些失和的种子就会慢慢发芽，最终导致身心彻底失和。

11.3 家长哪些行为导致孩子身心失和

1. 向儿女投降

我们经常听到这样的话："算了，算了，下不为例"；"好了，好了，别哭了，给你买就是"。

案例1：豆豆，单亲家庭，母亲要强，孩子有什么要求，她都会尽量满足。有时孩子的无理要求，她也尽可能满足，有人提醒妈妈，说有点溺爱孩子，但是妈妈说，我要让他缺失的父爱都弥补过来。这样被妈妈宠，豆豆怎么也会有些小脾气。经常使小性子，耍无赖，逼着妈妈答应他的无理要求。有一次，豆豆睡到半夜醒了，想起了白天一个小朋友借他的橡皮泥，就非要现在要回来。妈妈安慰豆豆："明天早晨我早早帮你要回来，现在人家都已经睡觉了。"豆豆不愿意，依然哭闹不止。妈妈忍无可忍打了孩子。妈妈明白了溺爱之后的无奈。

案例2：小东看中一台游戏机，妈妈看到价格很高，就和东东说："这个挺贵的，以后再买吧……"小东向妈妈撒娇："妈妈，只有这一次，你就答应我吧……"一听到这样的话，妈妈的心立马软下来了。

总结：案例说明，在拒绝孩子时"心慈手软"，事事顺孩子的意，孩子就会认为父母会满足自己的一切要求，甚至认为父母是在怕自己。于是，他会更加肆无忌惮，有恃无恐。

从身心和谐角度说，孩子的心理期望很容易得到了满足，而身体的投入度不够，这会给孩子造成一种错觉，即只要心中想要，就可以得到，而忽略了身体的实际条件，未来容易出现自私自利、投机取巧、不择手段、缺乏毅力，当他们走向社会的时候，很难与人长期配合，进而影响自我发展。

2. 保护期过长

父母保护孩子时期越长，孩子越无能，该放手时要放手。尼采说："最大的善往往包含最大的恶。"

案例1：父亲老来得子，孩子在百般的溺爱呵护中长大，饭来张口，衣来伸手，25岁大学毕业了，回来给妈妈带了一大堆"礼物"——自己和女朋友的脏衣服……

试想一下，等老人不在了，这个孩子有什么能力经营自己的家庭，让自己的家人幸福？

案例2：儿子是家里独生子。家庭条件不错，父母尽量满足儿子的要求，这样的溺爱，让儿子总是以自我为中心，大学毕业了，也不去找工作，在家里不出门，靠爸妈养着，儿子已年近三十，在家里提要求，若未被满足就乱发脾气，这让爸妈十分寒心。

案例3：女儿在家里，生活起居父母包办，女儿想喝水，要去厨房拿，爸爸看见了赶紧说"别弄了，爸爸给你弄，别烫着"，只要看见女儿干活，立马阻拦女儿，执意一切替女儿安排好。

总结：父母的潜意识中，他们和孩子是一体的，父母自愿包揽了本应孩子自己做的一切，扼杀孩子作为独立个体的自我意识和生存能力，这也是父母独裁的表现。

从身心和谐的角度说，孩子身体的行为能力没有得到开发，心理上也造成智能闲置，身心的成长同时受到了阻碍，未来很容易成为巨婴孩子，或称为啃老一族。

3. 啰唆兼嚷嚷

不厌其烦地叮嘱，要求，对孩子的不满情绪大声呵斥，反复说教。

案例1："我爸爸妈妈最啰唆的事，就是吃饭和起床的时候，啰唆好几遍！"学生贝贝抱怨道，"第二啰唆就是学习生怕你不自觉，见你有个空，就催你去学习，然后再给你讲谁谁家孩子考了多少分，考了什么重点学校；然后再说爹妈都是为你好，别听不进去。爸妈越说越不想学。"

案例2：现在我在上高二，记得高一的时候，我们学校一个月放假两天。我心里想着，一个月才放假两天，在学校里辛辛苦苦学习了一个月，好不容易放次假，当然要好好玩了。所以在这两天里，我是从来都不碰书的。但是我妈妈却看不惯我的这种做法，每次看见我玩就说："一放假就只知道玩，一点书也不看了。还说要好好学习，你就不知道看一会儿书。如果把你玩的时间都用到学习上面，那还愁考不出好成绩吗？"每次听到她这样说，我玩的兴趣也就下降了不少，学习也不能专心，所以既没玩好也没有学好。

案例3：在学习过程中，父母老是拿自己和别人家的孩子比较。记得以前在初中的时候，妈妈经常拿我和一个人比。每次都说别人怎么怎么好，好像我一无是处似的。现在超过了他，妈妈又为我找了一个新的目标。每次考试后，她都拿我和他对比，我难道就是比别人笨吗？每次我犯了什么错，她就会说："你看那谁谁谁怎么怎么样，你就不会向他学习学习。"为什么老拿我与别人比呢？我是我，他是他，他既然什么都比我好，那去找他做孩子啊。以后做了什么事，或者考试出了成绩，我都不会主动跟父母说，原来不定什么时候，我还给妈妈说在学校里发生了什么事情，和同学的关系怎么样，但是现在就算在一起也不说了。

总结：对孩子不信任、不放心，父母自己的情绪释放不得当，造成孩子的额外压力和无力感。

从身心和谐的角度说，孩子的身体客观需要与心理的主观排斥相矛盾，由于你过度的说教，让孩子产生了心理逆反，他为了与你对抗，故意放弃身体上的需要，造成身心严重失和。

4. 泛滥用赞扬

曾经，赏识教育风靡大江南北，赞扬之语声声入耳。

案例：小杰是老师和家长心目中的乖娃娃，每次都考第一名，经常被夸奖，"小杰真棒，太棒了，你做得非常好……"有一次名次下滑，没受到老师夸奖，第二天不肯去学校，理由是："上学没意思，老师不喜欢我。"

总结：对孩子不切实际的吹捧，会让孩子过高估计自己，迷失自我，形成自负心理。一旦有人超过他，又会打击孩子的自信，加重孩子的自卑心理。

从身心和谐的角度说，父母过度的赞扬，让孩子的心理产生自恋倾向，而忽略了自己实际水平中的漏洞，孩子把注意力都放在了获得别人的正面回馈上，当突然出现外界回馈反差时，会难以接受，这是孩子的心理只对外界关注，而不对自我关注的结果，造成了身心分裂。

5. 惩罚超分量

案例1：浩浩的妈妈一直想望子成龙，一次浩浩考试没有考好，为此曾让浩浩跪了一夜作为惩罚。结果，浩浩后来一蹶不振。

总结：孩子犯错误时，父母想让孩子长记性，过于相信惩戒的作用，动辄打骂，伤了孩子的自尊，同时也是父母泄愤的表现。

从身心和谐的角度说，父母的过度惩罚，会让孩子对自己的实际水平造成误判，即使自己将来做出了成果，也会对自己怀疑，出现心理不相信生理，经常过度担忧，假想困难。

6. 替代孩子想

老师：小明，为什么不带作业？

小明：我爸整理书包时，没给我装上。

老师：先上课，下课我找你算账。

小明：回家我找我爸算账。

笑话让人一笑了之，但笑话的背后，是否会引起我们的深思？

案例1：气温骤降，暴雨不停，妈妈冒着暴雨骑车数里给在上学的女儿送伞，女儿告诉妈妈不需要。女儿的想法是，妈妈为了送伞淋坏自己的身体，她会心理不安和内疚的，并且女儿觉得自己长大了，该为父母承担了。但是妈妈不理解女儿的这种心理。妈妈非常不高兴，"这还不是为了你好……"。

案例2：孩子对妈妈说："我在这个家里一点也感觉不到幸福。"妈妈却说："你还感觉你不幸福？让你吃好的，穿好的，钱随便你花，你看看你这些弟兄当中谁有你条件好！你跟着那些穷人家试试去，看你受得了不，比较比较哪个更幸福！"孩子说："幸福并不是在于物质方面的多少。难道只要你给我钱，让我吃好吃的，让我穿名牌，那样就是幸福吗？那些没多少钱的人家，就没有一点幸福可言了吗？我想要的幸福并不是你们所说的那么肤浅。"妈妈很生气地回应，"我们每天在外面奔波，不是为了挣钱，能让你过得更好吗？我们为了你这么辛苦，你不体谅我们也就罢了，还埋怨我们，你真是不懂事！"于是，这个渴望自己定义幸福的孩子，成了一个不懂事的孩子。

总结：父母以自己长期形成的固有观念和陈旧的思维方式，一厢情愿地帮孩子考虑事情，什么事情都积极主动地为孩子想，实际是不顾孩子的想法，试图把孩子养成自己的复制品。

从身心和谐角度说，父母想要给孩子更多的爱，把孩子身体抚育好的同时，也不想让孩子有更多心理负担，但结果往往会适得其反，孩子的自我在不断成长时，想要摆脱父母的掌控，但身体的本能已经被父母深深影响，自己有很大的心理压力，却又控制不住自己的行为，出现巨大的身心矛盾。

7. 忽略动手创

案例1：孩子小的时候，奶奶就告诉他，想让他长一个大个子，然后再考上大学，这样她就很知足了。孩子从小就对学习不感兴趣，特别爱玩。在孩子9岁那年，去了外地乒乓球训练基地去练习乒乓球。奶奶要求妈妈陪读，照顾孩子的生活，不让孩子吃一点他们认为的苦。

后来妈妈上班没人陪孩子了，奶奶就非要让孩子回来上学，放弃了乒乓球训练。

案例2：家长包揽了家里的所有家务和体力劳动，希望儿子集中精力，全力以赴学习。平时也只关注学习成绩单，不注重培养孩子动手能力，造成儿子高分低能，独立生活能力很差，大学毕业了还在家里，找不到工作。

总结：父母要求孩子分数第一，忽略了孩子综合素质的提升，孩子未来的发展不协调，难以形成自己的核心竞争力。

从身心和谐角度说，孩子身体上的笨拙，会引起心理上快乐感的缺失，当父母在身边时，还不太明显，当孩子离开父母时，孩子发现自己的心理期待无法通过自己的双手获得满足，于是造成自我否定，价值感缺失，身心也失和了。

8.不乐观向上

案例1：上小学的时候，每个星期天，孩子都得去奶奶家，原因很简单，就是奶奶想他了，很想让孩子经常在她身边。在星期天的时候孩子只能在奶奶家，孩子原本所有的计划都要被这件事所取代，只能很无奈地顺从。到了奶奶家之后只能在她家吃饭，不能出去吃，理由也很简单，因为她不想让孩子出去吃饭，孩子若出去吃饭了，没人陪她了。一只小鸟只有展开翅膀后才能飞得更高，而为了怕小鸟飞走，在小鸟的腿上绑一根绳子，有人在下面牵动着这根绳子。这样的小鸟怎能飞得更高呢？

家长自己对生活不乐观，把自己的安全感建立在孩子的围绕和孩子的成就上面。

案例2：这个暑假在外地，一个朋友说他在家真的太无聊了，找了些朋友一起喝酒，喝到躺在地上不会动为止，听到这些话后，只是点头笑笑，说一句称赞的话，"那么牛啊"。其实心里很难受，一个朝气蓬勃的青年，居然无聊到那种地步，只有通过酒精来使自己得到满足。为什么非要通过那些方式呢，因为孩子的内心也很无奈。

点评：不乐观向上说明烦心的事情比较多，心态有问题。孩子心理形成悲观厌世的情绪，孩子可能真会放弃自己的理想。

从身心和谐角度说，孩子的想法没有得到父母的支持，在父母的要求下，只能一次次妥协，久而久之，心中的自我想法越来越少了，于是就出现无聊、迷茫，没有目标，缺乏自我，身体的潜能无法通过心理的引导来开发，出现身心失和。

家长的以上行为都会对孩子的身心造成不同程度的失和，有些行为还会导致孩子出现心理疾病，家长在抚育孩子时要足够重视。

11.4 如何调节孩子的身心和谐

当孩子的生理和心理出现冲突，即身心失和时，该如何调节呢？最有效的方式，是启动孩子的独立意识，让孩子逐渐走向自主，即自己做自己生命的主人，从生理和心理之上来看自己的身心关系，从而调节身心和谐，调节的原则是自己给身心分别制定一个规则界定。

对心理应该进行"序"的界定，心理的本能是求集中，在集中时要有先后次序，比如孩子心理想要的东西很多，无法同时满足，他自己就可以给自己想要的东西进行排序，哪些是现在可以得到的，哪些是当下不需要的,如果当下暂时不需要,就可以先往后放,这样心理就不会感到紧张和紧迫了。

对生理应该进行"度"的界定,生理的本能是求放松,在寻求放松时不能没有节制,比如孩子要去玩儿游戏,这是很正常的,但不能无限制地玩儿,对于玩儿的时间和范围需要给一个限度,这样孩子在获得放松的同时,也不耽误自己的正事。

在序和度的界定下,心身就从相争的状态,走到相通的状态,实现了身心和谐,孩子自身抗诱惑的免疫力就得到了强化,就不容易被外界干扰了。

从孩子的性格类型上说,不同孩子的身心调节,也有不同的侧重点,中向孩子从精神入手更有效,内向孩子从心理入手更有效,外向孩子从生理入手更有效。

对于中向型孩子来说,特别容易出现精神涣散问题,即精神力不集中,虽然每天都在忙碌,但是却找不到做出的成果,在稳定方面,不如内向型孩子,在担当方面,不如外向型孩子,你要是跟他讲道理,他还很倔强。所以对中向型孩子主要是解决精神凝聚问题,比如让孩子找到一个自己的兴趣点,顺着自己的好奇心深入探索下去,这样他的精神就凝聚了,身心失和问题也能相应得到解决。

对于内向型孩子来说,特别容易出现心理堵塞问题,本来是一件很小的事情,他就是想不通,越想越难受,最后什么都不想做了,生理也跟着懈怠。解决的方式就是帮孩子进行心理疏通,让他把心中郁闷的事情说出来,然后从更多的角度去帮他分析,扩展他的思维,只要他心理畅通了,身心就容易和谐了。

对于外向型孩子来说,特别容易出现身体躁动问题,本来自己的心理需求没有那么大，但是身体的本能难以控制，总想对很多事情跃跃欲试。这是由于外向孩子身体里面有多余的非创造性能量，让孩子通过适当的运动，把多余能量释放出来，身心就容易和谐了。

11.5 启迪孩子的悟性思维

孩子的身心和谐，本质上说，就是自身主观与客观的和谐。主观是偏感性的，客观是偏理性的，而感性和理性是悟性来调节的，因此，启迪孩子的悟性思维，有助于实现孩子身心和谐。

孩子在3岁之前，都有悟性思维的潜质，比如孩子表现很聪明，大脑反应很敏捷，不经意说的话让家长很意外，"平时没有教过他的东西，他怎么知道的呢？"其实这就是悟性思维的雏形。随着年龄的增长，环境的影响，知识的学习，以及外界信息的干扰，感性思维和理性思维逐渐强大起来，悟性思维反而被埋没了。

从孩子的先天性格上说，每类孩子的悟性思维都有一个阻碍点，所以，有效启迪孩子的悟性思维，还要因人而异。

中向型孩子，主要是穿越自己的感性，这类孩子对事物的判断，主要依据自己对环境的感觉，认为自己感觉到的，就是对的，自己没有感觉到的就是没有用的。在这样的心理背景下，通常会有以下暗示："我不能累着我自己"，"我不能做无畏的牺牲"，"我不能亏了我的兴趣"，"我不能对某一人或事执拗到底"，"我不能放弃任何陶醉的机会"，"我不能把我交给任何一人"，"我不能卖友求荣，卖身求欢"，这些暗示看似很有道理，但作用在这类孩子身上，就会形成错觉，影响悟性思维启动。例如，不想让自己累着，很多时候是一种错觉，是他感觉到自己累，认为自己在团队中是最累的一个，但事实不一定是这样，他容易关注到自己的感受，却不容易感知到别人的状态。具体调整的方法是让他从感性上升到悟性，感性的判断是现象级判断，仅限于五官的感知，很多时候并不可靠，当感性判断与现实真相碰撞之后，促进他重新思考，生发出新的智慧，重新认知自己和环境，这样就有助于他的悟性启动，促进身心和谐。

内向型孩子，主要是从自主思考开始。这类孩子的习性受到爸妈遗传信息的影响过深，身上有很深的"爸我"信息和"妈我"信息。这就像孩子的脐带一样，虽然材料性脐带剪掉了，但信息性脐带遗漏在孩子身上，具体的表现就是想法不自主，总是希望别人帮自己按确认键，做事情优柔寡断，前怕狼后怕虎。在这样的心理背景下，通常会有以下暗示："我是该谨慎从事的"，"我要立志让人看得起"，"我不能随便放纵自己"，"我是廉洁自律的典范"，"我必须具备忍耐性"，"我在人间要留好名声"，"我当择机多多积蓄"，这些暗示作用在这类孩子身上，很容易与自身实际需求相冲突。例如想让人看得起，是横向对比的结果，越对比越有嫉妒心，心中越是愤愤不平，正常是纵向对比，让自己跟自己比，每天都有进步。再比如，暗示自己要忍耐，虽然可以减少很多麻烦，但并不是任何时候都需要忍耐，如果别人一而再，再而三对你过分，你还不启动自己的智慧力，就是对别人的纵容，既是对别人不负责，也对不起自己。

家长平时要多鼓励孩子，多进行新的探索和尝试，不一定每件事都要十拿九稳时才去做，有时候重要的是过程，并不是结果。若自己有了想法，就主动去印证，在印证中发现误差，再完善自己的思维，这样悟性思维就逐步健全了，身心就更容易和谐了。

外向型孩子，主要是从想法落地入手。这类孩子过度相信自己的想法，即使很多想法不切实际，他也认为是正确的，这种自大性受环境的影响不大，而是先天携带的，平时看上去有一些专制和强势，总希望别人都听从自己的指挥。在这样的心理背景下，通常会有以下暗示："我是负有重任的"，"我是拥有贵命的"，"我是能够将来了不起的"，"我是有众人拥护的"，"我是十分开明的"，"我是不该埋没的"，"我是有特权在手的"，这些暗示作用在这类孩子身上，很容易造成主客观冲突。例如，认为自己本该被众人拥护，如果被人否定了就大发雷霆，然而别人拥护你，是因为你是一个有担当的人，如果你不为团队担当，是得不到大家拥护的。再比如，总认为自己有特权，这就会让人心中不服，表面上是配合你了，但背后可能会对你破坏，这都是主客观不和谐的表现。

家长应该引导孩子，让他的想法与行为保持一致，即思想要落地，这类孩子想法非常跳跃，经常是天马行空，意识超前，在他所有的想法中，能有一半落到实处，就已经很了不起了。因此，这类孩子启动悟性思维的最好方式就是不要太关注想到什么，而要关注实现了什么，用负责的结果与别人对话，这样他的身心就容易和谐了。

11.6 抚育一个身心健康的孩子

> 身体细胞健康，在于运动。
> 心理情绪健康，在于镇定。
> 灵性精神健康，在于印证。

一个身心和谐的孩子，首先得是一个身心健康的孩子，而身心健康包括身体细胞健康，心理情绪健康，灵性精神健康，孩子在任何一个方面不健康，都可能导致身心失和。

首先，身体细胞健康，是身心和谐的基本保障，也是最基础的健康，也叫生理健康。我们常听说"生命在于运动"，这里的"生命"也是指的身体生命，而非心理。因此，身体细胞要保持健康状态，就离不开运动，肌肉常运动才不会板结，骨节常运动才不会僵涩，脏腑多运动才不会过早枯萎。

现在的孩子，在家庭和学校的压力下，过度关注成绩分数，而忽视了身体素质的提升，很多孩子平时运动量不够，身体素质很差，导致意志力也很薄弱。家长抚育孩子的健康，就需要给孩子创造更多身体运动的空间。

其次，心理情绪健康，是身心和谐的关键，很多孩子出现身心失和，就是心理层面出现了问题，或感到压抑和郁闷，或感觉浮躁和不安，或者有很多情绪需要释放。心理情绪要健康，主要在于镇定，这里的镇定不是没有任何波动，而是在与人相处时能保持稳定的情绪状态，没有偏激的想法或冲动的情绪。

现在孩子学习压力大，时间抓得紧，神经绷得紧，竞争逼得紧，紧紧张张，慌慌忙忙。孩子为了在学业中出类拔萃，不得不争分夺秒，力争上游，这时候更加需要心理情绪保持镇定，否则，很容易身心失和。在学习过程中，要"肉体常动心常静"，保持良好的心态。

家长可以引导孩子用一些心理暗示来凝聚正能量，比如自己有烦恼没有人安慰，那是增加灵感的机会，自己劳累的时候没人关怀，那是意志丰满的机会，自己出现恐惧的时候，恰好也是突破胆量的机会，这些暗示对促进身心和谐也非常有效。

第三，灵性精神健康，是身心和谐的支撑，当身心出现失和时，非常有效的方式就是用灵性修复自己的创伤，用精神去调节自己的身心，当孩子的灵性精神处于健康状态时，他就会有自我创造身心和谐的能力。而灵性精神实现健康的关键在于印证。

印证，即真实的核对与证明。就是把创造性思维设想出来的东西，放在实践里进行检验，以求预期效果。印证对应的是创意，创意来自创欲，创造的欲望是人的本能欲望，就像食欲一样。孩子小的时候对世界充满好奇心，想要去探索，这是创欲最原始的状态，我们经常说要保护孩子的想象力，这也是对孩子灵性精神健康的呵护。

家长在抚育孩子时，要多给孩子提供创造力开发的机会，多开展创意活动，如果孩子有新奇的想法，要鼓励他去尝试，当孩子的创造性一直持续下去的时候，他的灵性精神就会处于健康状态，也能够自我调节身心和谐。

第十二章　抚育孩子人性健康

12.1 人性健康对孩子的重要性

"人性"是什么？

我们经常会听到对一个人的评价有"不通人性"、"没有人性"。

懂的人感觉意味深长，不懂的人，如年轻人，成长中的孩子们，觉得模模糊糊，迷迷瞪瞪。

"人性"到底是什么？

我们怎样把孩子养成一个有人性的人，或人性正常的人？

说人性，就不得不说血性和灵性。任何人性，都是自身血性和灵性相互磨合，约定后的综合结果。

血性：人在生存层次的做人的基本原则和行为属性。

血性表现：优胜劣汰，强存弱亡，弱肉强食。

灵性：人处在精神升华层次的基本原则和行为属性。

灵性表现：适者生存，互动互补，你赢我成。

血性和灵性反复交叉，一会儿灵性做主，一会儿血性做主，形成的结果就是人性百态，其实人性没有稳定和恒定的东西，主要在于血性和灵性如何谈判。

其实，人性本身很难有稳定和恒定的东西，具体恒定与否，主要看血性和灵性如何约定。血性和灵性，比人性更可信。

第十二章 抚育孩子人性健康

与其在人性中迷茫摇摆，不如清晰地认识人的血性和灵性，知道他善有多善，恶在何处。在他善处，不必戒备，在他恶时，提高警惕。对人性精准免疫。

人性的成长过程，像植物的生长一样，需从种子的孕育，到萌芽，再到长大、开花、结果。人性发育得完整，未来才能结出人生的果实。

人性之所以变化无常，是因为血性和灵性在交叉过程中，两者的约定不同，呈现的人性状态也不一样。我们看到有的人时好时坏，有时非常善良，有时又比较残酷，这是因为血性和灵性的约定随着环境的改变在改变，当生存需要为主时，就是血性主导，当精神需要为主时，就是灵性主导。有的人小时候没有约定好血性和灵性的规则，或者某一方成长时受到阻碍，会导致后来不稳定的人性。也有的人，呈现的人性状态是稳定的，无论环境怎么改变，自己都能坚持原则，不忘初心，这就是血性和灵性的约定很稳定。

人性的轨迹，就是血性和灵性相互约定、交叉、碰撞的过程。其中，童年时期，尤其是6岁之前，血性尚未完全形成，主要是生存本能为主，灵性表现主要是探索与自己、与外界相处，但还没有建立独立的灵性自我。这个时候的人性，就是最原始的孕育状态，没有对错和善恶，都是自然地呈现。到了6岁以后，血性和灵性逐渐成熟，两者交叉约定之后，呈现出了更多人性状态。这时候的人性还处于成长期，比如孩子在青春期叛逆，是灵性成长的反应，再比如，孩子有见义勇为的冲动，是血性成长的反应。如果这个阶段两者能够正常磨合，形成稳定的约定，未来一生都会非常顺畅，即使遇到逆境，也能自我化转，如果磨合不当，或者因为家长的干扰造成某一方面的破坏，未来一生都可能受到童年的负面影响。

12.2 血性和灵性正常约定

> 血性成长：物质需要；灵性成长：精神需要。
> 血性对未来的作用：求生意识，求生意志，求生能力。
> 灵性对未来的作用：升华精神，捕捉灵感，建立信仰。
> 血性提供能量，灵性提供信息。
> 两者共同作用，形成人对物质的欲望和对精神的追求！

孩子的血性萌芽时，需要灵性信息的支撑，血性中的正义感才发挥作用。孩子的灵性萌芽时，需要血性能量的支撑，灵性中的能动性才发挥作用。在血性和灵性相互交叉形成的约定中，有三种不同的正常状态，一是血性主导的正常人性，二是灵性主导的正常人性，三是血性和灵性协举的人性。

1. 血性主导的正常人性

在血性主导的正常人性中，有灵性给予的信息支撑，血性中的正义感发挥了实际作用，这样的人往往会体现高度的社会责任感和担当精神，给人感觉很可靠，能够成为团队或某个领域的支柱。

俞敏洪就是由血性主导的正常人性，这也得益于他的母亲。他的母亲是一个很强势的人，但是对俞敏洪的学习非常上心，从小到大，母亲从不给他买任何玩具，而是买各种各样的书看。四五岁开始买连环画，二年级的时候家里就有了《水浒传》、《三国演义》这样的书。后来母亲为了他高考的事奔波，回来下着大雨，路上摔成了泥人。正因为这样，才让俞敏洪下定决心要考上大学，回报母亲。俞敏洪高考两次落榜仍不愿放弃，向母亲提出再尝试第三次，母亲希望自己唯一的儿子能够踏入大学，跳出农门，所以她为了俞敏洪的第三次高考付出了很多。

父母为俞敏洪提供了血性成长的环境，培养了他强大的生存本能，使得他在创建新东方的过程中，表现出了强大的生存力，母亲为他提供的学习环境，也在灵性成长方面，为他增加了精神支撑，使得他的血性和灵性形成了稳定的交叉。

2. 灵性主导的正常人性

这种类型的人，通常生存能力不够强大，如果处在激烈的竞争环境中，并没有优势，但在生存稳定的环境里，或有外界能量支撑的情况下，反而容易创造自己的精神作品。

比如钱钟书，小时候在伯父的启蒙下，灵性得到快速成长。读书时，钱钟书的记忆力是惊人的，他的英文基本靠自学，极具语言天赋，后来精通六国外语，所著《围城》，是中国现代文学史上一部风格独特的讽刺小说，被誉为"新儒林外史"。然而在生活中，他就像个十足的呆子，他总是分不清东西南北，一出门就没了方向感；穿衣服不是内外穿反，就是前后颠倒；上体育课时他是领队，口令喊得响亮准确，可自己却分不清左右。

钱钟书在灵性成长方面非常出色，他的灵性种子被保护得很好。有自己的精神追求，但是血性成长并不理想，在生存本能上没有经历过太多波折，没有形成强大的生存能力，幸运的是，当他与杨绛结合之后，杨绛对他的照顾，弥补了他的血性成长短板，也支撑了他在文学上的成就，从而留下了优秀的精神作品。

3. 血性与灵性和谐的人性

血性和灵性共同成长，是比较圆满的状态，这样的孩子是幸运的。孩子在成长过程中，生存需求能恰当满足，孩子没有因生存需要而产生恐慌，建立了生存本能的正常规则，灵性的成长也没有被破坏，血性和灵性形成了很好的约定。孩子的未来会有很强的生存能力，在生存需求满足之后，会有正常的精神追求，这是最理想的人生状态。然而，在现实中，这种情况并不多见，我们看到的正常人性，大多是相对稳定的正常态。

4. 探索和谐的人性状态

话题一：月亮和六便士

《月亮和六便士》是英国小说家威廉·萨默赛特·毛姆创作的长篇小说，在故事中，六便士代表利益，月亮代表梦想。

一个原本平凡的伦敦证券经纪人思特里克兰德，突然对艺术着了迷，抛妻弃子，绝弃了旁人看来优裕美满的生活，奔赴南太平洋的塔希提岛，用画笔谱写出自己光辉灿烂的生命，把生命的价值全部注入绚烂的画布。

小说中的很多经典语录，带给了我们不同的思考，比如："地板上到处都是六便士，但他抬头一看，看到了月亮"，"做自己最想做的事，生活在自己喜爱的环境里，淡泊宁静、与世无争，这难道是糟蹋自己吗？与此相反，做一个著名的外科医生，年薪一万镑，娶一位美丽的妻子，就是成功吗？"，"我总觉得大多数人这样度过一生好像欠缺点什么。我承认这种生活的社会价值，我也看到了它的井然有序的幸福，但是我的血液里却有一种强烈的愿望，渴望一种更狂放不羁的旅途。我的心渴望一种更加惊险的生活"。

从人性角度看，六便士是血性中的生存需求，月亮是灵性需求，当生存处于匮乏状态时，人们往往难以顾及灵性需求，而当生存需求处于稳定的满足状态时，对于灵性种子饱满的人来说，就希望有更大的精神追求。故事中的主人翁，就做出了这种选择，然而，面对灵性需求，在追求精神过程中，如何协调好与血性需求的关系，是这个故事留给人们的思考。

话题二：生活既要有眼前的苟且，还要有诗和远方。

顾少强曾是河南省实验中学一名心理学教师，工作十余年，也很喜欢教师这份职业，有一次去大理旅行，认识了现在的丈夫。两人确定关系后，顾少强便决定辞职，然后到成都与对方汇合，并写下了一份被称为"史上最具情怀的辞职信"，火爆网络。

有人评论说，放弃安稳的工作，选择未知的人生道路，本就让不少人"惋惜"。离开之时，又以短短的10个字说明辞职理由，更让网友惊呼"任性"。后来顾少强解释说，辞职并非冲动之举，而是经过理性考虑。辞职并不是因为体制束缚，离开只是想选择另一种生活方式。她会对未来的人生负责。首先不能饿死，肯定会想办法谋生，能养活自己是最基本的要求。后来的顾少强，与丈夫共同开办了远归客栈，并做起了给青少年心理培训的项目。

从顾少强的选择来看，在她所处的特定阶段，按照自己的需求做出了取舍，这也是对"面包和爱情"如何选择的诠释。

当她在中学做教师时，生存处于稳定状态，由血性支撑的生存力，使她的物质需求能够得到满足，她热爱自己的职业，对于物质没有更大的欲望。如果继续坚持下去，就是选择了由血性主导的正常人性，而当爱情光顾时，他发现自己完全有能力、有条件追求更大的幸福，于是放弃了当下的生存条件，到成都追求"诗和远方"，等到精神需求也得到满足时，有了孩子，新的生存需求又出现了，她又发挥了自己强大的生存力，重新开辟了事业，在血性层面做出了取舍。

人生就是在物质和精神两个层面交替选择的过程。生存满足之后，需要精神满足，精神得到满足之后，在当下层次需要跃迁，满足更大的生存需要，人性以此螺旋上升。

12.3 血性和灵性交叉失常

1. 血性主导的失常人性

在正常的人性状态里，生存需求满足之后，人会有更高的追求，例如，物质条件丰富之后，会有精神目标，会开发自己更大的创造力。然而，在现实中，很多人在事业成功之后出现了精神迷茫，还有的人陷入"温饱思淫欲"的漩涡，难以自拔。之所以会这样，一方面是当生命主权该由灵性主导的时候，血性不愿意交权，这是因对物质的贪心所致，另一方面，可能是灵性在成长中，遭到了破坏，导致灵性无力接纳生命主权，只能继续由血性主导。这些都是人性的失常状态。

为什么会温饱思淫欲？因为血性和灵性没有契合恰当，导致物质需要满足之后，没有向精神需要转折，以致于精神追求动力缺乏，精神的凝聚升华没有方向。

从原始上看，如果生存本能在建立过程中，遇到过阻碍，因生存需求产生过恐慌，且灵性萌芽失常，就容易出现上述问题，在内心深处，始终对物质需求缺乏安全感，即使是物质条件丰富了，依然无法

消除生存恐慌，只能继续追求物质，比如有些人"欲壑难填"就是这个原因。

在血性主导的失常人性中，血性缺乏灵性信息的支撑，血性中的正义感没有建立，血性还是以追求生存需要为主，并且会表现出明显的自私性，往往是精致的利己主义者，以自己为中心，缺乏大局观，具体也分为三个层次。

第一，优胜劣汰层次

这个层次的人，会努力让自己变得更加优秀，希望更能适应这个社会，不被社会淘汰，但在提升自己生存力的时候，也会有所保留，不会追求极致，只要能够满足需要即可。这样的人对别人的需要不太关心，无论别人优秀与否，只要不影响自己，他会体现出基本的尊重，除非别人的优秀让自己产生了危机感，他会再努力提升自己。

第二，强存弱亡层次

这个层次的人，不仅想让自己足够优秀，也希望自己越来越强大，在生存环境中，希望有更大的竞争力，当与别人没有利益交织时，他不会关心别人的变化，一旦有了利益交织，他会启动自我保护的程序，一方面不让自己受到伤害，另一方面，想在生存竞争中战胜对方。这样的人经常处于辛苦和劳累中，而又乐此不疲。

第三，弱肉强食层次

这个层次的人，遵循的理念就是大鱼吃小鱼，如果自己是强者，就把弱者当成自己的猎物，为了生存需求，可以违背道德，把情义当成满足利益的工具，甚至不讲道义。上升到更大的层面，国家之间相互侵略，大国试图吞并小国，本质上也是弱肉强食的程序在运作。

2. 灵性主导的失常人性

有能量支撑的灵性，才可以发挥正常的灵性作用，即灵性要包含能动性，缺乏能量支撑的灵性，可以有灵气，但形不成精神力，最终灵性也无法形成创造力。

在灵性主导的人性中，如果没有血性能量支撑，就会造成人性失常，甚至人性扭曲，原因通常是血性的成长受到阻碍，不能建立正常的生存本能，无法跟灵性正常交叉。传统上有很多名言故事，都反映了这种状态。

场景一："心有余而力不足"。

这句话中，"心"代表灵性，是信息层面，"力"代表血性，是能量层面，自己明明特别想做成一件事，愿望非常美好，但是缺乏能量支撑，或者身体条件不支持，或者缺乏相关资源，最终留下遗憾。

场景二："好人不长寿，祸害一千年"。

前半句反映了灵性主导的失常人性，后半句反映了血性主导的失常人性。好人不长寿，说的是，好人内心善良，做事都留有底线，但血性较弱，在危机时刻，生死关头，没有足够的竞争力，不能保护自己。祸害一千年，说的是，坏人血性较强，并且是血性中的兽性在主导人性，应对生存危机时，有更多的手段可以选择，没有太多顾虑，反而能在竞争中取胜。当然，这两种人性状态都是不正常的。

场景三："不食嗟来之食"

有一年，齐国出现了大饥荒，到处都是逃荒要饭的人。富人黔敖好心赈济灾民，在路边摆设了食物。有一个人饿得摇摇晃晃地走了过来，黔敖大声冲他吆喝说："喂！吃吧！"没想到那人却瞪视着黔敖，说："我就是不吃嗟来之食才饿成这个样子的。"后来，虽然黔敖赔了礼道了歉,可那人直至饿死也没有吃黔敖施舍的饭食。有学问的曾子认为这个灾民太固执了。他说:如果别人不客气地招呼你,你可以走开,但当别人已经道歉时,就应该吃了。

从这个故事的背景看,吃饭是血性需求,尊严是灵性需求,主人公处于严重饥饿的状态,已经到了生存危急时刻,这种情况本应该由血性站出来主导人性,但是灵性没有放手,为了面子不顾血性的基本需要,即使别人已经道歉了,还是坚持原有观念,而这种观念又不是大义层面的不计生死,是灵性主导的失常人性。

场景四:"纸上谈兵"

战国时期,赵国大将赵奢曾以少胜多,大败入侵的秦军,被赵惠文王提拔为上卿。他有一个儿子叫赵括,从小熟读兵书,张口爱谈军事,别人往往说不过他。果然,公元前259年,秦军又来犯,赵军在长平坚持抗敌。那时赵奢已经去世。廉颇负责指挥全军,他年纪虽高,打仗仍然很有办法,使得秦军无法取胜。秦国知道拖下去于己不利,就施行了反间计,派人到赵国散布"秦军最害怕赵奢的儿子赵括将军"的话。赵王上当受骗,派赵括替代了廉颇。赵括自认为很会打仗,死搬兵书上的条文,到长平后完全改变了廉颇的作战方案,结果四十多万赵军尽被歼灭,他自己也被秦军箭射身亡。

赵奢作为良将,不仅拥有高超的军事才能,更有着高尚的品格,是血性和灵性协调的正常人性,而赵括则不同,他很聪明,也很有悟性,说明他的灵性较好,但缺乏实战经验,血性没有得到锻炼,在众人的推崇下,他缺乏对自己的真实认知,骄傲自大,没有血性实践支撑的灵性,成了一种幻觉,属于灵性主导的失常人性。

场景五：现代人的精神焦虑和抑郁症

人出现焦虑抑郁等问题，本身是由于灵性成长受到阻碍所致，灵性落到现实中，就是人的精神力，精神再落到生活中，就是人的心理，当心理无法自我调节，出现纠结，就会产生各种心理问题。这时候需要向别人求助，需要打开自己，需要发挥血性中生存本能的作用，让生命趋利避害。但很多人在这个时候，往往选择自我封闭，越需要与人交流时，越拒绝交流，导致心理负担加重，最终难以承受。本质上，是灵性需要向血性交接时，灵性不愿意放手，也是一种灵性主导的失常人性。

3.血性和灵性交错的失常人性

在失常的人性状态中，还有一种情况，是血性和灵性在成长过程中，都遇到了阻碍，血性和灵性都无法稳定主导人性。一方面，生存本能没有很好建立，或者缺乏基本的生存能力，或者心中有生存恐慌，难以安定，另一方面，灵性的成长也遭到了破坏，内心缺乏精神追求，没有独立的自我。这样的人，在生活中往往处于一种寄生状态，很多的巨婴、啃老一族，就是这种情况。

当血性和灵性交错失常时，人性很难有稳定的状态，经常出现两极的情况。比如当灵性作用时，他会表现出善良友好的一面，特别愿意帮助别人，当血性作用时，他又会表现出冷漠的一面，甚至对人非常残酷。这种状态就是灵性和血性成长都遭到破坏，没有形成稳定的人性状态。

12.4 血性与灵性的和谐智慧

人性的健康状态是愉悦态，是血性和灵性各自正常成长约定之后，交叉出来的状态。血性和灵性交叉正常，人性的展现才会正常，在很多谚语、名言、诗词中，都体现了血性和灵性的交叉智慧。

1. 留得青山在，不愁没柴烧

"青山"代表血性蕴含的能量，"不愁"代表灵性释放的信息（信念）。如果只有血性的能量，没有灵性的信息，最终能量也会白白消耗浪费，无法做功；如果只有灵性信息，没有血性能量，结果只能一味空想，无法发挥真正的作用。只有两者同时作用，并顺利交叉，呈现的正常人性，才会结出一个人生果实。

"青山在"，说明人的血性能量没有太大损失，即使有稍微消耗，并没有伤筋动骨，"不愁没"，说明人的灵性信念没有自暴自弃，虽然当下不太顺利，但未来一定还有翻转的机会，只需要为未来做好准备就好。

2. 顺境中善待他人，逆境中善待自己

在顺境状态下，让灵性主导血性。这种状态里，生存安全是得到保障的，自身比较放松，暂时没有难题需要攻克，如果还让血性主导灵性，就对自己和别人过于苛刻了，这时需要考虑到别人的需要，用恰当的方式，为别人奉献爱心，也就是让灵性起主导作用。

在逆境状态下，让血性主导灵性。在这种状态里，自身有难题需要解决，难以做到放松，必要时，还得向别人求助，如果让灵性主导血性，就会出现"纸上谈兵""自身难保"等问题，这时候需要先解决自身问题，发挥自身生存力，也就是让血性起主导作用。

3. 与其临渊羡鱼，不如退而结网

"临渊羡鱼"反映了心理需要，是灵性落实到生活中的表达；"退而结网"反映了生理行动，是血性提供的操作方法。前面提到

"心有余而力不足"时，分析了灵性主导的失常状态，即缺乏血性能量支撑，灵性无法发挥作用，而上面这句话刚好提供了解决的出路。

这句话也反映了血性和灵性虽是各自独立的，但又你中有我，我中有你。"羡鱼"是灵性的信息在释放，通过心理来表现，也说明了灵性需要血性能量提供支撑；"结网"是血性的能量在加持，通过生理来实现，也说明了血性需要灵性信息提供方向。

4. 世上没有绝望的处境，只有对处境绝望的人。

绝望的处境，只是处境非常艰难，让人误认为难以穿越。在这样的状态下，是血性引领着灵性在作用，只要血性在线，人就不害怕困难，就能够发挥意志力，配合灵性作用，对未来就有更大的希望，血性就会在灵性的激发下，调动更大的潜能。

概括来说，如果灵性在线，不会对处境绝望，如果血性在线，即使对当下的处境有了绝望的念头，但不会自我抛弃，在看不到希望的情况下，也还会坚持，这是因为血性有自我保护的本能。

5. 胸有成竹

"胸有成竹"是血性和灵性正常交叉的结果，人不仅能想能做，还能把事情做成。当需要信息引领时，灵性能提供精准的导航，当需要能量支撑时，血性提供坚强的后盾。在事情做之前，已经做好了完整谋划，所以面对未来时，没有任何压力，遇到障碍时，办法永远多于困难。

6. 居安思危

"居安思危"是血性和灵性交叉之后，产生了生存智慧。由于灵性在线，人会始终为未来着想，为明天考虑，由于血性在线，人会有危机意识，并懂得如何为可能的危机做好准备，要做到这一点，血性和灵性配合很重要，二者缺一不可。

7."画龙点睛"

这原本是一个神话传说，给龙画上眼睛后，龙便破壁飞去。固然难以置信，但点睛之笔的重要性毋庸置疑。点睛之前，工作可能做了百分之九十九，这相当于血性中的汗水，最后点睛的百分之一，相当于灵性所生的灵感，往往后者更加重要。

8. 愿孩子出走半生，归来仍是少年

"出走半生"是血性的历程，"仍是少年"是灵性的初心。我们经常说"不忘初心"，是让人回归生命中最原始的设计，不要迷失了方向。血性的成长，因经历的不同，会加持多种多样的生存能力，同一个人在不同阶段，也会有很大差异，就像我们的身体，从婴儿期到成人期，会有巨大变化。灵性的成长则不同，本质上更侧重于自我的回归，有的人一生都在寻找自我，说明灵性的信息，最开始就是完整的，只是在后天经历中，部分散失了。保护好完整的自我，即使历经众多挫折，仍然不会有精神的迷失，是"不忘初心"的最好诠释。

9."信手拈来"和"反复推敲"

自古以来的诗词创作中，有很多是血性和灵性交叉之后产生的优美作品，有些作品是顺其自然，浑然天成，如苏轼诗词中表达的那样，"前生子美只君是，信手拈得俱天成"，随便说出的都是巧夺天工。这样的诗词是血性和灵性交叉之后，站在灵性角度创作的作品。

有的诗词则是在反复琢磨、反复斟酌之后形成的，如卢延让那句"吟安一个字，捻断数茎须"表达的那样，再比如"贾岛推敲"的故事，写下一句"鸟宿池边树，僧敲月下门"，具体用"敲"字还是"推"字，纠结良久。这样的作品就不是在灵性角度创作的，而更多是血性的参与。很多人只单纯为作诗而作诗，忽略了初心，缺失了灵性，就是"为赋新词强说愁"了。

12.5 被童年治愈的人生

有的人一生都被童年治愈，有的人终生都在治愈童年。为什么？因为血性和灵性的模式约定！第一种人，血性和灵性磨合的约定稳定和谐良好！安全感十足，是精神追求不断的温暖人生。第二种人，生存恐惧恐慌，精神追求内驱力不足，是纠结扭曲挣扎的人生！

著名心理学家阿德勒曾说："幸运的人用童年治愈一生，不幸的人用一生治愈童年。"有的人终生都在治愈幼年的创伤，有的人终生都在享用幼年的人性营养。

故事一：木心

从前慢

记得早先少年时

大家诚诚恳恳

说一句，是一句

清早上火车站

长街黑暗无行人

卖豆浆的小店冒着热气

从前的日色变得慢

车，马，邮件都慢

一生只够爱一个人

……

说起木心，可能大多数人都很是陌生。但提到他的作品，可能很多人都很熟悉。木心被称为真正的世界级艺术家，他打通了中西古今，是难得的人文统一的大家，并始终保持着做人的清醒。

纵观木心的一生，充满了坎坷，他三次入狱，三次流亡，在狱中仍坚持创作，无论遇到多大的逆境，都不忘初心。这种对信念的坚守，得益于童年的经历。

木心从小家境殷实，从来没有因生存问题担忧过，母亲是个知书达理又勤奋好学的能干女人。父亲在自己7岁那年去世后，由母亲独挑大梁，将里里外外打理得井井有条。母亲是幼年木心的启蒙老师，言传身教、潜移默化，对木心的一生产生了深远影响。木心从小读唐诗都是母亲教的，即使在"逃难"时，也不忘记教他读书。

木心10岁时，跟母亲在船上，不小心把一个名窑小盂丢到了水里，心中懊恼不已。母亲说，"有人会捞得的，就是沉了，将来有人会捞起来的。不要想了，这种事以后多着呢。"最后一句话很轻很轻，木心50年后方才醒悟。在他一生中，确实有很多人事物，比越窑的盂珍贵百倍千倍万倍，却都一一脱手而去。随之而去的，也有童年。

从人性角度看，童年的优裕生活，保证了血性的成长，母亲的抚育帮助他建立了正义感和善良底线，家庭中的文化氛围，让他的灵性得到了充足的滋养，为后来的创造打下了坚实的基础。在这样的背景下，血性和灵性交叉之后，就体现出了高尚而有升华的人性状态，即使在各种逆境之中，也能保持坚定的意志和信念。

故事二：张大千

张大千是20世纪中国画坛影响巨大，又最为传奇的国画大师，无论是绘画、书法、篆刻、诗词都无所不通。开创泼墨与泼彩，发展了中国画崭新的艺术风格。无论山水、人物、花鸟，都在中国绘画历史上写下了浓重一笔，是中国画史上少见的最具全方位的画家。徐悲鸿说"张大千，五百年来第一人"。

张大千出身于书香门第之家，自小衣食无忧，又备受家人宠爱，童年生活十分幸福。5岁时，姐姐就教他识字；6岁时，哥哥教他写字；8岁时，母亲就教他画画，一家人舞文弄墨、其乐融融。良好的家庭文化氛围对他起到很好的启蒙作用，也为他打下了坚实的国学基础。张大千小时候，母亲对他说："不能和别人家的孩子比贪玩。要比，就要比谁长大了有出息。小时候穿金戴银，大了不一定成得了人。"

张大千的童年，是人性得到正常抚育的童年，血性方面，母亲帮助他建立了生存本能，灵性方面，家庭给了他足够的滋养，从而形成了正常的人性状态。虽然他所处的时代并不太平，但他的一生是顺遂的。相比较而言，张大千的儿子张心健，则经历了完全不一样的人生。

张心健1岁时，父亲张大千迫于局势压力，决定到国外继续艺术创作，张心健被父亲留在国内，送给友人抚养。后来友人因生意破产，无力抚养张心健，就把他送回了张家。他在艰难的环境中渐渐长大，但在22岁那年，因承受不了工作和婚姻的双重打击，早早离世。

从人性角度看，艰难的生活，使得张心健一直带着生存的恐慌，血性不能得到良好成长，家庭的氛围，也没有让他获得灵性的滋养，缺乏精神力，正因为童年的不幸，使得他一生都在治愈童年的创伤。

故事三：李清照

"知否，知否，应是绿肥红瘦"，"这次第，怎一个愁字了得"。提起李清照，大家可能马上能想到她的词句，她的文学成就和文坛地位毋庸置疑，享有"词国皇后"和"千古第一才女"的美誉。

李清照出生于一个爱好文学艺术的士大夫家庭。自幼生活在文学氛围十分浓厚的家庭里，耳濡目染，家学熏陶，加之聪慧颖悟，才华过人，所以"自少年便有诗名，才力华赡，逼近前辈"。很多人认为，李清照的文学成就得益于她的家庭条件，她的父亲李格非是大文豪苏轼的学生，有这样的家庭背景和文化熏陶，自然容易成才。事实上，除了优越的家庭环境，更重要的，是父亲的抚育理念和抚育方式。

父亲在对女儿的抚育上，非常开明，曾经说"人不荒唐枉少年"。李清照小时候不仅可以随意出门游玩，还经常跟朋友一起喝醉酒，这样宽松的家庭环境，在当时是非常少见的。除此之外，父亲还对李清照的学习进行了重点培养和赏识肯定，所以李清照在学习上也十分自觉刻苦，经常夜以继日练习写作。

从人性角度看，李清照幼年时，父亲既培养了她的正义感，又滋养了她灵性的成长，从而形成了稳定的人性状态。在后期的生活中，她虽然目睹了国破家亡，但身处忧患穷困而志不屈。晚年的她，殚精竭虑，编撰《金石录》，完成丈夫未竟之功。这种信念和意志，正是得益于幼年时，父亲对她人性的抚育。

12.6 终生治愈童年的人生

童年时期，孩子的血性和灵性相互约定，并影响未来的一生，如果血性或灵性的萌芽受到阻碍，两者的约定就会失常，人性的成长就会存在缺失，并深深影响人的未来。

故事一：麦家

著名作家麦家是当代著名的小说家和编剧，然而，他的童年，却充满了心酸。

麦家儿时家庭政治地位比较低下，爷爷是基督徒，外公是地主，父亲是"右派"和反革命分子。家里的几顶"黑帽子"使麦家从小就被别人歧视，没人愿意跟他交朋友，甚至连为人师表的老师也污辱他。在缺乏有效交流又备受欺辱的童年，麦家将内心的恐惧都写成了日记。在一次访谈中，麦家曾这样回忆童年：小时候因为家庭成分不好，被同学歧视，交不到朋友，我很孤独，写日记是我唯一与人交流的通道。日记本是我仅有的朋友，也是孤独的身影。写了十几年日记后，看到有些小说很像我的日记，我就开始写小说了。

有一次，麦家老师做客东方甄选直播间，能够看出来，麦家老师，是个对文字驾驭能力特别强的人，用他的话，在文字面前，他可以自由驰骋，表现得像个英雄。

但离开文字的世界，回到现实生活，因不确定会发生什么，而感到不安；会因为不知道该如何应对，而感到害怕。整场直播，只有聊到他对读书的理解，聊到他的作品，才能让他找回点自信。这个时候他都是放松的，讲到投入时，还会用手比画一下。更多时候，他喜欢双手环抱，平举或环抱在胸前，或者双手垂于身体两边，显得有些拘谨、有些紧张，其实他是用这种方式来寻找安全感，就像妈妈抱着孩子的感觉。

麦家老师的经历，就是终生治愈童年的状态，尽管取得了如此大的文学成就，但童年时的不幸，始终在影响着他的生活。这是因为血性和灵性萌芽过程中，受到了一定的伤害，相互约定而交叉出的人性，就会出现难以修复的短板。

故事二：傅首尔

傅首尔是一位辩手、演员、作家，曾获得《奇葩说》第七季总决赛冠军，无数网友被其真实不做作、洞察又不失幽默的个人风格所吸引，称其为"人间清醒"。然而，她也有一个遗憾的童年经历。

傅首尔曾在她发的长文中这样写道：我小时候，喝过洗洁精水，嚼过别人嘴里的泡泡糖。大部分时间都在冷脸冷眼、轻视责骂，以及无限的期待与要求中度过，没有受过温情，我不知道被人抱在怀里没事儿亲一口是什么感觉，不是没人爱我，只是他们不会表达，并且自己也过得很艰辛。成年的我，其实不那么容易，我不想依赖任何人，我对"人与人之间的联结脆弱不堪且很大程度上有赖于各取所需"深信不疑。我很难喜欢谁，即使喜欢了也喜欢不长，更别提忘我地爱谁。我擅长发现别人的缺点，且一针见血，这很聪明，但不是什么智慧，因为它只会令自己痛苦。

幸运的是，她一直在生活中进行自我疗愈，并保持积极乐观的心态，在实践中让自己变得更加强大，在成长中让自己活得更加清醒，逐渐摆脱原生家庭对她的影响，努力穿越曾经的纠结，治愈童年，不断迎接更好的自己。

然而在现实中，并不是每一个有着不幸童年的人，都有这样的幸运，很多人终生都在苦苦挣扎，试图弥补童年时的创伤。为了让孩子能够拥有一个可以"治愈一生"的童年，请家长们重视孩子的血性和灵性成长，抚育孩子健康的人性。

故事三：张爱玲

张爱玲是20世纪中国文学史上一位充满传奇色彩的作家。她1920年出生于大上海，天赋异禀的她，却没有一个幸福的童年生活，从小就经历了人间冷暖，世态炎凉，成年后经历了两段失败的婚姻，晚年在他国离世。

张爱玲4岁的时候，母亲就因为与父亲不合，跟姑姑一起去了法国。虽然后来母亲也曾回来过，与父亲和好过两年，但最终还是离了婚。那之后，父亲就另娶了一房继室。于是从此后，张爱玲和弟弟便有了后母，后来，为了继母，张爱玲的父亲还对她大打出手，并且将她关了起来。在这期间，张爱玲又得了严重痢疾，差点丧命。那次事件之后，张爱玲鼓足勇气，逃离了父亲，逃离了那个家。可是不管怎样，原生家庭带给她的童年和少女时代的伤算是永远留下了。而这些伤，几乎影响了她往后一生的命运。

张爱玲幼年的经历，对她的人性成长造成了很大的负面影响。血性成长上，父亲给她造成了深层的生存恐惧，让她严重缺乏安全感。灵性成长上，父亲的打击让她难以建立完整的自我，内心始终有一种对自我的否定。尽管她以强烈的个人风格展现了作品的独有价值，也充分显示了一个与众不同的天才作家的超人之处。但传递的观念始终过于消极，不能给人完全正向的积极引导。

12.7 健康人性与幸福人生

人性本应是幸福的助力，促进生命的成长，而不应成为人的障碍或消耗。有人说，人性是人的天性，是先天注定的。但实际上，人性的形成更多是后天的作用，特别是在青少年阶段的成长环境至关重要。大部分人的人性确立是在家庭环境的影响下完成的。如果家庭环境良好，人就会形成积极的人性，推动生命向更高层次迈进；相反，如果家庭环境不良，父母的抚养方式有误，就可能形成消极的人性，成为生命成长的阻碍。

1. 什么是加持型人性？

中向型孩子的人性加持状态，首先是懂得分享，这类人本身喜欢交朋友，身边经常有小伙伴，我们经常会看到这类孩子把自己的好东西与小伙伴分享，并且不介意自己的朋友再交别的朋友。其次是热爱奉献，这类孩子在帮助别人时目的性不强，看到别人有困难，刚好自己能帮助，就会伸出援手。第三是助人开怀，这类孩子是天生的乐天派，走到哪里，快乐就带到哪里，如果看到别人不开心了，他会想办法给人欢乐，跟他在一起，没有拘束，非常放松。

内向型孩子的人性加持状态，首先是懂得上想，这类孩子的很多内在问题都源于下念，即总把人和事往坏处想，越想越难受，越想越委屈，一个懂得上想的内向型孩子才能避免人性消耗。其次是心灵强大，最重要的表现是经得起失败的打击，不要因为一次挫折就一蹶不振，这对内向型孩子是一个挑战。第三是能够自我调节，这类孩子想法很多，好的想法和不好的想法掺杂在一起，就容易心理郁闷，这时候就需要自我调节能力，避免人性消耗。

外向型孩子的人性加持状态，首先是勇于承担，这类孩子天生能量足，需要释放，否则就容易浮躁，而释放的能量发挥正向作用，就能对人性进行加持，不然就从消耗能量变成了消耗人性，这就需要孩子从小养成担当的习惯，把释放的能量用在责任上，而不是发泄上。其次是帮助弱小，弱小者通常是能量欠缺者，外向型孩子释放的能量用来帮助弱小的人，就能既成就自己，也成就对方。第三是待人平和，这类孩子本能上有一种护短性，跟距离近的人，他待对方如兄弟，即使犯了大错也能原谅，这需要他扩大自己的格局，无论距离远近，都要平视大家，不要给人一种偏心的感觉，这样才能领导更多的人。

2. 什么是消耗型人性？

中向型孩子的人性消耗状态以介耗为主，也称为相互消耗。介代表媒介，广义上说，任何人事物都可以做媒介，每一个人都离不开媒介，人与人之间相处，也需要相互为媒，这里主要指这类人身边的朋友，也包括自己。介耗的具体表现是什么呢？比如，他怀疑你在欺骗他，无论你怎么证明自己，他都不相信，要一直考验下去，在考验过程中，对你是一种折磨，对他自己也是一种消耗，整天疑神疑鬼。如果你送给他一个礼物，他在别人那里也看到同样的东西，就可能很生气，而且对你的信息要全面掌握，事无巨细，让你感觉有一个无形的枷锁。这些都是中向型人的人性消耗表现。

内向型孩子的人性消耗状态以内耗为主，也称为自我消耗。这类人的人性消耗，主要源于自己假想的负面信息，"世上本无事，庸人自扰之"，大多是这类人的状态，他们平时就多愁善感，伤春悲秋，遇到困难时，别人首先想的是如何解决困难，他们首先想的是这个困难给自己带来的麻烦、损失、伤害等等，然后陷入悲观之中，时间一点点过去，小困难挤压变成了大困难，小矛盾累积变成了大矛盾，进而形成恶性循环，最后自己又感慨，埋怨身边的人对自己不好，埋怨上天对自己不公平，其实是自己长期以来的逃避和下念导致的，与别人并没有太大关系。这就是内向型人的人性消耗表现。

外向型孩子的人性消耗状态以外耗为主，也称为消耗别人。这类人的人性消耗，主要表现在对他人的干扰、干涉、干预，有时候是"路见不平一声吼"，但有时候也是给别人添乱，别人并没有邀请他，或者暂时不需要他，他却过来瞎指挥，还要别人听他的安排，令人心生厌烦。另一种表现是没理缠三分，明明是他的错，非要说是你的问题，踩了你的脚，却怪你没眼色。除此之外，情绪的反复无常也让人无所适从，经常说"翻脸比翻书还快"，大多是这类人，刚刚还有说有笑，氛围融洽，突然之间，火冒三丈，大发雷霆，瞬间让人很紧张。这就是外向型人的人性消耗表现。

3. 为什么有消耗型人性？

消耗型的人性是怎么产生的呢？每一个人的人性本可以帮助自己和他人成长，却给自己和他人造成了无谓的消耗，造成这种结果，主要有三方面的原因。

首先是血性与灵性的矛盾。前面提到，人性本没有稳定和恒定的东西，它是血性和灵性在交叉中产生的综合状态。如果两者交叉正常，签好合约，表现出的就是正常状态，就会形成加持型人性；如果交叉失常，就会形成消耗型人性，比如自己的内斗和纠结，这山望着那山高，对自己的否定，经常后悔和埋怨，等等，都是血性和灵性非正常交叉的结果。当血性欺负灵性时，主要表现是生存恐惧，即使物质丰富了，依然在物质层面没有安全感，这时对自己或他人的消耗，都是围绕生存进行的；当灵性欺负血性时，主要表现是精神迷茫，物质需求满足之后，缺乏安定感，找不到生活的意义，这时对自己或他人的消耗，都是围绕精神进行的。

其次是家族与精神自我的矛盾，这在家庭抚育中非常普遍，具体表现有叛逆、绑架、薄情等。比如，父母对孩子的要求与孩子自己的需求不相符，孩子不知道该听从父母的声音，还是该听从自己内心的声音。如果听父母的，孩子就越来越感觉自己是为父母而活的，学习是为了父母，工作也是为了父母，自己好像被父母绑架了，那自己生命的意义又是什么呢？于是就产生心理困惑。如果听自己的，就会与父母格格不入，感觉家庭就是自己成长的阻碍，轻者是叛逆、厌学，严重的就是离家出走。这种矛盾长期发展下去，会让孩子感觉做什么都是不对的，做什么都是没有意义的，然后对身边人表现就很冷漠、薄情，这并不是孩子一开始不善良，而是他因自我矛盾出现了生命困惑，表现在人性上就是各种消耗。

第三是情体和慧体的矛盾，人在情性层面有很多种欲望，如食欲、眠欲等，在慧性层面有很多规则，知道哪些是可以做的，哪些是不可以做的，当两者出现冲突时，就会造成人性消耗。比如，明明知道不良的生活习惯对自己不好，但是却控制不住自己，明明知道早起早睡对身体好，但是早上却不想起来，晚上又难以自控地熬夜，等等。这类矛盾在不同的孩子身上也会有不同表现。从欲望角度说，中向型人表现为艳欲独占，如果你跟他成了好朋友，他就不允许你再跟其他人交朋友。内向型孩子表现为食欲独占，自己认为好吃的东西不想跟别人分享，典型的"吃独食"。外向型孩子会表现为眠欲独占，如果别人打扰了自己休息，他就火冒三丈。当不同的人有不同的独占欲时，自己或他人的慧体认知，与情体不统一，就产生了人性矛盾和人性消耗。

不同的人性，对应不同的人生。什么样的人，会拥有持续的幸福人生？灵性在觉醒的人，血性可镇定的人，人性能平衡的人。因此，抚育孩子的人性健康，避免人性消耗，才能给孩子的幸福人生奠定好基础。

总的来说，良好的家庭环境可以成为人性的加持，为个体带来积极向上的力量。在这样的环境中，人们可能更容易拥有乐观、善良、有爱心的品质。家庭是孩子们最早接触的社会环境，父母的爱、关怀和正确的抚育方式，会让孩子形成良好的品格和价值观，从而在未来的生活中受益无穷。

然而，如果家庭环境不良，父母的抚育方式有误，可能会造成人性的消耗。在这样的环境中，个体可能会感到不安、愤怒或孤立，形成消极、怀疑和自卑的人性。这些负面的人性特质可能成为个体生命成长的阻碍，影响其在社会中的适应能力和发展潜力。

因此，家庭环境在人性的抚育中扮演着至关重要的角色。为了让人性成为幸福的加持，家长需要关注和理解孩子的需求，用爱和尊重去引导他们成长。同时，社会也应提供更多支持和资源，帮助家庭创造积极健康的成长环境。

12.8 人性健康要抚育善根

孩子的善根，是善良的根基，也是人性的底线。孩子的人性是否健康，与善根深浅有紧密联系，比如有的孩子很聪明，但自己的聪明缺乏德行的支撑，将来为了达到自己的目的，不惜损害生命健康，这就是善根太浅造成的人性失常。

而有的孩子则不同，他心中总是装着别人的需要，而不是只想着自己的需要。看到一样东西，不会感觉对自己没用就不管了，虽然对自己没有用，但可能对身边的人有用，对家人有用，对朋友有用，对同事有用，他会让物质发挥更大的作用。

读懂孩子再抚育 >>>

河南周口，一名8岁的小女孩张笑笑登上了热搜，她有感染力的笑容、略有迟疑却令人温暖的话语，感动了不少网友。小学开学后的第一顿饭，是蔬菜米饭和大虾，为了让孩子们吃上营养均衡的一顿午餐，校长专门做了拿手好菜。笑笑把米饭和另外的菜全部吃光，4只金黄的油焖虾却躺在餐盘右上角。当问起在家能不能吃到这样的饭菜时，笑笑害羞地摇了摇头，刘海还跟着左右晃动，"没有"。那为什么先吃炒菜和米饭，要把虾留着呢？笑笑露出一排小白牙，说她想一会儿再吃。已经白了头发的张校长，戳破了笑笑的"谎言"，女孩会把虾留起来带回家，给妈妈吃。

面对有限的物质，在满足自己需要的同时，是否能考虑到他人的需要，体现了善良度的不同。有的孩子在成长中经历过巨大的生存困难和波折，没有扎下善根，在未来的生存竞争中，不惜采用欺骗、伤害的手段来满足自己的需要。这就是人性中善恶底线不同。有的人无论遇到多大的困难，都能坚持自己的底线；有的人在获取利益时，可以不断冲破底线，为达到目的，不顾一切。

对于孩子来说，从小要让善良扎根。有善根的孩子，容易走得长远。孩子在刚开始通常都会有一定善根，小朋友之间相互帮助都是不求回报的，在外界环境的影响下，很多孩子的善根受到了伤害，逐渐变得冷漠了。作为家长，一定要保护好孩子的善根，提升孩子的善良底线，不要让孩子一味追求聪明，当善根深扎了，未来的聪明是水到渠成的事。若是一开始忽略善根，先让孩子聪明，提高智商，等将来再回过头扎善根，就为时已晚了。

然而，很多家长在抚育孩子时，都会忽略孩子的善根。

有两个小朋友回到家，发现自己养的小螃蟹，被父母煮了，端上了餐桌，两个兄弟非常伤心。父母还让孩子把蟹肉吃进去，还问孩子，"味道怎么样呀"。两个萌娃边吃边哭，哭得声嘶力竭，无奈地说，"香的味道"。类似这样的事情还有很多，比如孩子一直养的兔子被父母做成了一道菜，还有的家长，当着孩子的面，把孩子从小养到大的鸭子宰了，还拍成视频。家长在旁边笑得很开心，孩子在边上嗷嗷地哭，场面非常不和谐。

对此，中国青年报发文称，不经孩子同意就将孩子心爱的动物处理，不仅是不尊重孩子的表现，还会给孩子带来难以预估的影响，在其成长过程中发挥负面作用，成为难以治愈的"童年阴影"。

家长的这种行为没有考虑孩子的感受，更严重的是，这是对孩子善根的破坏。在他们眼里，孩子养的就是一盘菜，根本不是孩子的朋友；但在孩子眼里，家长对自己太残忍了，"吃我的朋友，还喊我一起吃"，这就会给孩子的心里种下一颗残忍的种子。很多孩子长大以后，对动物不友好，甚至虐待小动物，跟家长小时候的影响不无关系，孩子对生命的尊重，同情心、同理心的建立，是需要父母从小来感染的。都说父母是孩子最好的老师，家长的一句话，一个动作，孩子都看在眼里，记在心里，家长不能一口肉，磨灭了孩子对生命的热爱和尊重。毕竟在孩子眼里，那不是食物，而是孩子情感的寄托，是可以诉说心事的朋友。

当然，也有暖心家长的做法，令人点赞，比如孩子养的宠物兔子，因吃坏东西死了，爸爸就准备一个鞋盒，吹着唢呐，带女儿把兔子给埋了。再比如，女儿养的猫老去了，妈妈找了一个很像的小猫送给她。还有家里的宠物狗去世了，爸爸做了动画告诉孩子，狗去了天堂。父母的这些做法都会给孩子的心里种下一个善良的种子。

家长在抚育孩子时,如何让孩子深扎善根呢?

1. 中向型孩子扎善根

中向型孩子的善根,需要以植物界作为切入点,从小应该多与植物互动,例如家里养一些花,让中向型孩子负责打理。另外,中向型孩子体现善良的方式,主要是快乐分享,如果一个中向型孩子喜欢独玩,有玩具也不跟别人分享,这就是不善良的表现。对于这类孩子,要引导他在小伙伴中分享自己的快乐,带动大家的快乐,这样,中向型孩子的善良,就得到了抚育。

另外,让中向型孩子从小学会爱别人,这里的"别人"是指跟他有情感关系的人,而不是陌生人,如果你让一个中向型孩子对一个陌生人负责,他是找不到感觉的。这类孩子特别清楚如何对自己好,如果他想吃某个东西,或者想要某个玩具,他会想办法得到,而且让别人觉得很自然。中向型孩子很容易陶醉在自己的世界里,对别人的世界不主动干涉和侵犯,但是对别人的真正需要是不清楚的,也不愿意深入去想,所以往往难以与人深度链接,总是身近心远。让中向型孩子爱别人的最好方式是给他安排一个负责对象。中向型孩子平时很会关心人,如果给他安排一个孩子,让他关心、照顾对方,并帮助对方学习,既有利于孩子责任心的增强,也有利于孩子智能的开发,同时也有利于扎善根。

2. 内向型孩子扎善根

内向型孩子的善根,需要以矿物界作为切入点,从小应该多与大自然接触。例如,赤脚踩着地上的泥巴,呼吸着大自然的气息,如果内向型孩子从小特别讲究卫生,甚至有洁癖,则对他的未来是不利的。另外,内向型孩子体现善良的方式,主要是食物分享,如果一个内向型孩子，喜欢吃独食，不愿意跟别人分享自己的食物，自己有好吃的，生怕被别人发现，这就是不善良的表现。对于这类孩子，培养善良的首要方式，就是学会食物分享，有好吃的东西，不要一个人偷偷吃，让孩子明白，自己跟别人分享食物，别人也会跟自己分享，自己的幸福感是增加的。

另外，让内向型孩子从小学会爱自己，懂得对自己好，明白自己的需要，对于内向型孩子来说，只有会爱自己，才可能爱他人。这类孩子对人的需要往往缺乏感知，无论是自己的需要，还是别人的需要，他都不清楚。而且这类孩子的情绪常以悲思为主，经常会觉得委屈，总感觉外界对自己有亏欠，也不容易对别人主动奉献爱心，这也是不会爱自己的表现。当他学会对自己好以后，自然就会对别人好了，因为这类孩子往往内心善良，自己心里不委屈了，是很愿意帮助别人的，这样既生出了善根，也滋养了精神自我。

3. 外向型孩子扎善根

外向型孩子的善根，需要以动物界作为切入点，从小应该多与动物打交道，比如由他养个宠物等。另外，外向型孩子体现善良的方式，是不介意别人打扰自己的睡眠。如果一个外向型孩子正在睡觉，被别人叫醒了，就很不乐意，甚至大发脾气，就是善根浅的表现。对于这类孩子，扎善根的方式，就是突破睡眠干扰，虽然别人打扰了自己的睡眠，但别人并没有恶意，而是进行善意提醒，让孩子表示体谅和理解。

另外，让外向型孩子从小学会爱团队，把眼光放在集体上，才能让他的能量发挥最大作用。首先，这类孩子本身能量足，胆量大，先天具有担当的能力和勇气，很容易从小爱到大爱，但前提是适当的引导。其次，这类孩子虚荣心强，他之所以特别爱表现自己，就是为了满足自己的虚荣心，当他对团队有爱心时，就会得到大家的拥戴，自我获得了荣耀，也彰显了大价值，这样一来，虚荣心就发挥了正向作用，而且善良也扩大了。从另一个方面说，如果外向型孩子对集体缺乏爱心，就会在其他地方耗散自己的能量，因为这类孩子喜欢动不喜欢静，行动停不下来，如果对集体没有爱心和担当，就会容易欺负别人，比如拉帮结派、搞恶作剧等等，这样孩子的善根就难以深扎了。

第十三章 抚育孩子人格健康

13.1 认识孩子的多种人格

提起"人格",我们很容易想到这样的表达:"他的人格魅力彻底把我折服了","他做事如此极端,一定有人格缺陷"。我们总是习惯性地把"人格"挂在嘴边,可我们是否思考过,究竟什么是人格呢?截至目前,"人格"尚没有完整而统一的定义。

1. 人格是什么

人格,是支撑人的生命时空的基本结构格局,是人生能够和谐地生存、生活、发展的根基支撑。从这个层面讲,人格,就是一个人生命活动的导演,代表了人的行为准则、价值观念、人生策略。

传统认为,人格是一个人的存在方式,是人的性格、气质、态度、习惯及道德品质的总和,是个人的天赋与个性在社会群体中的人品价值体现。还有学者认为,人格是人对环境进行独特的适应过程中所具有的那些习惯系统的综合,它决定了人对环境适应的独特性。

从生命本底看待人格,会有全新的理解。人格是支撑人的生命时空的基本结构格局,是人生能够和谐地生存、生活、发展的根基支撑。从这个层面讲,人格,就是一个人生命活动的导演,代表了人的行为准则、价值观念、人生策略。

(1)人格是行为准则的集合

一个人在为人、做事、处世的时候,总是会遵循着某些原则或标准，例如，有人在人际关系中，总是先表现出对你的尊重，他的眼神、表情、语言、动作，都让你感觉到，他对你很友好，愿意接纳你展现的一切。有的人在与人相处时，总是先端正自己，对人非常礼貌，特别在意自己在人群中的形象。这就是行为准则的不同，把一个人的所有行为准则统合在一起，构成一个准则的集合，就是这个人的人格。

（2）人格是价值观念的综合

一个人在看待善恶、美丑、真假、男女、生死等问题时，都会有自己的观念。例如，有人认为，善良是第一位的，邪恶是不能接受的，每个人都应该首先体现自己的善良，哪怕你欺骗了对方，只要你的内心是善良的，初心是好的，就可以被接受。而有的人认为，善良不是第一位的，真诚才是第一位的，人有一点坏心思很正常，每个人都不完美，只要诚心相待就好，这就是价值观念的差异。把一个人的价值观念综合起来，构成一个价值观体系，就是这个人的人格。

（3）人格是人生策略的统合

一个人的生命活动，通常要经历大脑思考阶段、情感展现阶段、行动实现阶段。在思考阶段，会经历发现、判断、分析、筛选、统合、归纳、萃取过程，然后抽象出一个结果。在展现阶段，会经历理解、规划、互动过程，然后预演出一个水准。在实现阶段，会经历奔放的、流畅的、共享的过程，最后获得一个满意的成就。把以上过程统合起来，形成的系统策略，就是一个人的人格。

尽管不同的人对人格的理解有差异，但有一点是公认的，就是健全的人格有利于人的全面成长，也有利于家庭的和睦与社会的稳定。只有健全的人格，才能取得可持续的成就，享受持续的幸福人生。

2. "格"的三层含义

说人格，就要说到"格"，古代讲"格物致知"，认为"致知在格物，物格而后知至"，这里的格物，就是进行一种测量、衡量、鉴定、考察、探究。我们讲人格，反过来说，也是"格"人，就是用全新、全面的视角，探究人的属性、特质、生命原理及生命规律。从这个角度说，人格的"格"有三层含义。

（1）格局、格调

"格"本义是树木的长枝条，引申为格子、架子，如"五格的书架"。人的格架，代表的就是人的格局、格调。这里的格局有空间格局和时间格局。有的人看问题很全面，能用更大的视野观察事物，也可以从不同的角度分析，他的观察范围、思维框架、认知领域都比别人广阔，我们说这个人的格局大，格调高，这是空间格局。有的人看问题不局限于眼前，既能往前看到历史，看到祖辈，也能往后看到未来，看到后代，我们说这个人目光长远，这是人的时间格局。一个人的空间格局与时间格局，构成了他人格的格架。

（2）规范、标准

人格有了格架，人的行为就不容易出格，要让人的情绪、欲望等都约束在自己的"格"里，就需一定的标准和规范，这就是"格"的第二层含义。不同人格的人，对自己要求的标准和规范差别很大，这也反映了一个人的底线和上线差异。

著名导演和演员吴京被采访时提到，"我的底线比有些人的理想还高"，在拍摄《战狼2》时，短短十几分钟的潜水镜头，为了效果更逼真，找到最佳拍摄视角，他跳水跳了十几次，在水里泡了13个小时没有上来，饿了就啃馒头，只为最好效果，难怪网友们送了他一句话："我们敬你是真汉子。"

（3）衡量、印证

人格有了规范，就要有度量的尺子，就像量长度的尺子，称重量的秤和秤砣，"格"就是测量人的度量衡，这是"格"的第三层含义。人格度量衡，测量的是人的格局与品格，人格是高尚还是低俗，是伟大还是渺小，一量便知。从格局上测，可以看出这个人的格局是高深还是浅薄，是宽广还是狭隘，是长远还是短暂；从规范上测，可以看出这个人是严于律己，宽以待人，还是宽于律己，严以待人。

3. 人格，不同于性格

人格，指人与生俱来的自然属性，经过后天的抚育逐步健全，并与社会属性相统合。所谓"三岁看大，七岁看老"、"江山易改，本性难移"等，说的就是人格。人格类似于人的气质类型，但气质类型学说只简单阐述了不同类型人的一些外在表现，并没有揭示人的本质诉求，因此，现实意义和本质意义不明确。

性格，是一个人在人格基础上的外化表现，是人在后天环境中改造自己而成的社会属性。瑞士心理学家荣格将人粗略地分为内倾型和外倾型，美国心理学家根据人类行为语言，把人分为谨慎型、稳健型、支配型、影响型，分析了人从内到外的正常情绪反应。性格色彩说，把人的性格分为红色性格、蓝色性格、黄色性格、绿色性格，以上都是对人性格的研究。

本底上说，性格是人格的情感表达，是以情感系统为主题的表达标准，是处理与性情、性别、性爱有关的人事物的习性。说一个人性格好，就是说自己在处理性情、男女、性爱的关系中，能够协调并举，不是你输我赢，或者两败俱伤。进一步说，人的脾气好不好与自控能力强弱是性格表现出来的,而人的价值观念正不正与评判预估准不准是人格主导的,性格具有与人为善的处理事态的能力,人格具有辨认评判与处理事理的能力。

准确地说,人格与性格并不是完全割裂的,性格是由人格决定的,人格是所有性格表现中,最本质的性格,当人格与性格统一时,人的生命状态是顺畅的,和谐的,当二者不能相互协调时,就会出现"性格扭曲"、"人格分裂"等等。

单从性格来说,人的性格完全属于某一类型是很少的,实际上,每一个人的性格几乎都是混合型的,但是人的本质性格(人格)只有一个。这就好比"桌子就是桌子,木头就是木头,钢铁就是钢铁一样"。你对材料进行加工和改造,使人无法识别出来,但是它的本质是不会改变的,若脱去它的伪装,就会露出原本的面貌。人的本质也是一样的,无论人的性格多么复杂,其本质性格只会掩盖、只会隐藏、只会避免,但是不会发生"质"的改变。人在现实中生活,因为生存的需要而不得不"改变"自己的性格,但那并不是其本质。通常人性格中最本质的一面并不会轻易体现出来。所以,我们常常说:知人知面不知心。

总的来说,人就是人格与性格的统一体,抚育人格健康,就是让人格与性格相互协调统一,相互配合,发挥人该有的作用。

4. 人格差异化认识

不同的人,在思维、情绪、行为上有很大差异,本底上,是人格的差异,有的人品性高洁,人格是高尚的,有的人思维立体,人格是健全的,有的人具有多重人格,人格是分裂的,也有的人,人格存在很大缺陷,正是人格上的这些差异,造就了人生百态。

（1）人格高尚

高尚的人格具有高洁的品性和良好的品格，能够让小我服从大我，处处为他人着想。自古以来，有很多诗词名言在歌颂人格的高尚，例如"达则兼济天下，穷则独善其身"，"老吾老以及人之老，幼吾幼以及人之幼"，"先天下之忧而忧，后天下之乐而乐"，是人格中的家国情怀。"出淤泥而不染，濯清涟而不妖"，"洛阳亲友如相问，一片冰心在玉壶"，"大雪压青松，青松挺且直。要知松高洁，待到雪化时"，是人格中对自我的坚守。

（2）人格健全

健全的人格是指人格的结构完整，功能正常，作用高效，结构、功能、作用是人格的三大要素，结构完整是人格的空间结构具有全面性，时间结构具有全程性。比如考虑问题时，思维高深、宽广、长远，不计较一时得失。功能正常是自己在内外关系中，都能保持和谐状态，即能够与自己相处，与他人相处，与环境相处。作用有效，是自己的行为都在人格的"格"里，让情绪、欲望都能发挥正向作用，最终让自己成为自己。

（3）人格魅力

传统认为，人格魅力是性格、气质、能力、道德品质等方面具有很吸引人的力量。具体的表现有哪些呢？从格局上说，胸怀宽广，能做到全面兼容，和而不同；行为准则方面，能做到严于律己，宽以待人，"以责人之心责己，以待己之心待人"；价值观念方面，用善意拥抱世界，坚守奉献的心态，坚持正直、正派；人生策略方面，充满智慧，能帮人解决难题，还能帮人启迪灵感。除此之外，我们对人格魅力的印象，还有担当、胆识、沉稳、细心等，当然，我们不可能期待所有美好的素养都在一个人身上体现，当一个人在坚守自我的基础上，能有某几个闪光点，就已经具有人格魅力了。当然，人格魅力，是以人格结构完整为前提的，人格结构不完整的人，很难可持续保持自己的人格魅力，人设崩塌皆源于此。

（4）人格分裂

人格分裂，又叫多重人格障碍，是一种个体身上存在两种或两种以上的不同身份或人格状态的精神障碍。本质上讲，人格的分裂就是自我的分裂，即没有建立独立完整的自我，好像是自己在跟自己打架，自己跟自己过不去，自己否定自己，其实那个所谓的"自己"，并不是真正的自己，只是外界的反应映射到身上的"假自己"，当外界出现不同反应时，你无法判断哪里是对的，哪里是合理的，于是产生了自我矛盾，因此，解决人格分裂，关键是唤醒真实的自我。

（5）人格缺陷

人格缺陷主要体现为结构上的缺陷，当人格结构有缺陷时，人格的功能必然难以发挥正常作用。如果是空间结构缺陷，就会在与某一类人或某几类人相处时，出现巨大冲突，矛盾难以调解；如果是时间结构缺陷，就会缺乏人生的节奏感，该抓机会的时候，错失良机，不该出手的时候，却忍不住消耗自己。

5. 人格的特色纷呈

人格进入人际关系领域，会呈现出各种各样的特色，有的人在与人相处时，总是先为他人考虑，满足别人的需求，这称之为利他人格；有的人很清楚自己的需要，从不会委屈了自己，这称之为悦己人格；有的人在逆境中非常坚强，并能用自己的创造力穿越逆境，这称之为纳逆人格。有的人可能同时具备好几种人格特色，人格有了特色，人生才更加灿烂多彩。

（1）悦己人格

具备这种人格特色的人对自己的需求非常清晰，并能用恰当的方式满足自己的需要。"知道自己的需要"，看上去是一种人人本该拥有的能力，但实际上，有太多的人，并不清楚自己的需要是什么。身体层面，能随时感受自己的变化，捕捉到疾病萌芽时释放的信号，然后调整自己的习惯，维护身体的健康。心理层面，懂得取悦自己，能够用适合自己的方式疏导情绪，不会自我封闭。精神层面，知道如何活出真实的自我，有自己独立的见解，不做别人的附庸，不会为了讨好别人而出卖自己的灵魂。

（2）利他人格

"人家帮我，永志不忘；我帮人家，莫记心上不忘。"这是著名数学家华罗庚的人生格言，这充分体现了他的利他人格，具备这种利他人格的人，习惯先人后己，比如"孔融让梨"的故事，就是利他人格的体现。利他人格在人群中更容易受到大家的欢迎，这类人格不会为了自己的利益而出卖别人的利益，也不会为了赢得一个人的信任，而出卖另外一个人。真正的利他人格与人相处时，不是一种奴性的依附关系，而是通过帮助别人来成就自己，帮别人解决了问题，自己的问题也自然解决了。从更深层面说，高级的利他人格会懂得别人的核心需求，不会停留在表面，比如，对方心情不好时，一般人会想着如何哄对方开心，智慧的人会发掘对方心情不好的根源，从根本上化解对方的烦闷。这就是很多人认为的别人的需要，并不一定是别人真正的需要，只有把自己的善根扎在对方的生命里，而不是情感里，才能真正实现利他。

（3）益咱人格

益咱人格，即面对一件事，考虑不仅仅是我方利益或他方利益，而是咱方利益，并思考怎样对事件的发展更有利，这样的人格，也称为大我人格。就像一位高中生分享到，"作为当代青少年，我们的人际交往不仅要有生活，更要有集体主义，要有理想和担当，既看到小我，也考虑大我，才能形成正确的人际关系"。这就是对益咱人格的诠释，一个具有益咱人格的孩子，才能在未来实现人生价值的同时，还能彰显出高尚的品质，无愧于生命的可贵。

（4）纳异人格

具备这种人格特色的人往往拥有兼容精神，异，代表不同，纳异，即接纳不同的喜好，不同的见解，不同的立场。自己喜欢热闹，面对喜欢安静的人，会尊重对方，尽可能不打扰到对方。自己跟对方观点不一致时，能够用心倾听别人的表达，从中获得有价值的信息，让自己更完善。自己跟对方不在同一个立场时，依然能够吸取对方的长处，历史上有很多惺惺相惜的对手，都是这种人格特色。纳异人格的另一个特色是启发灵感。灵感始于纳异，有了纳异特色，就会有源源不断的创意，就不会灵感枯竭。总之，有了纳异，就会让自己的人生之路更加广阔。

（5）纳逆人格

具备这种人格特色的人拥有强大的生存能力，在不利于自己的环境中依然能够脱颖而出。这里的逆，既指逆言，也指逆境。我们常说"忠言逆耳利于行"，但真正面对逆言的时候，依然会很上头，很容易挑动情绪。接纳逆言，能够帮自己补缺，能让自己保持清醒的头脑。历史上有名的接纳逆言，莫过于李世民接纳魏征的谏言，其中的

"谏太宗十思疏"流传至今，被人称道。从真相上说，聪耳聆诉真，病耳听赞音，聪慧的人是喜欢听真话的。另外，接纳逆境，是纳逆特色的另一种体现，面对逆境，能够逆流而上，面对困难，能够知难而问，迎难而进，面对矛盾，不掩盖，不逃避，让矛盾成为发展的契机，用自己的创造力去化解。

（6）纳敌人格

具备这种人格特色的人拥有超常的开拓能力，能让自己的天地越来越广阔。这里的敌，既指政敌，也指情敌。面对政敌，不会想着一味打到对方，而是能够找到双方的契合点，或者用自己的境界让对方心服口服。三国时的诸葛亮七擒孟获，就是典型纳敌体现，并从纳敌走向了化敌。面对情敌，即感情中的对手，能够把关注点放在对方的生命需要上，让情敌成为命友。在纳敌方面，中国文化一直提倡"和而不同"，这是中华民族与对手相处的高明智慧。传统上说，"冤家宜解不宜结"，也是纳敌的体现。

不同的人格，彰显着不同的生命特色，在健康人格的底盘上，孩子才能收获属于自己的美好未来。因为人格健康的孩子，才能全面地认知自己和环境，才能自发地调整和修复自己，才有可能调动自身内在的力量，成为那个最好的自己！只有青少年人格健康，才能为他自身打下坚实良好的人间基础；才能为家庭构建和谐幸福的港湾；只有一代代青少年人格健康，才能为国家为民族铸就强大而光明的未来！

13.2 家长对孩子人格健康的伤害

> 连命型爱，导致孩子茫然的恋，伤害纳逆人格。
> 娇纵型爱，导致孩子茫然的骗，伤害利他人格。
> 偏宠型爱，导致孩子茫然的嫌，伤害益咱人格。
> 遥控型爱，导致孩子茫然的怨，伤害悦己人格。
> 蛮横型爱，导致孩子茫然的叛，伤害纳异人格。
> 虚空型爱，导致孩子茫然的厌，伤害纳敌人格。

家长不经意的一些习惯，可能已经伤害到了孩子的人格。同样是给孩子的爱，有些爱，是对孩子的滋养和助力，而有一些爱，却会成为伤害。在家庭抚育中，有六种常见的爱，会对孩子的人格健康造成不同程度的伤害。

连命型爱，导致孩子的恋，伤害纳逆人格；娇纵型爱，导致孩子的骗，伤害利他人格；偏宠型爱，导致孩子的嫌，伤害益咱人格；遥控型爱，导致孩子的怨，伤害悦己人格；蛮横型爱，导致孩子的叛，伤害纳异人格；虚空型爱，导致孩子的厌，伤害纳敌人格。

如何判断家长对孩子有错爱呢？家长对孩子的爱属于哪种类型，不是自己来评判的，而是由孩子来检验，检验的标准就是恋、骗、嫌、怨、叛、厌这六个字，孩子对你是哪一种感觉，你的爱就对应哪一种类型。例如，孩子骗家长，属于骄纵型，如果家长对孩子娇惯纵容，孩子一定会骗你；孩子怨家长，属于遥控型；孩子嫌家长，属于偏宠型，以此类推。

1. 连命型爱

连命型的父母，把自己的生命与孩子的生命紧密连在一起，甚至把孩子当成自己的全部，比如有母亲坦言，"要是没有孩子，我不知道该怎么活，我的整个世界都是孩子"。这样的父母对孩子是倾其所有，甚至为了孩子能牺牲自己的幸福，可谓爱之深切，但也会让孩子感到爱之重难以承受，甚至会有窒息感。这样的父母，眼里只有孩子，却没有自己，感觉自己就是为孩子而活的，但是这样的爱，真的对孩子好吗？

连命型的爱，让孩子对父母恋得茫然，恋得纠结，恋得无法自拔，当有一天孩子想要独立生活时，突然发现已经离不开父母了，亲子之间的生命紧紧连在一起，孩子一方面被爱得窒息，另一方面又无法挣脱，以至于不愿意挣脱，就变成扭曲的恋了。

在这种爱的环境中长大的孩子，难以建立纳逆人格。父母不想让孩子经历逆境，不想让孩子劳累，不愿意看到孩子吃一点苦头，孩子就像温室里的花一样，没有经历过风吹雨打，也没有抗挫折能力。父母看似把未来的东西都给孩子准备好了，而当孩子有一天走向社会时，发现自己毫无生存能力，并且心理脆弱，无法承受任何打击，稍微听到一些逆言逆语，就感觉想要崩溃，不知道如何面对，而且看不到自己的前途在哪里。

2. 娇纵型爱

娇纵型的父母，对孩子有明显地娇惯纵容。这种爱最大的特点就是几乎满足孩子的一切需求，不知道如何拒绝孩子，哪怕孩子的要求是不合理的，只要提出来，他也会尽力满足；如果孩子闯祸了，他也会帮孩子摆平，问题是帮孩子摆平之后，他不考虑如何让孩子获得改变，只考虑孩子有没有受到损害，于是孩子变得更加肆无忌惮。这样的父母，不想让孩子承担应有的责任，久而久之，孩子也不愿意承担责任了，心里想的是，"反正有爸妈呢"，完全一副无所谓的样子，也不懂得如何替别人考虑。

晚清首富盛怀宣，给儿子盛恩颐留下偌大家业，儿子中年继承家业，一晚上输掉百栋楼，晚年却饿死家门房。这是典型的骄纵型父母给孩子造成的结果。

盛怀宣是继胡雪岩之后的新首富，被誉为"中国实业之父""中国商父"，他一生创造的"中国第一"达11项之多。儿子盛恩颐是口含金钥匙出生的，就连名字都是慈禧太后给取的。因而，盛恩颐一出生就深得盛怀宣喜爱，成长之路光环闪耀，父亲是当朝首富，岳父是国务总理孙宝琦，本人留学英美，母亲庄夫人是盛府的掌门人。然而，他并没如父亲想象中的那样，能把家业发扬光广，而是很快就给败光了。父亲去世之后，盛恩颐开始放任自己，白天都在睡觉，晚上就开始流连于赌场，人称民国第一花花公子，曾经一个晚上把上海一百栋楼输给了当时浙江督军卢永祥的儿子卢筱嘉。一旦赌输了钱，就让佣人把家里的古董往当铺送。到抗战胜利前，盛恩颐分到手的家业基本上就败空了。抗战后的盛恩颐已非常穷困。

盛恩颐就是在骄纵型爱的环境下长大的，他没有为自己负责的能力，也葬送了未来的财富，最后仅剩几间盛家的老房子，一个只延续了不到两代的创富传奇，不禁令人遗憾。

骄纵型的爱，让孩子难以建立利他人格，在这种爱的环境中长大的孩子，缺乏规则意识，也缺失了约束自己的底线，为了达到自己的目的，很容易把欺骗当成常用手段，不顾及他人的感受。他考虑的永远都是自己当下的需求，与别人相处，总是会想方设法从对方身上索取利益，而不知道该如何为他人付出，虽然当下的需求得到满足了，但从长远来看，他是无法积累更多财富的。

3. 偏宠型爱

偏宠型的父母，会给孩子一种独特的关爱，让孩子在不一样的宠爱中产生优越感。父母对孩子的心态是，总想让孩子得到的爱再多一点，再好一点，总觉得孩子跟别人相比，得到的待遇不够高，怕孩子在别人面前受委屈，别的孩子有的，自己的孩子也要有，别的孩子没有的，也要尽量为孩子争取。这种看似给了孩子更多的关爱，实际上会给孩子一种错误的认知，认为自己得到特殊待遇是理所当然的，将来很容易产生特权意识。

偏宠型的爱，让孩子难以建立益咱人格，孩子在特殊待遇的享受中习惯了与别人不同，眼里看不到集体的需求，只有小我思维，没有大我思维，结果是集体利益被损害了，自己的利益也无法得到持续保障。而且孩子还会嫌弃自己的父母，父母越想给孩子更多，孩子越不稀罕，父母也会感到很无奈。

4. 遥控型爱

遥控型的父母，总想把孩子的行为控制在自己的手中，有的父母不仅控制孩子的行为，还要控制孩子的精神。主要原因是父母担心孩子自身的能力无法适应自身的机遇，当机遇来临的时候，孩子会错过，于是就把自己的判断强加在孩子身上，让孩子听从自己的安排，同时还要监控孩子的言行。

遥控型的爱，让孩子难以建立悦己人格，而且对父母有很大怨气，孩子一直在父母的控制下生活，总是按照父母的要求做事，难以建立独立自我。例如，孩子学习出现了迷茫，不知道为什么学习，自己感受到的就是，"我妈希望我好好学习，学习可以使我妈快乐"，其实孩子内心是有怨气的，他感受不到自己的真实需求，找不到实践的方向。遥控型的爱，很容易让孩子出现"空心"现象，即自己内在的精神缺失了，不知道该如何对自己好，也不知道自己的未来在哪里。

5. 蛮横型爱

蛮横型的父母，总是把自己的观念强加在孩子身上，不考虑孩子真正的需要，自己认为好的东西，就认为孩子也需要，结果往往适得其反。这就像老虎爱吃肉，兔子爱吃草，老虎把自己爱吃的肉给了兔子，结果却害了兔子。家长总会认为，自己走过的桥比孩子走过的路还多，自己的经验，就是孩子的财富，但随着时代发展，父母的很多经验是过时的，并不适合孩子当下的需要。另一个原因是父母自身的支配欲想要得到满足，如果孩子不听自己的，自己就会感觉很没面子，在孩子面前失去了威严，于是才会强迫孩子按照自己的想法做事，就是常看到的"牛不喝水强按头"。

蛮横型的爱，让孩子难以建立纳异人格，而且很容易引起孩子强烈的反叛，在这样的氛围中，孩子的注意力会集中在如何对抗父母的专制上，结果是只要父母想要孩子做什么，孩子就本能排斥，无论对错，都在内心否定。孩子在这种对抗下形成了一种习惯，将来遇到其他人，只要与他意见不一致，他就很难接受对方，导致自己的思维越来越狭隘，无法与别人碰撞灵感，创力底下。

6. 虚空型爱

虚空型的父母，给人一种不够踏实的感觉，父母想对孩子好，有一颗善良的心，但是缺少智慧和方法，具体去做的时候，总是事倍功半,甚至适得其反。其实不是父母不想做好,而是他自己也不知道怎么做更好。于是在孩子面前非常苦恼,心中常想,我到底哪里错了呢?我到底该怎么做才好呢?孩子为什么就不理解我呢?

虚空型的爱,让孩子难以建立纳敌人格,也会引起孩子对父母的讨厌。父母在抚育孩子时缺少方法,孩子对父母很失望,虽然自己也在成长,但自身的实质性能力并没有因父母而得到提升,将来遇到人生困难时,不知道如何采取更好的方法解决,尤其是遇到对手,更不知道如何更好应对,也很难接纳对方。

以上六种爱,是家长经常会出现的错爱方式,当然,这几种爱的方式并不是相互割裂的,就像每个孩子的人格类型并不是单一的,有的父母可能会有多种错爱,给孩子造成的人格伤害也更多。我们希望父母能调整好自己的抚育方式,避免因错爱而伤害孩子的人格健康,让孩子能够以受欢迎的状态,生活在人群中。

13.3 如何抚育孩子健康人格

家长希望孩子走到哪里,就把美好带到哪里,在人群中是一个受欢迎的人,孩子既懂得对自己好,也知道对别人好,还想着对大家好。这就需要孩子拥有健康的人格,而健康的人格包括悦己人格,利他人格,益咱人格,纳异人格,纳逆人格,纳敌人格。如果孩子不具备这些人格,就可能出现人格缺陷,无法在人群中与大家可持续相处。如何才能让孩子拥有健康的人格,避免人格缺陷呢?下面给大家一些建议,供父母参考。

1. 抚育悦己人格

一个真正爱自己的人才能真正爱别人。因此,父母教导孩子学会爱自己，比接受他人的爱更重要。悦己人格是指孩子拥有爱自己的能力，知道如何对自己好。

那么，什么是真正爱自己呢？是每顿饭都吃好的，每件衣服都是名牌吗？是开豪车住别墅吗？是拥有赚钱的能力吗？这些的确可以满足外在需求，追求它们并没有错，但真正的爱自己，是基于生命的真实需求。生命由肉体、情体和慧体组成，所以爱自己就是要对自己的三个方面好，即对自己的肉体好、情体好和慧体好。

让孩子对自己的肉体好，不仅是追求美食和外貌，更关键的是要保持肉体健康，懂得爱护自己的身体。不为了风度忽视温度，物质营养应满足身体健康的需要，而不只是口感的满足。此外，还要培养孩子良好的行为习惯，与人相处时行为得体，让自己和他人都感到舒适。

让孩子对自己的情体好，一方面要保持稳定心态，培养内在的从容和冷静，不管面对何种情况都能从容不迫。另一方面，要懂得疏导情绪、取悦自己，不能依赖别人的正向反馈来获得快乐。要学会自我疗愈，有应对伤心时的方式和化解压力的能力。同时，培养美好的心灵，一颗美好的心灵是一剂没有副作用的良药，可以治愈自己，也能感染他人。

让孩子对自己的慧体好，建立独立的自我，保持思想独立。孩子的想法可以不完美，但要有自己的观点和思考。家长可以纠正孩子思维的漏洞，但不能代替孩子去思考。家长可以与孩子碰撞灵感，但不能阻碍孩子的灵感释放。孩子的慧体完整而独立，懂得对自己好，才能正确判断，根据实际需要调整方法。

当孩子懂得对自己的肉体、情体和慧体好，他的悦己人格就完善了。未来，他将用这样的悦己人格去创造属于自己的幸福。

2. 抚育利他人格

在人群中，孩子的利他人格至关重要。如果你能时刻替别人考虑，知道如何满足对方的需要，就能赢得他人的接纳。毕竟，没有人愿意和一个只会索取的人打交道。但是，对别人好并不意味着要牺牲自己的利益。和谐的关系是共赢的结果，就像一种美好的出现，不会破坏另一种美好的存在，一个人的成功并不是建立在别人的失败之上，同样，自己的快乐也不能建立在别人的痛苦之上。

在家庭抚育中，培养孩子的利他人格可以从小事做起。首先，让孩子树立规则意识，不要纵容孩子。让孩子明白，尊重规则就是尊重别人，也是对自己的尊重，只有善待他人，才能获得更好的待遇。生活中的规则是孩子教养的体现，家长要提前让孩子养成良好的习惯，这些习惯会成为孩子行为的本能，让他在与人交往时不容易出错。缺乏规则意识的孩子可能会与人相处困难，不受欢迎。随着慢慢成长，孩子对规则的理解会从被要求到主动自我要求，这种规则意识的完善有助于孩子建立利他人格。

3. 抚育益咱人格

孩子懂得考虑集体的利益，才会有更大的责任担当，未来才可能有更大的人生成就，并得到更多人的尊重，这就是孩子的益咱人格。建立益咱人格的关键是扩大孩子的格局，比如，在考虑事情的时候，要顾及到所有参与者的需求，对每个人都能有所交代，不能偏袒一方。而且还要考虑到过去、现在和未来的变化。有了这种思维格局，孩子的生命价值也能得到最大化发挥。

家长在抚育孩子的益咱人格时，自身的心境也需要改变。比如，你感觉自己的孩子只属于家庭吗？如果认为孩子只属于家庭，那么孩子就是由父母来抚养的；如果认为孩子还属于民族或国家，孩子就能被时代成就；认为孩子属于世界，孩子就会由万物滋养。你认为孩子属于谁，你就会用谁的资源支持他。当你的眼睛离开课本，放眼时空，想象生命的全程，你会发现，整个自然生态，都可以给孩子加持能量，孩子因父母而来，应该为世界而去。

就像美国诗人纪伯伦在《致孩子》所说，"你的孩子，其实不是你的孩子，他们是生命对于自身渴望而诞生的孩子，他们通过你来到这个世界，却非因你而来，他们在你身旁，却并不属于你……你是弓，儿女是从你那里射出的箭，弓箭手望着未来之路上的箭靶，他用尽力气将你拉开，使他的箭射得又快又远，怀着快乐的心情，在弓箭手的手中弯曲吧，因为他爱一路飞翔的箭"。

很多父母爱孩子，会偏宠孩子，忽略了孩子未来还有更广阔的空间需要去探索，还有更多的责任需要去担当。孩子有了益咱人格，从小我变成大我，才能走好未来这些路，才跟走得更高更远。

4. 抚育纳异人格

纳异人格可以帮助孩子完善自己的不足，纳异包括接纳不同性格的人，接纳不同的见解想法，也包括接纳不同人的追求。如果缺乏纳异人格，孩子就会出现想法片面、视野狭窄，看不见更真实的自己。很多时候，自己的不足和缺失，是需要别人提醒和帮助的，若纳异心不足，不能接纳不同的声音，别人就无法帮助自己补缺，自己就很难获得真正的提升。

父母帮助孩子建立纳异人格，先要扩展孩子的胸怀，要有一颗包容之心，不要感觉自己不喜欢的就是不好的，虽然自己不喜欢，但他的存在也有他的价值，即使自己现在不需要，说不定将来会需要。另外，让孩子把关注点放在自我提升上，不要因别人的否定而产生排斥情绪，那是自己提升和完善的机会。除此之外，家长多给孩子提供团队配合的机会，比如孩子跟小伙伴在一起参加活动，需要多人配合才能完成一个共同的目标，有了这样的体验，孩子就能认识到，自己的作用是有限的，接纳了不同的人，才能创造更大价值，这非常有利于孩子建立纳异人格。

5. 抚育纳逆人格

孩子的成长永远是在逆境和顺境的交替中进行的，不可能永远都是顺境，孩子建立纳逆人格，懂得如何面对逆境，对未来成长和超越自我非常重要。

很多家长为了让孩子满意，就一直给孩子顺境，孩子提的要求，尽可能全部满足，孩子不想做的事一定不让他去做，孩子想买什么东西，从来不知道拒绝。当别人来劝的时候，家长又说，"不给他买他就哭闹"。就这样，孩子养成了一个只能接受顺境的本能，等到将来不可避免地逆境来临的时候，孩子就受不了了，要崩溃了，这就非常不利于孩子建立纳逆人格。

3岁小男孩倒了两杯果汁，然后一手拿一杯，边走边说，"一杯是我的"。话音刚落，其中一杯不小心摔到了地上，果汁也撒了出来，小男孩本能反应了一句，"我要先清理一下"，然后拿毛巾擦拭地板，接着就重新倒一杯，嘴里说，"这次我不会撒了"。倒好之后，端着两个杯子没走多远，脚下一滑，摔倒在地，两杯果汁全撒了。小男孩淡定地起身，说，"太滑了，我要再清理一下"，然后边清理边说，"生活就是如此"。

抚育孩子的纳逆人格，要让孩子从小就养成笑对逆境的习惯，让孩子感受到，被拒绝是很正常的，遇到困难也是很正常的，未来还可能会遇到更大的困难，而且还会有更多人对你拒绝，不能因为遇到逆境就消极退缩，要学会在逆境中开启创造力，让自己获得更大的突破。

6. 抚育纳敌人格

纳敌人格，体现的是与敌对方相处的能力，具备纳敌人格的人，都有一定的智慧和远见。小成功靠朋友，大成功靠对手，一个人想要取得大成就，一定会遇到各种各样的对手，学会与对手相处，建立纳敌人格，是获得人生辉煌的关键，一个人得到朋友的认可并不奇怪，能够令对手敬佩你，才是真豪迈。

家长抚育孩子的纳敌人格，要知道孩子心智磨炼的重要性，很多孩子最受不了别人利用自己，比如突然发现小伙伴利用自己了，就火冒三丈，从此不想跟对方相处了，朋友瞬间变成了敌人。而家长要让孩子明白，利用你的那个人，是为了开发你智慧的，他是可以提升你的，他让你更加看清了自己，让你更加清醒，你应该感谢他才对。聪明的人对对手严防死守，而智慧的人，则可以把对手变成助自己成功的贵人。

历史上的大文豪苏东坡，就有着令人敬佩的纳敌人格。苏轼的一生，遇到了很多对手，但对每一个对手，他都能做到不计前嫌，坦然处之。苏轼被贬到惠州时，生活非常快活，当时的宰相章惇，看不下去了，又把苏轼贬到了儋州，三年之后，遇大赦返回中原。他在返程渡海时，写下了著名诗句，"九死南荒吾不恨，兹游奇绝冠平生"。虽然九死一生，但他一点儿也不遗憾，这次远游是平生最奇绝的经历，心中没有怨恨任何人。但曾经贬他的章惇很紧张，当时章惇已经下台，担心苏轼会报复他，于是托儿子给苏东坡写信求情，希望得到原谅。苏轼接到信后，马上回信说，"你父亲从来就没有对不起我，我们一直是好朋友，叫他安心养病"。苏轼对待对手的态度，反映了他豁达的心胸，他的这种纳敌人格，也值得给孩子树立榜样。

13.4 抚育人格的三大原则

> 连续性原则，有助于利他人格和纳逆人格建立。
> 完整性原则，有助于纳异人格和益咱人格建立。
> 乐活性原则，有助于悦己人格和纳敌人格建立。

抚育孩子的健康人格，是一个长期的过程，在这个过程中，会经历很多曲折，会遇到对抗和不理解，但家长的初心是为了给孩子的美好未来奠定基础，在这个背景下，坚守好自己的抚育原则，就能够帮孩子把健康人格完善起来。

具体原则有三个方面，包括连续原则、完整原则、乐活原则。其中连续原则有助于利他人格和纳逆人格建立，完整原则有助于纳异人格和益咱人格建立，乐活原则有助于悦己人格和纳敌人格建立。

1. 连续性原则

连续性原则，是建立利他人格和纳逆人格的重要保障。利他人格可以让孩子与身边的人可持续相处，获得长远的缘分；纳逆人格有助于孩子获得自我突破，为将来的更大发展奠定基础。而遵循连续性原则抚育孩子，正是满足了这两种人格建设的条件。

家长首先要理解连续性原则的重要性，在生命的连续性原则中，要意识到生命是一个持续的链条。从远处看，上一代和下一代之间存在能量和信息的传递和链接。从近处看，一个人的一生由多个阶段组成，从少年到青年，从中年到老年，这些阶段相互衔接，关联紧密。每个阶段的需求都不同，而且时代背景也不同。

在孩子的抚育中，我们应该以孩子未来的幸福为导向来确定现在的抚育方式，而不是用家长的抚育方式来限制孩子的未来。遵循连续性原则，是为了孩子的生命持续发展，使其能够实现全方位的可持续发展，包括成就的可持续性、待遇的可持续性和幸福的可持续性。我们不能为了满足二十岁时的需求而忽视四十岁的背景，也不能透支六十岁时的幸福。

家长意识到连续性的重要性，就会站在孩子未来的角度去看待孩子的当下，发现孩子需要补缺的地方。比如，孩子没有形成利他人格，对未来的持续发展是不利的，孩子没有形成纳逆人格，将来遇到挫折也会缺乏应对措施。这样家长就自然把注意力投入在了孩子的人格建设上来。

2. 完整性原则

完整性原则，是建立纳异人格和益咱人格的重要保障。纳异人格可以让孩子的智慧更全面，思维更深刻；益咱人格可以让孩子的格局更宏大，人生更圆满。而遵循完整性原则抚育孩子，正是满足了这两种人格建设的条件。

家长先要理解完整性对孩子生命的意义，孩子本来是不完整的，要想走向完整，就要融合他人智慧，接纳不同的认知，这将使他们的智慧生命更加完整。有人说："阻碍个人发展的，不是无知和弱小，而是自大与傲慢。"每个人都不是完美的，都有自己的短处和缺陷，因此都需要别人的补充和支持。

作为父母，我们将孩子引入这个世界，对孩子最大的爱就是让他们生活在活生生的人群中。我们可以将孩子引入各种数理知识的世界，引入音乐、棋艺、书法和绘画的世界，还可以引入他们感兴趣的领域。最重要的是，将孩子引入人群的世界，将他们这颗生命之种放置在人群中，这样孩子的生命才可能逐渐走向完整。

家长站在完整性的角度去看待孩子，瞄着生命的完整去抚育孩子的人格，就会自然地帮孩子建立并完善纳异人格和益咱人格，把孩子不断带到新的人生高度。

3. 乐活性原则

乐活性原则，是建立悦己人格和纳敌人格的重要保障。悦己人格是让孩子学会对自己好，自己主动去创造并收获幸福；纳敌人格是让孩子扩展心胸，笑对挑战，用豁达的心态与对手相处。而遵循乐活性原则抚育孩子，正是满足了这两种人格建设的条件。

家长要明白乐活原则对孩子当下成长及未来的重要性。乐活原则强调鼓励孩子过快乐的生活，不剥夺他们应有的快乐，让他们感受到人生的美好和价值。如果家长遵循了乐活原则，就会意识到，快乐是孩子们天生的权利，作为家长，我们应该尊重并满足他们的快乐需求，让他们在快乐中茁壮成长。

家长从乐活性原则上再来看待孩子，会发现孩子在乐活状态下会绽放出更加精彩的光芒，孩子有了快乐生活的基调，自然就知道如何对自己好，悦己人格就容易形成了。孩子有豁达的心态，将来遇到对手，就更加坦然，进而启动智慧，让对手从另一个方向为自己助力，于是纳敌人格也容易形成了。

遵循三大原则抚育孩子的人格，即符合孩子的天性所需，也满足孩子后天的成长条件，家长应该让孩子在连续中走向自立，在完整中走向自省，在乐活中走向自律，从而形成健康的人格。

第十四章　抚育孩子性别健康

14.1 男生和女生的性命之别

生命是什么？精子与卵子互相结合，形成受精卵，经过一步步发育，就有了你、我、他，有了孩子，有了我们众生。这是从生命最初诞生和孕育来说的，通常情况下，生命的两种形式，即是两种性别，男人和女人。从婴儿诞生那一天起，就有了不同的身体结构，形式上是对立的，内容上是互补的，相互配合，可以创造生命的各种奇迹，从生命的精卵结构上看，有几个显著特点，能反映出性别的深层差异。

首先，从结构上说，精子里边是实在的，卵子里边是空的。对应男女特征，男人更需要脚踏实地，在实践中成长，先务实，后务虚。女人更需要摄入精神营养，在信息储备中保持恒定的心态，先务虚，后务实。

其次，从数量上说，精子数量多，卵子数量少。一个正常健康的、正值育龄的男人，每日的产精量可以达到2亿至4亿精子，而发育成熟的女人，一个月产生一个卵子。对应男女特征，男人更需要合作精神，启动结盟能量，懂得与其他人联手，发挥团队价值。女人需要学会与自己相处，启动独立能量，无论是否有人陪伴，都懂得爱自己。

第三，从精卵布局上说，精子分为幼精、壮精、衰精，是在同一空间中存在的，卵子分为幼卵、壮卵、衰卵，是按照时间线变动的，不同的卵子不在同一空间中。对应男女特征，男人拥有空间智慧的优势，喜欢在空间中探索，对时间的变化不太敏感，女人拥有时间智慧的优势，喜欢畅想天长地久，总想把时间留住。

第四，从动静上说，精子是动态的，具有明显的运动态和攻击性，卵子是静态的，只是随着卵液漂流而移动，卵子本身不运动。对应男女特征，男孩多喜欢运动，女孩多喜欢安静。在校园里，男生喜欢体育的较多，女孩喜欢艺术的较多。

第五，精子有荣耀，卵子有光环。在生命形成伊始，上亿"精兵"竞赛，最终，最快最优秀的那一颗精子，冲在最前面，与卵子结合，形成受精卵，这是精子的荣耀。而一颗卵子，有那么多精子为她竞争，这是卵子的光环，古代讲"一家有女百家求"，就是女人本底光环感。

从性别的本底差异，我们也可以看到男孩和女孩的成长不同，男孩从实到虚，女孩从虚到实，男孩要先建立"实"的特色，女孩要先保持"虚"的优势。如果男孩一开始追求虚空，就会丢失自身生命的原本价值，一个只会说不会做、夸夸其谈而知行不一的男孩是不被大家接受的。如果女孩一开始就痴迷物质追求，丢失了自己的灵性特质，就会在世俗中难以产生贵气。

14.2 爸爸好，还是妈妈好？

男孩的精神生命是在至柔的环境中孕育的，母亲可以帮男孩补充时间智慧，促进男孩精神意志力的建立。

女孩的精神生命是在至刚的环境中孕育的，父亲可以帮女孩补充空间智慧，促进女孩身体意志力的建立。

阿姨："你喜欢爸爸多一点还是妈妈多一点？他们俩谁更好啊？"

女孩："爸爸妈妈都很好，我要是说爸爸好，那妈妈就会伤心，我要是说妈妈好，那爸爸就会伤心，在我的心中，他们俩都是一样的好。"

阿姨："你是不是因为你妈妈在这里，所以不好意思说实话啊？放心，你偷偷告诉我们，我们不会告诉你妈妈的。"

女孩："我爸爸妈妈都爱，他们都好！"

爸爸好，还是妈妈好？几乎每一个孩子在成长中都遇到过这样的话题，不知道该如何回答，聪明的孩子会说爸爸妈妈都好，有的孩子在妈妈面前说妈妈好，在爸爸面前说爸爸好。在成年人的眼里，这只是一句玩笑而已，因为大家都知道，爸爸和妈妈都有不可替代的作用，缺少父爱或者缺少母爱，都会给孩子未来造成很大空缺。但对男孩和女孩而言，爸爸和妈妈的作用又有所不同。

对于男孩来说，有一个温柔的母亲，更容易终生幸福。

首先，男孩的精神生命是在至柔的环境中孕育的，如果男孩从母亲那里得到了足够的爱，未来的精神会更加强大。这是因为男孩在母亲身上，能够获得灵性营养，而灵性的能量，先天是女人强，男人弱，如果男孩从小被母亲补充了这部分缺失，未来的精神会非常饱满。

其次，男孩可以从母亲身上获得时间智慧的补充。时间智慧是女人的先天优势，空间智慧是男人的先天优势，反过来，则是对方的弱项。女人的时间智慧，给男孩带来的是恒定性和绵长性。如果男孩缺乏时间智慧的补充，就容易在发展中忽略持续性，在扩张中忽略平衡性，在竞争中忽略和谐性。这正是母亲对男孩的补充。

第三，男孩可以在母亲的帮助下，建立精神意志力。男人的优势侧重于生存本能，男人的强大，也是通过在物质世界的担当体现出来的，好处是男人的创造力可以得到最大化发挥，弊端是容易被物质牵绊，难以升华，在追求精神的道路上，意志不坚定。事实上，肉身生命和精神生命是需要同步提升的，而精神意志力正是母亲的优势。

对于女孩来说，有一个刚强的父亲，更容易终生幸福。

首先，女孩的精神生命是在至刚的环境中孕育的，如果女孩得到了足够多的父爱，未来的精神会更加强大。这是因为女孩的精神生命中，灵体营养充足，但情体营养不足，很多女人有情感饥渴，也是这个原因，未来为了得到情绪满足，会消耗自己的精神力。而刚强的父亲，可以让女孩的情体获得足够的安全感，不会为了寻找情绪价值而放弃精神追求。当然，这个前提是父亲自身要体现自己的强大和担当。

其次，女孩可以从父亲身上获得空间智慧的补充。女孩的空间智慧是短板，这很容易导致她在空间中迷失方向。很多女孩非常倔强，不知道变通，被称作是"一条道走到黑"，其实就是只发挥了时间的单向性，缺少了空间的畅通性。而父亲的空间优势，可以给女孩的成长提供更完整的智慧背景。

第三，女孩可以在父亲的帮助下，建立身体意志力。很多女孩长大以后，缺乏安全感，有一个重要原因，是身体意志力的短板，使得她有生存的恐慌。总感觉自己的生存需求不能得到保障。尤其是看到父亲展现软弱的一面时，这种感觉更加强烈，总认为未来的一切都要自己干，别人都靠不住，对异性的排斥也越来越大。这样造成的结果，一种是未来彻底沦为男人的附庸，一切都靠男人；另一种是彻底摆脱男人，认为自己根本不需要异性，异性能做的，自己都能做。这两种情况都不利于生命的和谐。当父亲的担当给女孩提供了身体意志的支撑时，女孩未来的意志力才是更加完整的。

除了爸爸和妈妈对孩子影响的差异，很多父母也会遇到另一个问题，孩子让爷爷奶奶带更好，还是让姥姥姥爷带更好？大部分家长都是根据自己的实际情况做出的选择，而从性别智慧的角度，为大家分享一个规律。

男孩是先建立身体意志力，后建立精神意志力。

女孩是先建立精神意志力，后建立身体意志力。

奶奶一方是给孩子提供能量支撑的，男孩先跟奶奶一起生活，有助于打下身体意志力的基础，身体意志力是生存力的保障，然后再考虑精神成长。当奶奶带到一定程度，就要让姥姥再带一段，姥姥一方是给孩子提供信息支撑的，跟姥姥一起生活，有助于精神意志力的成长。男孩子有了身体意志力的基础，再有精神意志力的加持，才会有更完整的意志力。女孩的情况则刚好相反，女孩子先跟姥姥在一起生活，有助于自己灵性成长，建立精神意志力，有了这个基础，女孩子就有了心态恒定的基础，就不容易心浮气躁，当姥姥带到一定程度，再让奶奶带一段，给孩子提供能量支撑，这样才能够让她既有精神的底定性，又有独立生存能力。当然孩子具体应该由谁来带，还要看家庭的实际情况，在有条件的情况下，若能遵循性别规律，对孩子未来的成长意义重大。

14.3 抚育高性商的孩子

性商，是血液中的激素信息所反映的情色欲比值。对于少年是性别之商，对于青年是性情之商，对于成年是性爱之商。

性商可以给生命带来幸运，也可助生命创造奇迹。

幸运，是奇迹呵护性命。奇迹，是幸运光顾人生。

性商究竟有多么重要？打个比方，若头脑是司令部，性商就是督战营。司令部海洋般的文件库里，只有下达到督战营的那份才算是对决纲领。一线指挥官是按对决纲领临场发挥、灵活机动。由此可见，很多时候，性商对生命活动都是起决定作用的。

如果我40岁，我肯定离婚去娶你，如果我30岁，我肯定会分手去追你，如果我20岁，我肯定会想尽一切办法去认识你，可是我只有12岁，正面临着九年义务教育的压力。请原谅我！

性商是每一个人最基础的本能，认识不清性商，就不可能真正认识彻底智商、情商等。而目前人们对性商的认识，恰恰是最少的，最浅的，远远低于对智商、情商的认识水平。性商在历史上是人们最不愿直接面对的问题，是人们自我认知最大的障碍。认清性商，不但关系到个人的进步，还关系到人类整体的进步，直接有助于减少社会不稳定的诱因。基于性命本身的差异，男孩和女孩的性商表现不同，性商的提升路径也不同。

1. 男孩要从胆商提升性商

男孩的性商要提升，首先要从胆商入手。胆商指的是一个人的胆量、胆识、胆略，对社会的适应能力和作用价值。要注意的是，胆量大并不一定代表胆商高，如果因为胆大而经常惹是生非，那其实是胆商低的表现。

在性商方面，中向型孩子的胆商一般接近正常值，而外向型和内向型的胆商则处于两个极端。前者可能因为胆子大而忽略后果，后者可能因为胆子小而把困难想得太严重。对于内向型孩子，我们要鼓励他们敢于尝试，告诉他们困难并没有他们想象的那么大。对于外向型孩子，我们需要引导他们全面思考问题，考虑事情的前因后果，避免因一时冲动而犯错。

男孩的胆商与性商之间有着微妙的联系。当女孩刚认识一个男孩时，本能上会先从胆商方面考察他。如果男孩的胆商高，女孩会更欣赏他。因为男孩只有胆商高，才会敢于担当，让人感觉可靠。在男女关系中，如果男孩与女孩相处一段时间后，胆商有所提升，说明他们的关系是良性发展的；反之，如果胆商下降，则说明关系出现了问题。

2. 女孩要从情商提升性商

女孩的性商与情商紧密相关。我们会发现，性商高的女孩通常情商也很高，反之亦然。也就是说，一个女孩情商不高，性商也往往不高。比如，有些女孩脾气暴躁，经常发脾气，还有些女孩经常生闷气，一不小心就情绪低落，这两类女孩在与异性相处时都不太擅长，容易造成不必要的误解和误会。

根据三类人的特点，中向型女孩一般情商较高，性商方面也有优势，她们在人际关系中态度温和、灵活变通，因时因地做出调整，这类女孩与不同性格的男生相处得较为融洽。但需要注意的是情商中的偏见问题，有时她们对某件事或某个人有偏见，即使看到对方的好处，也很难接受。这时我们需要让她们有全面的思维，不要只从一个角度看问题。内向型女孩的情商问题主要表现为伤感，她们有时会把事情想得太糟。我们需要引导她们往积极的方向思考，告诉她们困难并没有想象中那么大，多与大家沟通一下问题就可能解决了。外向型女孩的情商问题主要表现在躁烦，容易浮躁，很难静下心来。针对这种情况，可以让她们做一些能量释放的活动，同时进行情绪训练，学会掌控自己的情绪。

总之，让男孩从胆商入手，女孩从情商入手，提升性商能够帮助他们在人际关系中更好地相处，发展更健康的人际关系。

3. 男生和女生互动提升

5岁的男孩亲了4岁的女孩一口，女孩对男孩说：你亲了我可要对我负责啊。男孩成熟地拍了拍女孩的肩膀，笑着说：你放心，我们又不是3岁的小孩子了！

性商决定了人在异性交往中的恰巧程度。有许多男孩和女孩平时看上去很聪明，行为也很得体，但一到异性面前就变得不行了。这就像很多人常说的，"恋爱中的男女智商为零"。这可能一方面是因为对异性世界的无知，另一方面是因为在青少年时期过于封闭，缺乏与异性相处的经验。性商的作用是在异性之间的互动中体现出来的，包括胆商、情商都不是孤立作用的，异性相处本身就是智慧交叉的过程。

女孩在异性交往中需要警惕情感乞丐的风险。女孩的情感需求通常比男孩大，这是因为女孩的情感更敏感。很多女孩长大后，渴望在异性那里找到情感的价值，这是女孩性体的特点。然而，如果把情感价值作为唯一的需求主体，就可能失去理智，成为自己前进道路上的障碍。因此,女孩要认识到,在生命中不断遇到更好的自己才是成长的关键,情感只是一种调味品,让生活更美好。无论暂时有没有情感,都不应影响她继续前进。

男孩在异性交往中需要防范性感奴隶的风险。男孩不太容易被情感牵绊,但更容易被色欲所困。正如人们常说,"男人先性后情,女人先情后性",这是因为生理构造和生命发展方式不同。如果男孩被色欲所困,容易陷入性感的奴役,只追求肉体的享受。男孩的心智成长通常不如女孩迅速,需要踏实地一步一个台阶。因此,在教养男孩时,既不能让他过于放纵当下的感觉,也不能让他好高骛远。内心想着未来,行动也要跟上,这样才能摆脱色欲的束缚,不断成为更好的自己。

总的来说,性商对于人的异性交往非常重要,它影响了我们在异性之间展现的恰到好处的表现。无论是女孩还是男孩,都应该认识到自己的性商并努力提升,以建立更健康、理智的异性关系。

14.4 人性恐慌怎么解决

人性恐慌是一种担惊害怕、内心不安的感觉。生活中有很多情况可能引起人的恐慌,例如安全恐慌、健康恐慌、事业恐慌和感情恐慌等。解决恐慌几乎是每个人都要面对的难题,我们终生努力,或许就是为了寻求内心的宁静和平安。苏东坡有首词中写道:"试问岭南应不好,却道:此心安处是吾乡。"很多人喜欢最后一句话:"我的家在哪里?心安的地方就是家"。白居易在《种桃杏》中也写道:"无论海角与天涯,大抵心安即是家"。很多人认为,中国文化强调心灵的安顿,只有内心不再恐慌,我们的人性才能得以实现,活出真正的自己。

人性恐慌的原因是什么呢？

表面上看，人性内心的恐慌和不安，很多时候是因为我们无法确定需求是否会得到满足，是外界因素带来的。这使得我们在不确定的环境中感到担忧，我们不知道外面的世界有什么风险，也不知道未来会发展成什么样子，从而导致我们内心的不安。

本质上看，恐慌是因为我们对自己的认知有限，不能突破自我设限，也不能相信自己的潜力。我们害怕未来的不确定性，因为我们看不见自己的潜力和可能性，缺乏对未来的信心和勇气。如果我们能够更加了解自己，相信自己有能力克服困难，不断成长，就能消除对外界的恐慌。

导源上看，是对异性生命缺乏认知，异性智慧融合不够，导致在生命智慧可持续方面，心里没底。例如，男人的优势是空间智慧，凭借个人优势也能闯出一片天地，但发展到一定程度时，需要女性的时间智慧支撑，倘若此时得不到异性智慧的补充，就会陷入恐慌之中。

因此，我们可以看到，人性恐慌的根源在于我们的生命感受不完整，我们渴望找到内心的宁静和圆满。在这个世界上，没有什么比生命更可贵，而我们每个生命都是不完整的，无论男人还是女人，都是半命。生命的终极需要是走向圆满，这对每个生命来说，都是最重要的意义，也是解决人性恐慌的必经之路。

人性恐慌有哪些表现呢？首先，一些人会过度依赖异性，把幸福的希望都寄托在对方身上，害怕失去他们的陪伴，甚至心甘情愿被对方控制，这是典型的人性恐慌表现。其次，一些人会表现出性别对立，他们对异性越需要，却又表现出越排斥，这其实是一种自卑和自傲的表现。他们希望自己能被对方接受，却没有信心能够让对方认同自己，因此他们会对对方进行打压和贬低。另外，一些人会自我否定，否定自己的价值和潜能，甚至否定自己的性别。这些人通常在成长中缺乏同性和异性智慧的支持，没有展现出自己的特色，也没有从别人那里获得智慧的补充。

要想解决人性恐慌，我们需要认识到自己的内心需求和潜力，并相信自己有能力克服困难，迎接未来的挑战。同时，我们也需要尊重和理解异性，融合不同的智慧，以实现生命的圆满。这样，我们才能活出真正的自己，远离恐慌，迎接生命的美好。

那么，人性恐慌该如何解决和预防呢？

首先，树立正确的生命观。我们经常提出让孩子树立价值观，人生观，却很少提出生命观的建立，这一直是孩子成长过程中缺失的内容。生命观的起点就是性别观，让孩子从小认识到性别的立体差异，男人生命和女人生命在生理、心理及思维等各方面的不同，各自的优势和短板，有利于孩子养成正确的生命观，更全面地看待自己和别人，不因自己的劣势而自卑，不因自身的优势而自傲。

第二，男生和女生智慧交叉。自然情况下，男生因空间智慧的优势，会本能地扩展生命格局。肉体层面，想要踏足四方，多迎接新的挑战；情体层面，需要宽广的胸怀，接纳别人不同的情绪状态；慧体层面，需要立体的思维结构，虽身在局中，却能把整个世界都装在心中。女生因时间智慧的优势，会本能地追求恒定。肉体层面，担心自己会衰老，想要把青春留住；情体层面，希望有人能一直对自己好，想把真情留住；慧体层面，需要有恒定的精神追求，即使历尽繁华，仍不忘初心。男生和女生在各自领域内的优势都是自己的生命特色，只有相互交叉，才能让自己更加圆满，男生帮助女生补充了空间智慧之后，女生行走在智慧中，始终都有魅力，就不会再担心衰老，女生帮男生补充了时间智慧，男生有了恒定的精神，走到哪里，都会不忘初心，这样才能从根本上解决男生和女生的人性恐慌。

第三，男生用理想和意志力，促进女生信念升至信仰，女生用信仰和灵动性，激励和鼓励男生的理想。在生命互补之前，先要活出自己的特色，男生的特色就是理想和意志力，女生的特色就是信仰和灵动性。在相互补充时，男人的意志力，可以促进女人的信念升为信仰，女人的灵动性，可以激励和鼓励男人的理想。

14.5 性别与时空智慧

生命的圆满，终是智慧的圆满。智慧的结构包含时间要素和空间要素，时间和空间的交叉，就是智慧诞生之源。时间是看不见的，但它一直在向前走，始终有一个方向，空间是有维度的，有前后、左右、上下，当时间与空间相互交叉的过程中，智慧就诞生了。从性别差异上说，男性主导的是空间结构，女性主导的是时间结构。男人是智在外、慧在里，女人是慧在外、智在里，即男人的空间智慧在外面表现，女人时间智慧在外面表现。可以说，智慧，就是男智加女慧。

男人和女人在时空中的差异体现在各个方面，从原始上，精子和卵子就体现了不同的时空特性，幼精、壮精、衰精，是在同一空间中存在的，幼卵、壮卵、衰卵，是按照时间线变动的。反映在现实中，男人以空间智慧见长，女人是时间智慧有优势。譬如，一般形容男人，都是志在四方，形容女人，过去都是贤惠恒定，男人在外杀敌，开拓疆土，女人有个家，男人在外感到很安全。安全是什么？是智和慧交叉后，形成的智慧，是一个智慧家庭，所以才会安全，才会发展得好。

男人和女人面对时间和空间有着截然不同的表现。

男人对空间非常敏感，喜欢研究工具，占领"地盘"。女人对空间不够敏感，经常分不清东西南北，看不懂地图，在面对空间道路时，女生更容易处理颜色和地标，男生更容易处理距离和方位。例如，在问路时，如果你跟一个女生说，"你要找的位置在前方三公里向东"，女生通常是没有感觉的，这就是为什么很多女生容易迷方向。而若是改成"前面红房子右转"，对于女生就更加容易分辨。

男人对时间的态度，经常是突然发现时间的作用，感觉时间总在弹指一挥。"一失足成千古恨，再回首已百年身"明显反映了男人对时间的感受。女人对时间更加敏感，总想与时间赛跑，把时间留住。女人喜欢自拍，怕岁月暗淡了红颜，担心自己衰老，这些明显反映了女人对时间的态度。另外，女人的寿命普遍比男人长，也反映了女人的时间优势。

在诗词文化里，随处能见到时空智慧的表达，例如，"海内存知己，天涯若比邻"，"大漠孤烟直，长河落日圆"，"可上九天揽月，可下五洋捉鳖"，"江山如此多娇，引无数英雄竞折腰"，反映了男人的空间智慧。

"我从山中来，带着兰花草；种在小园中，希望花开早"，"岁月静好，现世安稳"，反映了女人的时间智慧。

"空山新雨后，天气晚来秋。明月松间照，清泉石上流"，"黄河之水天上来，奔流到海不复回"，是男人时空智慧的交叉。

"昨夜雨疏风骤，浓睡不消残酒。试问卷帘人，却道海棠依旧。

知否，知否？应是绿肥红瘦"，是女人时空智慧的交叉。

从性别的角度看，男人的优势是空间智慧，在空间智慧开发之后，再与时间智慧交叉，就能让自身智慧更圆满，而女人的优势是时间智慧，在时间智慧开发之后，再与空间智慧交叉，就能使自己的智慧更圆满。若一个男人在缺乏空间智慧的情况下，就去补充时间智慧，是无法给女人安全感的，因为空间智慧代表着边界，正常的男人是边界感很强的。若一个女人听到男人对自己说，"把一块泥，捻一个你，塑一个我。将咱两个，一齐打破，用水调和。再捻一个你，再塑一个我。我泥中有你，你泥中有我"，则需要保持清晰的头脑，因为这个男人缺乏边界感，空间智慧不足，在生命智慧层面，将难以与你互补。

14.6 性别智慧成长序

> 行万里路是空间智慧，男孩要先行万里路。
> 读万卷书是时间智慧，女孩要先读万卷书。
> 男孩，通过他尊达到自尊。女孩，通过自尊达到他尊。
> 群处，是男孩的基本能力。慎独，是女孩的基础修养。

在人的参与下，时间和空间发生交叉，就生出了时空智慧，男人侧重于空间智慧，女人侧重于时间智慧。若世界只有男人，是不长久的，若世界只有女人，亦是不长久的。一个人想要活好，一个生命想要相对完整，男女的智慧都不可少，男智加女慧才是完整的智慧。

我们常说"读万卷书，不如行万里路，行万里路不如高人指路"，事实上，读万卷书是时间智慧，行万里路是空间智慧，而男孩需要先行万里路，启动男孩之智，女孩需要先读万卷书，解封女孩之慧。男孩如果读书多，不锻炼身体，不去实践，男子气概就不会顶满格。空间智慧就是实践应用，是男人智慧的地基，地基不牢，难成栋梁。女孩子读书少，光想着出去做事情，外面的世界很大，内心的安静很少，就会缺乏灵动温柔，女汉子是时间智慧没有解封。

人既要自尊，还要他尊。事实上，男孩是通过他尊达到自尊。女孩是通过自尊自爱，达到他尊他爱。男孩需要先会爱别人，学会付出和奉献，为他人负责，为团队担当，把格局打开，就会有空间智慧，自然就能得到他人的尊重，获得自尊，因此，群处，是男孩的基本能力。女孩要先会爱自己，保持自己的品质，在任何时间和空间，都是一样的品性，因此，慎独，是女人的基础修养。

一个真正有智慧的男人，在任何空间都有生存的胆量，不会被空间束缚。一个真正有智慧的女人，内在具有恒定性，不会担心时间对自己的影响和破坏，更不会拼命与时间赛跑。基于男女时空智慧的差异，在培养孩子成长的时候，也要有一定针对性，男孩子要先开发好空间智慧，对女孩则是时间智慧。

如何培养时空智慧？对孩子智慧的培养，有年龄的次序。

3岁之前，孩子的智慧处于无意识状态，智慧的种子还没有真正萌芽，这个时候，家长要注意保护孩子探索的好奇心，让孩子的肢体与外面的世界产生沟通、建立友好呼应。

3到6岁，是孩子智慧开发的最佳时间，就像生命种子接触了阳光、空气和水，已经开始发芽。男孩儿多开发空间智慧，即使爬高上低，也不要急于打压，引导孩子的空间智慧彻底觉醒；女孩儿多开发时间智慧，学一些安静的艺术，帮助自己提前建立内心的恒定性。

6岁以后，孩子逐渐有了性别意识，时空智慧开始交叉，男生要补充一些时间智慧，女生要补充一些空间智慧。例如小学时，男生和女生进行座位交叉，就有利于孩子的智慧补缺，同时学习一些琴棋，也有利于时空智慧的培养。只有孩子的时间智慧和空间智慧交叉成长，智慧系统才会完整，生命才可能圆满。

当男女性别发育成熟时，男女的性别智慧是自然交叉的，异性相吸就是时空智慧的碰撞，通过异性完善智慧是异性交往的真谛。在成年之前，智慧相对独立，成年之后，智慧开始融合。人们常说，"男人征服世界，女人征服男人"，这也是一种智慧交叉的体现。另外，"男怕选错行，女怕嫁错郎"，更形象表达了男女智慧的交叉，男人务实，若不明就里搞错行业，就不妙了。在过去时代，如果女人嫁错男人，这个女人就毁了。而现代社会，男女之间的结合相对自由，对智慧主体的要求也更高了，即男人要先把空间智慧彰显出来，女人先把时间智慧体现出来，双方互补，再产生出满命智慧。

14.7 抚育孩子的满命智慧

柏拉图《会饮篇》

有一位名叫阿里斯托芬的人讲述了一个古希腊神话故事：最早的人类是球形的，他们有四只手臂、四条腿、一个头、两张脸，朝相反的方向望去。这种球形人类拥有超凡的力量和智慧，要与众神作战，结果被妒忌的神砍成两半，以削弱他们的力量。这种球形的人类变成了两半，一半为女性，一半为男性。从此，两个原始人类就一直在寻找彼此，渴望重逢。人本来就是完整的，对于完整的希冀和追求就是所谓爱情。

从心理学的角度来看，每个人在心理上都是两性的，第一个发现雌雄同体现象的心理学家是荣格。他提道："在男人伟岸的身躯里，生存着阴柔的女性原型意象；在女人娇柔的灵魂中，也隐藏着刚毅的男性原型意象。"荣格将其称为阿尼玛与阿尼姆斯，即男性心中的女性意象为阿尼玛，女性心中的男性意象为阿尼姆斯。

中国当代著名作家周国平曾在《碎句与短章》中说过："最优秀的男女都是雌雄同体的。"这里的"雌雄同体"，就是指的心理和行为方式。

我们在生活中，的确能发现，如果女孩稍微有一点男性的特质，就能体现出男性特质中的坚强和独立，这能让女孩更好驾驭未来的工作和生活。同样，如果男孩能吸收一些女孩的特质，就能体现出细致和灵活，在人际关系中就更有优势。

传统上也有"南人北相，北人南相"的说法，旧时认为，南方人灵秀聪慧，北方人朴实憨厚，如果南方人有北方人的长相，北方人有南方人的长相，就能兼南北人之长。

当一个人的身上，兼具两种面相或特质时，更具有满命潜质。如柏拉图所说，人本来就是完整的。生命的终极成长，也是从半命到满命的过程。每一个人的身体里，本身就有异性的原型意象存在，在与异性相处时，不断融合对方的智慧，生命就能逐渐走向完整。这也是男女智慧的交叉。但前提是先做好自己，再融合对方。如果男孩没有活出自己的生命特色，就彰显女孩特质，就容易形成"伪娘"，如果女孩没有活出自己的生命特色，就彰显男孩特质，就容易形成女汉子。

就像前面提到的时间智慧和空间智慧，对于男孩和女孩都有着不同的意义。当男孩缺乏空间智慧时，就失去了自己的生命底色，格局、担当、创力都会受限制，当男孩缺乏时间智慧时，就只能逞一时的聪明，无法贯穿一生，终有江郎才尽的时候。当女孩缺乏时间智慧时，就容易固执死守，比如，女孩子常守的两样东西，一是颜值，二是感情，为了漂亮，不只要化妆，还要整容，为了真情，可以不惜伤害身体，事实上，真正应该坚守的是精神和智慧，这才是让女人恒定、安定的东西。当然，女孩如果缺乏空间智慧，也容易困在自己的世界中，缺乏对外界的全面认识，因此，生命圆满的基础，是遵循先天的秩序，最终打造满命智慧。

第十五章　抚育孩子精神健康

精神是大脑的知觉应激的情反映，是描述有智动物特别是人类的内在灵魂和心理的范畴，反映了人的情感、意志和生命状态。传统文化称，"生之而来谓之精，两精相搏谓之神"，把精神理解为生机和活力的源头。但精神究竟是什么呢？它与心理的区别是什么呢？精神对孩子的成长又有什么作用呢？我们一起来探讨。

15.1 精神是心理的导航

当谈到孩子的精神，很多人往往将其与心理混为一谈，然而它们实际上是有着明显差异的。有时候，我们看似在解决孩子的心理问题，但其实涉及的是精神层面的挑战。因此，常规的心理学方法在这种情况下可能无法取得实效。

那么，我们如何理解精神和心理的差异呢？

心理活动主要是消耗能量的，而精神活动则往往是赋予能量的。举个例子，喜欢一个人和欣赏一个人是两种完全不同的体验。"喜欢"属于心理活动，需要消耗我们的情感能量，而"欣赏"则是精神活动，可以为我们注入能量。心理活动常常是反复的，比如过去发生的事情会在大脑中不断回放，思来想去，但却没有实际意义。而精神活动具有创造性，例如面对一个难题时，我们会思考采用不同的方法去解决。

在积极心理学领域讲到，"快乐并不能让我们的生活卓越。真正的快乐来源于我们在提升技能、促进成长、发挥潜能的过程中获得的快乐"。这也可以理解为，真正的快乐是源于我们的精神创造力，而不仅仅是来自心理层面的感受。

现在有很多青少年，他们可以取得很优秀的成绩，也拥有富足的物质条件，成长过程中也不缺少心理营养，正常情况下，他们应该有很明显的自我价值感，并且快乐成长。然而，令人惊讶的是，他们中许多人并不快乐，甚至对生活失去了意义。"空心病"就是其中一个典型问题。

"空心病"是一种因为价值观缺失而导致的心理障碍，其症状包括觉得生活毫无意义，对未来感到迷茫，不知道自己真正想要什么，情绪疲惫、孤独、低落，对学习和生活产生失去意义的感觉。这些青少年看不到希望，整日重复着毫无结果的生活，感到生活的迷茫，缺乏对未来的希望，同时也缺乏自我意识，身心被掏空。

许多特别优秀的年轻人，虽然没有经历明显的创伤，拥有优渥的生活和良好的条件，但内心却感到空洞，找不到真正想要的东西。就像是漂泊在茫茫大海上的孤岛，感受不到生命的意义和活着的动力，甚至对自我的认知都产生了困扰。有些青年表示："我感觉自己就像是一个四分五裂的小岛，不知道自己在干什么，也不清楚自己想要什么，时不时感到恐惧。这么多年来，我似乎从未真正为自己而活过。"

面对这样的问题，家长和老师常常会感到经验不足，不知道如何帮助孩子。然而，这正是孩子精神营养缺失的问题。家长往往只重视提供孩子的物质需求和心理上的关心，却忽视了精神营养对孩子成长的重要性。因此，现代家长迫切需要关注的领域之一就是如何满足孩子的精神需求。

15.2 抚育孩子的精神成长

> 中向型孩子：锻炼毅力。
>
> 内向型孩子：探索未知。
>
> 外向型孩子：帮助弱小。

对于新时代的孩子来说，仅仅有物质营养和心理营养是远远不够的，他们还需要有足够的精神营养，来让自我更加完善。现在的孩子都不愿意活在别人的世界里，也不愿意活在别人的评价里，当他们的精神成长受到阻碍的时候，他们会奋起抗争。当然，也有很多已经迷失精神方向的孩子，会陷入自我痛苦中，找不到未来的方向，虽然很优秀，却依然闷闷不乐。就像有的学生曾自述说，"我的世界是一个充满迷雾的草坪，草坪上有井，但不知道在何处，所以，有可能走着路就不小心掉进去了，在漆黑的井底我摔断了腿拼命地喊，我觉得我完全没有自我，这一切好难。"

因此，抚育孩子的精神成长，对孩子的未来至关重要，孩子的未来能否有一棵强大的精神之树，精神是不是昂扬和饱满，关系着他整个人生的轨迹。那么有哪些方式可以促进精神成长呢？对于不同类型的孩子，需要用不同的方式。

1. 中向型孩子需要锻炼毅力

这类孩子喜欢标新立异，通常不喜欢重复性做一件事情，所以很难持之以恒，这类孩子的精神自我也容易出现间断性，有时候有自我，有时候没有自我。因此，对于这类孩子要重在锻炼毅力，具体的操作就是让他感觉到做这件事情是有意义的，是有意思的，如果他找到了做一件事情的意义，即使经历很多失败，也能够坚持。

2. 内向型孩子要学会探索未知

这类孩子平时不太擅长社交，很容易封闭自己。即使有了自己的想法，但是视野往往不够大，格局比较小，特别容易停留在小我的世界。这个时候，就要鼓励孩子多探索未知世界。这类孩子一般韧性比较强，做事能坚持，当他对一件事情去探索的时候，往往能够坚持到底，所以他只要愿意去探索，通常都会出成果，这样精神自我也就慢慢强大了。

3. 外向型孩子要学会帮助弱小

帮助比自己更弱小的人，能让这类孩子的担当精神得到更大发挥。这类孩子本身具有较大的能量，喜欢被周围的人称赞，但是能量的释放需要明确发现，如果能量不用在担当上，就会用在破坏上，因为他需要把自身能量释放出去，所以，这类孩子通过帮助比自己弱小的人，既让能量得到了释放，也让自我得到支撑，这样一来，他精神的强大才是真正的强大。

15.3 抚育精神力：学会穿越逆境

经历逆境的孩子往往展现出强大的精神力。在成长过程中，适当面对挑战和困难，对孩子是一笔宝贵的财富。吃苦不仅仅指体力活，更是对逆境的一种体验。在家庭中，让孩子参与家务分担，可以培养动手能力和生存本能，也是对体能的锻炼。在人际关系中，遇到挫折和伤心时，强大的孩子会尝试自己解决问题，倾听他人建议，追求更好的结果。在学习中，面对难题，通过努力攻克，会带来深层的成就感。

逆境对孩子的成长至关重要。我们常说，没有经历过逆境的孩子就像温室里的花朵，很难经受风雨的洗礼。生命的成长就是不断突破自我，不排斥逆境，不害怕逆境，从而发挥出自身的潜力，迎接更好的自己。人的本能喜欢顺境，按照自己的喜好生活，但是过度被宠爱，缺乏逆境体验，会降低适应能力，增加被社会淘汰的风险。因此，适当吃一些苦头，经历逆境，对孩子全面成长非常重要。

逆境的好处体现在肉体、情体和慧体层面。

在肉体层面，逆境可以提升孩子的生存本能和社会竞争力。生存本能不完全取决于家境，而是父母的教养方式。有些家境困难的孩子，若被父母娇惯，反而可能养成依赖他人的态度，缺乏自主创造力。相反，有些家庭富裕的孩子，父母也很开明，对孩子并不娇惯，让孩子在顺境和逆境中交叉体验，最后也建立了强大的生存力。因此，无论家境如何，父母都应该站在孩子未来需要的角度抚育孩子。

在情体层面，逆境可以锻炼孩子坚强的心灵，使其不被挫折击垮。这是孩子成功的必备素质。伟大的事业往往经历多次失败，只有在不放弃的情况下，才能最终获得成功。若孩子心灵脆弱，一遇到困难就崩溃，怎能经受得住未来的挑战呢？逆境的经历可以让孩子拥有强大的心灵，这是通往成功的必经之路。

在慧体层面，逆境可以激发孩子无限的智慧。同样的问题，有的人能找到多种解决方案，而有的人则束手无策。这取决于面对逆境的态度。真正的智慧是在担当中产生的，即担当出智慧。若孩子遇到问题总是逃避，依赖他人，就难以开发智慧。逆境是一个培养智慧的机会，让孩子担当，攻克问题，才能开发出更多的智慧。

因此，让孩子在逆境中学会担当，提升智慧，直接关系到未来的生命维度和生命质量。

家长在抚育孩子时，要适时给孩子一些逆境体验的机会，而不是过度地保护和娇惯他们。当孩子面临困难和挑战时，父母可以鼓励他们尝试解决问题，帮助他们建立自信心和独立思考的能力。在逆境中，父母也要给予孩子适当的支持和鼓励，让他们知道家人是他们坚强的后盾。

总的来说，逆境是成长中的财富，它可以锻炼孩子的身心，并培养他们的坚韧和智慧。让孩子在逆境中学会穿越，不断突破自我，才能形成强大的精神力，在未来的生活中更加从容应对各种挑战，迎接更加美好的人生。

15.4 幼小的孩子摔倒了怎么办？

孩子摔倒了，家长应该怎么办？看似一个小问题，却含有深刻的抚育智慧，如果处理不好，就会对孩子的灵性造成伤害。

第一种方式

大人连忙去扶，抱起来后，还有可能踩几脚绊倒他的障碍物，为孩子出气和埋怨，这是一种不易觉察的溺爱方式。

用你的爱淹没了孩子正在发芽和壮大的生命，这样容易导致以后还会摔倒。因为你迅速扶起孩子，造成他成长中的精神与发育着的腿不相符，摔倒可以获得你更多的爱，以后精神会向弱者方向发展，而孩子的腿会越来越强大，这就造成孩子精神和肉身意志力失衡。

孩子在未来遇到困难时，因为精神退缩而放弃。另外，遇到矛盾总是向外找理由，而不是从自身找原因，缺乏自省和内求的强者心理。

第二种方式

家长置之不理，装着没看见，或者看见孩子摔倒了，任由孩子哭闹而不去安慰和施救，这说明家长的爱心不够。这种方式的结果是增加了孩子的恐惧心理，让孩子缺乏安全感，与家长爱的链接不紧密，这样的孩子未来会缺乏亲情感和爱心，对别人冷漠，遇到困难容易逃避，事不关己高高挂起。他自己遇到问题，该向别人求救时，不懂得求救，能向别人请教的不去请教，自己一味硬抗。特别是内向孩子，天生胆小，他摔倒了，你漠不关心或冷眼旁观，会让孩子更胆小。

第三种方式

先观察，如果孩子没有受伤，就用嗔怪同时引领的方式。"咦，又摔倒了，腿越摔越结实呀，将来不得关节炎了。"或者说，"身体更坚强了，将来不会得骨骼病了。"你用的轻微呵斥，他就不会撒娇发嗲闹脾气，说越摔越结实，不得关节炎了，引导他认识，摔跤这件事还对他未来有好处，这是给孩子的精神指出了出路。嗔怪的同时引领，在这种信息氛围下，孩子的独立精神就出来了。

当孩子遇到挫折时，也是精神力成长的机会，孩子摔倒了，心中本能会有负面情绪，如果家长帮孩子从外界找原因，孩子的精神力就不作用了，或者你只说坏处，不说好处，孩子就可能越来越自卑。第三种，用正面的信息引导孩子，这不是简单的安慰，而是为解决问题找到了出路，是让孩子的身体能得到实际好处的，这样孩子就降低了对负面信息的关注，从而让精神获得成长，并走向更加强大。

15.5 孩子的精神18种

每个人都有一个属于自己的精神特色，从精神类型上说，可以把人的精神分为18种，而你的孩子就是其中的一种。当你了解了孩子的精神类型，并在孩子小的时候给他所需要的精神营养，用正确的方法抚育孩子的精神萌芽，那么孩子的精神之树未来就会枝繁叶茂，人生无论走到何处，都不会感到迷茫。

1. 助远精神

助远，是帮助长远，支撑别人跑得更远更长久，帮别人拓宽赛道，走向可持续。助远精神的人，不会只关注当下的成就，而是会考虑这次成就之后，如何考虑下一轮的成果。

如果你的孩子是助远精神，你要重点培养孩子的未来思维，让孩子养成站在未来角度思考问题的习惯，尤其不能停留在过去。在日常生活中，可以给孩子适当做一些训练，比如陪孩子听故事，引领孩子发挥想象力，去创设未来的剧情，平时做事之前，先让孩子推测一下可能的结果，然后对照一下现实是否一致，这些都有助于孩子形成助远精神的特色。

2. 创欢精神

创欢，是创造欢乐，活跃当下的交流氛围，改善人与人之间的关系，让大家在愉悦、欢快中学习和生活。创欢不同于简单的搞笑，搞笑只是为笑而笑，而创欢有精神的参与，有智慧的碰撞。比如，网络上某个段子很火爆，经过他的加工之后，又创出一个新段子，角度新颖，别出心裁，让人又感到另一番趣味。

如果你的孩子是创欢精神，你要让孩子在保持积极心态的基础上，开发创造力，这样孩子不仅能带给别人快乐，还能让别人看到信心和希望，而且人在放松愉悦的状态中，更容易激发出灵感，产生更多奇思妙想，从而涌现出更多的成果。

3. 攻坚精神

攻坚，是攻克艰难，越是有困难，越是敢于迎难而上，越是别人感觉不可能，他越要在不可能处创造出可能，绝不轻言放弃。就像蚂蚁啃骨头一样，有一种愚公移山的劲头，只要认定了自己的目标，就持之以恒，锲而不舍，孜孜不倦，直到目的达成。

如果你的孩子是攻坚精神，你要重点培养孩子的抗挫能力，不要害怕失败，当孩子给自己制订了一个目标，经历失败在所难免，但不论失败多少次，只要有一次成功了，就是全部的成功。这样孩子的精神特色就体现出来了。

4. 兼容精神

兼容，是同时容纳几个方面，与不同的朋友都能友好相处，遇到什么样的事儿，心理都能接纳，无论别人的态度、性格怎样，自己都与对方不冲突。心中坚持的理念是"一枝独秀不如百花竞艳"，与传统文化提倡的和而不同有异曲同工之处。

如果你的孩子是兼容精神，你要重点培养孩子的纳异心，即对不同的人事物都有很高的接纳度。比如遇到两个矛盾很大的同学，他可以跟两个人都相处很好，遇到不同的意见，他也会表示尊重，别人跟他在一起，会有很大的自由度，他能让每人都感受到自己的独特价值。

5. 玉碎精神

玉碎，原意指美好的事物遭到不幸，为了理想、信仰、正义而做出牺牲，绝不委曲求全。"宁为玉碎，不为瓦全"就是说的这种精神。玉碎精神不是提倡自我牺牲，而是强调心中有大义，有正义，有高尚的品格，不在意别人说自己清高，坚决不与低俗为伍，就像莲花一样，出淤泥而不染。

如果你的孩子是玉碎精神，你要重点给孩子创造纯净的精神成长环境，让孩子养成一种高尚的品格，长大以后，要用品味给自己开路，要活出生命的骨气、精神的贵气，这种精神特色是超越自我功利之心的，只为不辜负自己的生命。

6. 预警精神

预警，是预先警示，能够提前规避和预防某些东西。凡事预则立，不预则废，对事物的预警性，反映了一个人应对未来的能力。预警精神的孩子，都比较聪慧，而且灵感很在线，直觉很强。

如果你的孩子是预警精神，你要重点保护好孩子的灵性和灵感，有时候孩子说的话，听上去不合逻辑，但能让人眼前一亮，而且还比较精准，这就是孩子的先天特色。如果这种灵性特质在小时候被保护得很好，长大以后就可能形成预警精神的特色。

7. 启蒙精神

启蒙，是启发新知，帮助别人理清思路，开阔思维，提高新的认识，碰撞新的灵感。启蒙精神的孩子，看上去都有一种端庄的气质，有一种洁身自好的品质，给人一种文质彬彬的感觉。

如果你的孩子是启蒙精神，你要重点帮助孩子养成从容坦荡的心态，减少孩子的羞涩和恐惧。启蒙精神要想发挥作用，就要具备讲实话的能力，而且要把实话讲全面，这样才能形成特色。否则，孩子对羞于启齿的事情避而不谈，好像在照顾体面，其实丢掉了自己身特色。

8. 玲珑精神

玲珑，是灵巧敏捷，善于变化，适应能力强，如八面玲珑，是形容人处世圆润，待人接物面面俱到，人缘很好。比如无论对方是平静的时候，还是烦躁的时候，是清醒的时候，还是糊涂的时候，你都有办法让对方接纳你。

如果你的孩子是玲珑精神，你要重点培养孩子在人际关系中的灵活性，这类孩子有左右逢源的潜质，但是也容易表现出倔强，比如明明被说得哑口无言了，还是要坚持自己的想法。孩子需要认识到，有时候服输是一种智慧，以退为进是一种策略，始终把友好的一面展现在别人面前，才能得到更多的人欢迎。

9. 程控精神

程控，是程序控制，关键在于对序的把握，很多人都讲质量度，其实序更重要。这种精神具有估因控效的特点，能把先前之先与后外之后连成逻辑，做事之前考虑到成果外的结果。不拘一时一事，处处都讲大局，时时都有远虑。考虑任何事，都从多个角度去分析，尤其善于把握思维模式的变化。

如果你的孩子是程控精神，你要把重点放在培养孩子的客观性思维上，即让孩子对现实的认知，有客观的逻辑线，提升对事物的分析把控能力。比如孩子看到一个故事，你可以引导孩子分析这个故事的前因后果，未来的发展走向，如果改变其中的某个条件，结果又会怎么样呢？如果你是编剧，你该如何设定这个故事呢？这样孩子的程控精神就形成特色了。

10. 仗义精神

仗义，指讲求义气，如仗义执言，行侠仗义，仗义疏财，等等，仗义的人，给人的感觉是讲正义公道，守信用，有情义。仗义精神更多体现的是一种反向修养，即缺点和错误也可以发挥正向价值。比如一个人犯错是为了帮助朋友，在不违民意、不违法律，也不违自己的信仰、志向的情况下，这种行为就是仗义。

如果你的孩子是仗义精神，你要把重点放在孩子的底线提升上，比如别人的底线是不做坏事，而你的底线要瞄着多做正确的事、有意义的事去提升，仅仅不做坏事是不够的。这里要强调的是，仗义精神要彰显出自己的品位，就要让生命价值与社会期待相匹配，仗义精神允许犯错，但不鼓励犯错，可以有小错误，但在大是大非问题上不能含糊，缺点可以多，但都不大，没有致命性漏洞，目标永远瞄着成长、提升、发展，这是仗义的方向。

11. 豪气精神

豪气，是豪迈的气概，正向理解是大气大方，不拘小节，反向理解是痞性和匪性。豪气精神的体现，是不害怕挨骂，不害怕别人看不起，不害怕失去任何人，如果自己认为是正确的事，是正义的事，冒着挨骂的风险也要做，如果是违背良知的事，伤害大众的事，冒着辞职的风险也不能做。

如果你的孩子是豪气精神，你要重点帮助孩子树立正确的价值观，对外在的行为方式可以不用太苛刻要求，但在关键时刻一定要有正义的品格，哪怕有时候的正确坚持会犯小错，只要是对未来更好的，就应该坚持。这样孩子的豪气精神就形成特色了，否则的话，孩子很容易形成随波逐流的状态。

12. 风流精神

风流，指有才学而不受礼法拘束，如名士风流。风是随和，流是不拘谨，风流精神首先是一种随和精神，见谁都能够说一块玩一块，无论是老人，还是小孩，都能做到对你没意见，有随和才有"风"。

在老人和小孩面前，熟人与生人面前，都能做到不拘谨，动作自然，这就叫"流"。风流精神是一种游刃有余的社交状态，不同于风流意识和风流行为。

如果你的孩子是风流精神，你要重点让孩子突破宠厌观。比如有的孩子对自己喜欢的东西百看不厌，对不喜欢的东西，一点儿也不想看。这就会束缚自己的视野，限制自己的人脉圈，孩子要看到，自己不喜欢看的东西，也有它存在的价值，你不喜欢的人，也有他的优势，要对身边的人和物都表示友好，自己的精神特色就形成了。

13. 能动精神

能动，是以释放能量体现能力的过程，而人的能力是在帮人当中体现的，所以能动精神的人，通常都有助人为乐的习惯和品质，而且在帮助别人的时候，能够根据别人的需要调整方式。

如果你的孩子是能动精神，你要重点培养孩子对需求的感知力和感染力，让孩子能快速感受到别人的需求是什么，并能够用自己的行为去带动别人，你用自己的能量带动了别人的热情，最终一起做出了成果，你就彰显出了能动精神的特色。

14. 增荣精神

增容，指增加荣耀，别人因为你而有更多荣耀、风采、光辉，为别人的荣光添枝加叶，自己的价值也变得更大，这也可以称为是一种绿叶精神。就像对口相声中，有逗哏和捧哏，逗哏是红花，捧哏是绿叶，但是三分逗七分捧，有了捧哏的衬托，逗哏演员才有更大风采。增容精神就要像捧哏演员一样，甘当绿叶配红花，而不跟花争光芒，成就了别人，也就成就了自己。

如果你的孩子是增容精神，你要让孩子从小养成低调谦和的习惯，不要与别人争抢功劳，这种让功的品质是另一种高贵，而不是一种卑微。世上有红花，就一定有绿叶，有的人做绿叶，反而更有特色。这样孩子就容易心平气和，在为别人做绿叶的时候，内心就顺畅了。

15. 填缝精神

填缝，指填补缝隙，这种精神的人擅长做媒介，哪里有裂痕，哪里就有他发挥价值的空间。两个人本来没有联系，因为他的媒介作用，双方建立了联系；两个人本来有隔阂，因为他的关系，双方坦诚相待，化解了内在的心结，这就是填缝精神。填缝精神的孩子，就像万金油、万能胶一样，跟所有人都没有冲突，别人需要他的时候，他会第一时间出现，别人不需要他的时候，他也不会过来干扰你，尤其是跟其他精神类型的人都能相处融洽，只要有他在的地方，氛围就是和谐的，关系就是友好的。

如果你的孩子是填缝精神，你要重点帮助孩子打造社交优势，多给孩子找一些玩伴，并培养孩子对细节的觉察力，这样孩子就能发现不同人的优势和劣势，自己能为对方做些什么，然后就形成了自己的精神特色。

16. 忠诚精神

忠诚，指真心诚意，无二心。自古以来，人们对忠诚者都给予了非常高的评价，"忠也者，一其心之谓矣"，"善莫大于忠"，"仁而不忠则私其恩，知而不忠则文其诈，勇而不忠则易其乱"，"君子尽忠，则尽其心，小人尽忠，则尽其力。尽力者，则止其身，尽心者，则洪于远"。忠诚精神，既不同于忠诚意识，又不同于愚忠行为，忠诚，从意识状态到精神状态，最重要的是要有独立自我。

如果你的孩子的是忠诚精神，你要让孩子从小养成自我独立的习惯，孩子要学会守好自己的本心，不能欺骗自己，麻痹自己。一个自欺的人，必然会欺骗别人，所以孩子要先对自己坦诚，维护好自己的人格与品性，然后才能把忠诚精神彰显出可持续的特色。

17. 坚挺精神

坚挺，是坚强有力，是一种独立支撑的栋梁体现，在别人都坚持不下去的时候，你还能坚持，在别人都趴下的时候，你还能站起来，这叫坚挺。坚挺精神的孩子，从小就给人一种安全可靠的感觉，身体能量也很足，同伴很容易把他当成靠山。

如果你的孩子是坚挺精神，你要重点培养孩子的担当性，让孩子从小就养成负责的习惯。尤其是能为别人的心理需求负责，比如别人难过了，纠结了，他可以引导对方，难受是正常的，但不能放弃自己，最终是要活出自豪感的。如果这类孩子从小没有养成担当的习惯，长大后就容易产生寄生习性，明明该自己做的事情，偏要别人去做，自己的特色也没有形成，这是家长要注意的。

18. 督领精神

督领，是督促引领，督领精神的人，都有生命大我的格局，能从不同维度看待自己和别人，对不同人的需求能都较好把握，对不同人的状态都能敏锐感知。

如果你的孩子是督领精神，你要让孩子从小扩展自己的格局，开阔自己的视野，不要为一些小事或细节而纠结，这种精神形成特色以后，很可能成为某个行业的领头人，或称为团队凝聚的核心。

第十六章　抚育孩子生命独立

16.1　不独立，就依赖

家长抚育孩子，可以给孩子一种依靠，也可以让孩子将来成为别人的依靠，但是不能让孩子形成一种依赖的意识，更要避免依附的可能，这是孩子能够独立的前提。孩子小时候遇到的困难通常不大，若小困难都要别人帮自己解决，长大后遇到大困难时就更不敢承担了，现在很多孩子缺乏责任感，对人冷漠，就是依赖本能导致的。从不同维度来看，孩子的依赖主要体现在三个方面，分别是生理依赖、心理依赖、命理依赖。

1. 生理依赖

生理依赖是身体层面的依赖，即身体不独立，具体有三种表现。

一是眼球依赖，很多家长带孩子出去玩儿时，都有这样的感受，孩子要一直看着你，他才安心，要是突然某个瞬间看不见你了，就马上哇哇大哭，这就是眼球依赖。

二是皮肤依赖，这比眼球依赖更严重一些，孩子小时候需要时刻跟妈妈都有肢体接触，好一点要一直牵着他的手，严重者要妈妈一直抱着他或背着他，一刻也不能放下，一旦放下就号啕大哭，这些都是皮肤依赖。

三是悦感依赖，追求愉悦感是身体的本能，当这种愉悦感得到满足后，在多巴胺的作用下，人会继续追求享受，当这种追求超出控制范围时，就会形成瘾性，即悦感依赖，比如孩子玩儿游戏不想停下来。

2. 心理依赖

心理依赖主要是情感层面的依赖，即情感不独立，自己对自己的认可，建立在别人的反馈之上。别人对自己的反馈本来是助力自己查漏补缺的，而有心理依赖的人，则把它当成了自我的确认键。如果别人反馈不好，自己就会郁闷纠结。具体也有三类表现。

一是渴望陪伴，害怕独处，身边一定要有人陪才可以。陪伴本是感情的福利，他却当成了全部的主体，缺少了陪伴，感觉都活不下去了，这是严重的心理依赖。

二是渴望欣赏，自己做得好不好，总要别人来下结论，内心严重缺乏自信。如果别人认可了他，鼓励了他，他会表现干劲十足，精益求精；如果别人打击了他，否定了他，他会表现一蹶不振，精神崩溃。

三是渴望崇拜，自己所做的一切，都是为了得到别人的拥戴和吹捧。别人认可了自己还不够，还要把自己当成偶像，做他的粉丝，他才满足，否则就会有情绪，这也是一种心理依赖。

3. 命理依赖

命理是生命本身的程序排列和机能协调规律，命理是生理和心理的共同主体，命理是否有依赖，决定了一个人能否活出真的自己，做自己生命的主人。命理有依赖的人也有三种表现。

一是目标依赖，自己并不清楚自己的人生目标是什么。比如很多人缺乏理想，不清楚自己未来想要的是什么，奋斗的方向需要别人来帮自己确定。比如小的时候以父母的目标为目标，长大后以上级的目标为目标，而自己要实现什么，自己能从目标中得到什么成长，则完全不清楚。

二是精神依赖，当自己内在缺乏精神力时，面对任何一种精神或思想，都可能表现出献媚的状态，甚至完全跟着对方的想法走。社会上很多上当受骗的情况，都跟精神依赖有关。由于自己的精神世界是匮乏的，面对一种新的思想或观点，完全没有辨识能力，只要别人能自圆其说，他就会信以为真，最后免不了掉入他人的圈套。

三是智慧依赖，每个人的生命先天都有智慧的种子，男孩和女孩的智慧特点也有所不同，开发出自己的智慧，是生命成长的必然过程。当遇到困境或迷茫时，经过他人的点拨，豁然开朗，这是智慧依靠。而智慧依赖则不仅需要点拨，还需要别人告诉他每一步该怎么做，自己的智慧完全没有开发，最终也是生命无法独立。

16.2 孩子生理的独立

孩子从出生那一刻起，生理的独立之旅就已经开始了。当孩子脱离母体，剪掉脐带的时候，孩子和妈妈有了第一次分离。但是生命的初期，孩子是脆弱的，他还将继续经历各种独立的里程碑，继续向前发展。

到了孩子2岁左右时，经历出生、翻身、学坐、爬行、走路、说话、吃辅食等各种各样的里程碑，正是这一个个里程碑，帮助孩子逐渐走向独立的人生旅程。当我们有足够耐心，帮助孩子自己做，他们就能满足生理的自我需求，逐渐走在成长和独立的路上。

到了3至6岁阶段，该上幼儿园了，孩子要离开爸爸妈妈融入新的环境中，以前在家里几乎可以让妈妈代劳的所有事情，自己要学会独立去做了，行为上要慢慢独立起来。这其中包括三个方面的提升。

首先是动手能力的提升，孩子要养成良好的行为习惯，比如今日时今日毕,不要把今天的事情拖到明天。这个习惯一旦养成,家长将会省心很多。

其次,要提升感觉统合能力,让孩子的感觉器官得到系统开发,并协调配合,为未来的学习力奠定基础。这个阶段的孩子思维还不成熟,对世界的认识主要就是通过感觉器官的感知,让孩子的感觉器官得到系统开发,并协调配合,对幼儿园阶段的孩子至关重要。

第三,要建立性别意识,这个时候,家长给孩子正确的性别确认非常重要,不要让男孩穿裙子,给女孩打扮成假小子,这会模糊他们的性别意识,不利于孩子的性别认知。很多孩子在上幼儿园的时候还对性别模糊,这都是家长错误引导的缘故。让孩子进行性别确认,对成长意义重大,也有利于自我保护。

经历了以上三个阶段,孩子的生理独立就按了一个基本确认键。

16.3 孩子心理的独立

孩子到了6至9岁,就进入了第一阶段的心理独立期,孩子和父母的情感依赖要逐渐脱离、分离。孩子要从"婴儿状态"中脱离出来,避免情感上过于依赖亲近的人,否则容易卷入家人和朋友的关系中,过于听从他们的意见,而不能保持独立的自我。

具体如何让孩子摆脱情感依赖,可以从以下几个方面入手。

首先,提高孩子分辨是非的能力。

使孩子通过成人对其行为、言语的评价,逐步认识到自己行为的是非,从而提高分辨是非的能力。当孩子遇事有疑问时,引导其独立思考问题,主动解决问题。同时应让孩子知道,只要是经过充分的证实后确信自己的做法或观点是正确的,就应敢于坚持,而不要随意被周围人的思想所左右。

其次，在参与中提升孩子能力。

"小事"由孩子自己安排，"大事"给孩子提供参与的机会。生活中通过适当放手，让孩子做自己力所能及的事情，多给孩子"自己作主"的机会，充分地信任孩子，大胆放手让他们去设计、去计划，去安排，去实践。譬如让孩子自己去买些日常所需用品、购买水果，有意识去训练孩子的能力。多让孩子换位思考，"如果让你去组织这次活动，你会怎样安排"？"如果这事发生在你身上，你会怎么去想"？有了良好的思维习惯，孩子将会慢慢从"无主见"转变到"有主见"，最终成为一个有"独立性"思维的人。

第三，耐心倾听孩子想法。

当孩子为自己所做的事与家长争辩时，家长千万不能斥责孩子"顶嘴"，要给孩子充分的辩解机会。另外，家长不要抢过孩子的"话头"，要静听孩子说话，让孩子试图表达自己的看法，并适时点拨，这会令孩子得到鼓舞。在孩子表达意见时，即使所提的建议很幼稚，大人也不妨在能接受的范围内，予以接纳。

孩子到了9到12岁，就进入了第二阶段的心理独立期，这个阶段父母要帮孩子剪心理脐带。这个过程中，孩子要学会用正确的方法满足自己的需求。

比如，孩子饿了，是生存需要，他就要开始启动"想法"："我如果不喊妈妈，妈妈就不会来给我做饭，我要想吃饭，就得提前拿好碗筷，还得帮忙择菜，我如果不择菜，我就吃不上饭了。"孩子有了这样的想法，他的精神就参与作用了，这是心理成长的重要前提，在这个阶段，孩子会形成自我谈判机制。比如孩子一方面想要吃好吃的，另一方面又不想干活，怎么办呢？他就开始自我谈判，最终自我达成和解，"我要吃到好吃的，就要先干点儿活"，这样孩子的心理就形成了一种"有付出才有回报"的良性机制。家长对孩子的作用，是促进孩子心理良性机制的形成，让孩子的心理健康成长。

孩子到了12到15岁，就进入了第三阶段的心理独立期，父母与孩子完成情感断奶，不再提供情感照顾。当孩子真正实现心理独立后，才能真正地发挥自己的潜力，协调更多的资源，而不是被生活牵着鼻子走。

这个阶段的独立，是真正走出依靠外界反馈而确认自我的阶段，对自己的认知，不再依靠外界评价，能从容处理与自己相关的正面和负面信息。懂得为自己负责，自己犯了错，就主动承担责任，不会把责任推到别人身上，或者掩盖错误，生怕别人发现。在责任面前，从不含糊，别人有了问题，他也会主动帮别人解决，而且抗打击能力很强，面对失败，能够及时调整自己，不会因一次失败而一蹶不振。

经历了以上三个阶段，孩子的心理独立就按了基本确认键。

16.4 孩子命理的独立

命理独立，就是指脱离了父母的生物磁场后照样强大，照样活得好。如果说生理独立是行为层面的独立，心理独立则涉及情感层面，而命理独立则属于命运层面的独立。

当我们达到命理独立的阶段，就需要完全脱离父母的庇佑，去独自面对人生的挑战。遇到困难、逆境或打击时，我们必须学会穿越这些障碍，而不是依赖他人的力量。如果别人在谈论我们时，还以"某某的儿子"来称呼，这说明我们还未真正脱离父母的光环，还不能算是命理独立。

下面是一个真实发生的故事。

一天,一名年仅29岁的男子走进法律援助中心,希望申请免费的法律援助,理由竟然是状告父母的不养育之罪。

这位男子来自农村,文化水平不高,小学还没读完便辍学了。他整日游手好闲,父亲督促他去做各种工作,但每一份工作都做不长久。他做木工感觉太辛苦而放弃,学理发不到半个月就离开,理由是师傅对他刁难,他无法忍受。他去工地搬砖又热又累,报酬也微薄,再次辞职。他去外地的厂子打工,结果被赶了出来,人们说他可能会被当成小偷,而且他的工作能力也不强,根本无法胜任。经过这么多年的工作经历,他得出一个结论:他不适合在社会中生存,他认为自己无能为力,所以不得不依赖父母,在家躺着,让他们养活自己,直到老去。他坦然地表示:"我没有能力,而父母有能力,他们为什么不能一直养着我呢?"他甚至希望有相关法律,对于满18岁却没有生活能力的孩子,父母应该继续负责养着,否则要进行定罪。

这名男子的案例正是命理极度不独立的典型。他试图完全寄生在父母的身边,丧失了自立的勇气和能力。从他小时候的经历可以发现,这种情况主要是由于父母抚育方式不当造成的。在他成长过程中,父亲让他去做一些事情,但母亲总是替他完成,不允许他自己去干活,还责怪父亲懒惰。渐渐地,他形成了依赖父母的习惯,认为一切都应该由他们代劳,认为这是理所当然的。然而,当孩子应该独立的时候,需要自己改变生活,主宰自己命运时,他依然像个小孩子一样依赖着父母。

因此,家长在抚育孩子时要重视培养孩子的命理独立。从孩子小时候开始，每个阶段的独立都要让他们踏踏实实地去走。家长不应该代替孩子做所有事情，而是让孩子自己去完成他们自己的任务，这样才能让他们成为真正独立、坚强的个体。

命理独立，是每个人在成长过程中的必经之路。只有在自己的努力下，我们才能真正摆脱父母的庇护，独立地面对人生的挑战。生活中，我们会遇到各种各样的困难和逆境，但正是这些挑战让我们成长、进步并塑造我们的命运。

命理独立并非一蹴而就的过程，需要我们在成长过程中不断学习、探索和成长。从生理独立到心理独立，再到命理独立，每个阶段都需要我们付出努力。生理独立，是指学会照顾自己的基本生活需求，不再依赖他人。心理独立，则涉及情感层面，我们需要学会处理情绪和面对人生起伏。而命理独立，则涉及更高层面的挑战，我们需要去主宰自己的命运，不再依赖他人的决策和安排。

在实现命理独立的过程中，我们可能会遇到重重困难。正如那位29岁的男子一样，他因缺乏自信和能力，选择依赖父母的养育，逃避社会生活的压力。然而，他应该认识到，每个人都有独特的潜能和价值，只有敢于面对挑战，才能发现自己的真正实力。

命理独立是一个漫长的过程，但它是我们成为真正坚强、独立、有担当的个体的关键。不要让父母的光环笼罩着我们，让我们成为永远的"某某的儿子"或"某某的女儿"。相信自己，相信自己的能力，走出命运的阴影，追寻自己的梦想，做一个真正独立的人。

生命中的每一步都是一次探索和挑战，只有在命理独立的道路上勇往直前，我们才能拥抱更广阔的天空，展现出自己的精彩与光芒。让我们一起勇敢地面对人生的风风雨雨，去创造属于自己的精彩人生。

16.5 抚育不同孩子的独立

每个孩子都需要独立成长，这是他们生命成长的必要需求。从生理上的独立，心理上的独立，再到命理的独立，每个阶段都是至关重要的。在孩子走向独立的过程中，有着各自的关键点位，我们来看看不同类型的孩子在成长路上需要注意些什么。

1. 中向型孩子：生活独立

中向型孩子通常有较好的创造性，但这种创造性需要在不断体验和参与中产生。他们的动手能力越强，悟性就越好，能够发挥更大的价值，这也是他们开发智慧的最佳方式。

有些中向型孩子在成长过程中，父母过于照顾，不让他们动手洗衣服、做家务等，导致孩子在生活中缺乏独立能力。比如有的孩子18岁，而自理能力却只相当于6岁水平。

家长要注意，不能忽略中向型孩子的生活独立问题。虽然他们比较乖巧，讨人喜欢，但家长不能为他们代劳太多，而是要让孩子适当地尝试，培养生活独立的习惯。这样，他们才能更好地适应未来的成长之路。

2. 内向型孩子：想法独立

内向型孩子平时想法很多，但却不爱轻易表达自己的想法。他们常常缺乏自信，总希望别人为自己按下确认键。然而，这种习惯长期持续下去，会导致他们缺乏主见，容易迷茫，无法找到真正的自我和生活的快乐。这样一来，遇到问题时，内向型孩子可能会显得犹豫不决，甚至变得封闭，让问题越积越多，成长道路遇到障碍时就会显得力不从心。

我是个没有主见的孩子

女儿要出门，妈妈问她："穿裙子还是裤子？"女儿说穿裙子，妈妈说"女儿要有淑女的样子"，于是给女儿穿上了裤子。去理发时，女儿想留长发，妈妈说"短发方便不耽误学习"。女儿不想上各种补习班，妈妈却说"我省吃俭用，都是为了你好，你不好好学习，将来怎么对得起我"。妈妈问孩子晚上想吃什么，孩子说"随便"，妈妈说，"这点小事都没有主见，以后能有什么出息"，孩子委屈地低下了头。

孩子的每一个独立想法，都没有得到家长的肯定，在长期被否定的环境中，孩子越来越自卑，长此以往，孩子的独立意识就被彻底摧毁了。这在性格内向的孩子中，最为常见。

对于内向型孩子的家长而言，平时很容易忽略他们的想法独立问题。因为听话的孩子在父母心目中是乖巧的好孩子，但往往不知道内向型孩子其实心里并不服气。为了帮助他们走向独立，家长应该多鼓励孩子说出自己的想法，并鼓励他们自己做决定。在这个过程中，不断培养孩子的担当意识，让他们学会自信地面对生活。

3. 外向型孩子：情绪独立

外向型孩子脾气大，容易被外界牵动情绪，发脾气时也常常不计后果，可能做出过激的行为。如果小时候没有培养调整和控制情绪的习惯，长大后就容易不受控制，情绪容易被外界刺激带动。这些行为往往会让外向型孩子的生活充满不稳定因素，也给成长之路带来障碍。

对于外向型孩子，情绪独立非常重要。他们需要学会突破外界环境对自己情绪的干扰。只有当他们能控制自己的情绪，不被外界左右，才能更好地掌控自己的命运，获得真正的快乐。

家长在面对外向型孩子时，很容易忽略他们的情绪独立问题。因为他们的胆子大，父母常常难以管束。但家长不应只关注孩子听话与否，而应该给予他们适当的挑战和引导，让他们学会调整和控制情绪。当外向型孩子在发脾气或情绪失控时，家长可以试着与他们进行理性的沟通，帮助他们认识到情绪的原因，并引导他们学会用更合适的方式表达自己的情感。同时，也要教导他们处理问题时冷静思考，避免冲动行为带来的后果。

孩子的独立成长需要综合考虑不同类型孩子的特点和需求。家长要做到耐心倾听、细心观察，尊重孩子的个性差异，不要盲目去设定"标准化"的独立成长模式。每个孩子都有其独特的独立核心，需要因材施教。

总之，每个孩子都需要经历从依赖到独立的成长过程。家长要理解并尊重孩子的独立核心，鼓励他们发展想法、生活、情绪的独立性。只有在适当的引导下，孩子才能真正实现独立成长，迈向美好的未来。让我们陪伴他们一同成长，共同迎接生命中的挑战和奇迹。

16.6 抚育生命的完整圆满

一个独立的生命是立体的，有纵向结构，也有横向结构。只从某一个方面看待生命，只能是盲人摸象，窥豹一斑，以偏概全。纵向结构有问题，就不知道自己真正需要的是什么，今天认为这个好，明天认为那个好，到头来，发现自己追求的东西，并不是自己真正需要的。横向结构有问题，不懂得自己的生命程序，也不理解他人的生命个性，以为自己喜欢的东西，别人就一定喜欢，结果处处跟人不同频，不同步，误会不断，矛盾丛生。

从纵向看，生命有五个维度，分别是物质、生活、心理、精神、灵魂。每一个人的所有追求，都包含在这五个维度之中，人与人之间的追求差异，就是生命所处维度的差异。有的人站的维度高，有的人站的维度低。但从终极来看，生命本该处于不断升华状态中。这就是我们常说的"人往高处走"，真正的高处是维度升高，而不是社会地位、金钱、权力那么简单。

物质维度，是人生存的基础，曾经无数代人，都在为能吃饱穿暖不停奋斗，这是生命最原始、最本能的动力。当物质需求得不到满足时，人们很难有心思、有精力探索更高的追求。直到物质丰富的今天，还是有很多人，把物质追求放在第一位，即使衣食无忧，依然想要积累更多，结果是物质享受很高，幸福指数却很低。

生活维度，是人事物的综合活动，有的人为了生存，有的人为了快乐，有的人为了成长，每个人都有自己的生活状态。因为不同的人追求的内容不同，生命类型不同，就会有生活的摩擦、生活的矛盾，人的很多时间，都在为了自己的追求，处理着各种各样的矛盾。

心理维度，是人内在的情感活动，是大脑对客观世界的主观反映。人的主观与客观相一致时，心理就是顺畅的，称为身心相协调；当主观与客观不一致时，就会有各种心理纠结，甚至产生心理疾病。人的各种情绪、欲望、意识，也属于心理维度的范畴。

精神维度，是情感和意识的升华，是一个人内在自我的主体。一个人有没有真实自我，主要在于精神是否饱满，精神力是否强大。做人能做好，关键靠精神，有了精神，才能成为思想独立的人，没有精神或者精神涣散，生命就是残缺的，失去真实自我的生命，只能活在别人的评价里，活在各种伪装里，活在奴性的外壳里。

灵魂维度，是精神的再次升华，是生命的终极归宿。我们常说团队的灵魂、军队的灵魂、国家的灵魂，然后联想到向心力、凝聚力、爆发力。生命的灵魂，就是不断升级的真我，是精神生命的跃迁，生命的意义，就是不断与更高的自己链接，应用在现实中，就是每天遇见更高的自己，这就是对孩子灵魂维度的诠释。

从生命属性上说，物质维度属于自然属性范畴，生活维度和心理维度属于社会属性范畴，精神维度和灵魂维度属于独立属性范畴。从生命层次上说，高维度的状态决定低维度的状态，站在上一维度，解决下一维度的问题，会迎刃而解，轻松自如，站在下一维度观察上一维度，往往难以企及。

当物质需求满足之后，会面临一些生活上的矛盾，生活上有冲突时，心理会产生纠结，如果心理是顺畅的，人就会萌发精神的追求，当精神追求是明确的，底定的，人就会探索自己灵魂的出路。人在不同维度上的需求，如果是自上而下去追求，就很容易实现。例如，一个人找到了灵魂的出路，精神自然是昂扬的，当精神非常饱满和强大，心理自然不纠结，当心理是健康的，生活就会经常遇到小惊喜，当生活是轻松的，物质就不会束缚自己，多一点，少一点，够用就开心。在这个背景下创造物质财富，就成了精神生命的实践，无论结果怎样，人都会感受到生命的充实，精神的愉悦。

反过来，从下向上去追求，就会困难重重。比如，用物质解决生活矛盾，有时候能解决，有时候会适得其反，如果生活矛盾是因物质的匮乏导致的，用物质可以暂时解决，如果生活矛盾是因人性的碰撞导致的，用物质解决，反而矛盾更大。用生活解决心理问题，当心理充满纠结时，生活就像一团乱麻，总有那解不开的小疙瘩，越想越难受，越想越郁闷。从心理解决精神迷茫，站在心理的视角看精神，连精神是什么都说不清楚，更不要说给精神指点迷津了。由此可见，生命要快速成长，先要提高生命维度，有的人终其一生，都在低维度苦苦摸索，到最后，也没有找到自己的出路，却感慨生命没有意义。

从横向看，生命有不同的角度，比如性别角度、性格角度。男人生命和女人生命，在结构、功能、作用上都有差异，同样是男人或女人，也有不同的类型，有的人偏内向，有的人偏外向，有的人偏中向，就像前面提到的矿物属性、动物属性、植物属性，在思维方式、行为习惯、性情表现等方面都各有不同。这就是生命的横向结构。

结合孩子抚育，我们看待孩子的生命，从纵向的不同维度，横向的不同类型，立体去看，才会看得清晰，才能把孩子读懂。孩子作为一个鲜活的生命，一个高级阶段的灵性存在，本该在未来的道路上，活向更高的生命维度，在更大的生命格局里，收获更加健康圆满的人生。这是每一位家长、园长、校长的时代责任和崇高使命。

第十七章　穿越时空的诗词对话

17.1 苏轼——榜样教育的千古典范

苏轼《定风波》

莫听穿林打叶声，何妨吟啸且徐行。

竹杖芒鞋轻胜马，谁怕？一蓑烟雨任平生。

料峭春风吹酒醒，微冷，山头斜照却相迎。

回首向来萧瑟处，归去，也无风雨也无晴。

从先天性格上说，苏轼是中向型人，在命性类型上对应植物属性。他的这首《定风波》充分体现了乐观的心态和坦然的性情。虽然雨骤风狂，但"莫听"二字点明了外物不足挂心，不影响自己潇洒前行，虽然走在泥泞之中，却是另一种体验，不妨对环境来一次调侃。从苏轼的历程看，他的一生都在用这种心态面对环境，面对他人。虽多次身处逆境，屡遭挫折，但始终保持无畏惧、不颓丧的倔强性格，临终之前，他对弟弟说，自己从来没有遇到过坏人，实际上，他晚年遇到的很多人都是要害他的人，只是乐观的他，并没有把这些人和事放在心上。这也充分体现了植物性人对人的真诚。

有人曾这样表达对苏东坡的崇敬之心——当读书时，他告诉我："博观而约取，厚积而薄发。"我迷茫时，他告诉我："不识庐山真面目，只缘身在此山中。"我创业时，他鼓励我："天下有大勇者，卒然临之而不惊，无故加之而不怒。"我失败时，他宽慰我："人生如逆旅，我亦是行人。"当我放不下时，他开导我："江山风月，本无常主，闲者便是主。"当我失去亲人时，他劝慰我："人有悲欢离合，月有阴晴圆缺，此事古难全。"当我决定再出发时，他鼓励我："竹杖芒鞋轻胜马，谁怕？一蓑烟雨任平生。"这些都反映了植物型人对现实的尊重，接纳缺陷，不追求完美，不愿意强求，这也是植物型人容易被人欢迎的原因。

从家庭抚育上说，苏轼作为中向型人，最需要的是榜样抚育，而苏轼的父母更好地对苏轼采用了榜样抚育。

有一次，母亲带着他读《范滂传》，范滂是东汉时期铁面无私的官员，因得罪权贵，被诬告，判了死刑，在刑场上他和母亲说自己不能尽孝，希望母亲不要太伤心。而他母亲说："一个人不能在追求留名千世的同时，又想要富贵一生。母亲支持你。"苏轼听完故事就对母亲说："我长大后如果要做范滂这样的人，你同意吗？"面对儿子的询问，母亲给出了智慧的回答："你能学做范滂，我难道不能学做范滂的母亲吗？"

父亲苏洵在对苏轼抚育方面，不仅以身作则，勤奋刻苦，给孩子树立榜样，还注重培养他的学习兴趣。有一次，苏轼和弟弟苏辙正在玩闹嬉戏，父亲就在旁边拿着一本书，假装在偷偷看，而且不时笑出声来。苏轼因为好奇，就跑过去问父亲在看什么，这时父亲反而把书藏起来，不让他们看。这样一来，孩子的好奇心更重了，等到父亲不在家的时候，苏轼就和弟弟偷偷把父亲的书拿出来去看，反而成了生活中的一种乐趣。

17.2 李白——灵性主导的人性风采

李白《梦游天姥吟留别》
虎鼓瑟兮鸾回车，仙之人兮列如麻。

第十七章 穿越时空的诗词对话

忽魂悸以魄动,恍惊起而长嗟。

惟觉时之枕席,失向来之烟霞。

世间行乐亦如此,古来万事东流水。

别君去兮何时还?且放白鹿青崖间。

须行即骑访名山。

安能摧眉折腰事权贵,使我不得开心颜!

从先天性格上说,李白是中向性格,在命性类型上属于植物属性,他的诗歌常以洒脱浪漫著称,处处体现自己鲜明的个性和独立的自我,这正是植物型人的生命特色。

从血性和灵性的关系上说,李白是以灵性为主导的正常人性,当血性与灵性发生冲突时,也是血性向灵性妥协。比如,李白想步入官场时,需要血性来主导自己的仕途环境,当仕途的规则与他的灵性产生了矛盾,违背了他的初心时,他便选择坚守自己的灵性,不愿意向世俗妥协,比如"安能摧眉折腰事权贵,使我不得开心颜"。

李白的灵性特点一直处于饱满状态,他的很多诗作都是脍炙人口的灵性作品,比如"众鸟高飞尽,孤云独去闲。相看两不厌,只有敬亭山"。在陶醉和浪漫的意境下,彰显着生命的灵性信息。有人称李白为灵感如泉涌,文字如云舒,正说明他灵性的天然状态。李白的灵性,跟他小时候的成长也密不可分。李白小时候具有很强的好奇心和求知欲,对于不懂的事情总想寻根问底,这也为他后来的创作奠定了基础,甚至有人大胆地说,"天才是百分之九十九的汗水加上百分之一的灵感,但是李白可能是两者对等"。而李白的灵感之所以如此丰富,跟他成长过程中的好奇心和求知欲是分不开的。

17.3 李清照——时空智慧交叉升华

从先天性格上说,李清照属于内向型人,在命性类型上对应矿物属性,她的很多词作都是矿物型人对细腻情感的描述,比如,"此情无计可消除,才下眉头却上心头",既展现了非凡的才情,也体现了矿物型人多愁善感的情绪特点。

从时空智慧上说,李清照既拥有女性特有的时间智慧,也融合了男性的空间智慧,比如"雁字回时,月满西楼。花自飘零水自流"体现时间智慧特点,"生当作人杰,死亦为鬼雄。至今思项羽,不肯过江东",既有男性的空间智慧特点,也有一种巾帼不让须眉的心境。

李清照之所以体现了时空智慧的交叉,与她受到的家庭教育是分不开的。父亲对她的教育非常开明,作为一个女孩子,小时候不仅可以随意出门游玩,还经常跟朋友一起喝醉酒,比如"争渡,争渡,惊起一滩鸥鹭"所描绘的,就是一个十六七岁的女孩子,在一个天气晴朗的夜晚,和一大群朋友喝得半醉,将小船开到了藕田深处,惊起一大群鸥鹭。这样宽松的家庭环境中,既有利于她开启时间智慧,也有助于她融合空间智慧。

另外,从生命属性的不同维度,也能看出她的不同特点。自然属性方面,她更在乎自己与自然的深度融合,所追求的不只是自然氛围的和谐,或者单纯地享受自然,而是在自然中能有更深入的体会认知,自己的生命,因自然的载体,有了更深的思考,再把自己的灵感,用文字回馈给自然。这是一种与自然的深度链接。社会属性方面,她体现出了自己的真性情,她不受世俗的束缚,能够与身边的人正常相处,表达自我,造就了后来丰富的性情,既有开明的一面,又有传统的一面,既有快乐的一面,又有忧伤的一面,既有坚强的一面,又有脆弱的一面。独立属性方面,她的思想从不随波逐流,见解总是独辟蹊径,展现出不一样的精神自我。

17.4 林徽因——人性能量的加持与消耗

> 林徽因《你是人间的四月天》
>
> 我说,你是人间的四月天,
>
> 笑响点亮了四面风,
>
> 轻灵在春的光艳中交舞着变。
>
> 你是四月早天里的云烟,
>
> 黄昏吹着风的软,
>
> 星子在无意中闪,
>
> 细雨点洒在花前。
>
> …………
>
> 你是一树一树的花开,
>
> 是燕在梁间呢喃,
>
> ——你是爱,是暖,是希望,
>
> 你是人间的四月天!

林徽因的诗歌,往往蕴含着丰富的意旨,寄托着复杂的感情,暗示着深刻的意象。从先天性格上说,林徽因属于内向型人,在命性类型上对应矿物属性,感情细腻,疾恶如仇,坚毅有韧性。

从人性加持和消耗上说,可以从三个方面来分析。

在血性和灵性的关系方面,父亲的影响使她的灵性得到了良好成长,而母亲的影响则使她在血性方面难以安定,一方面是广阔的精神世界,带给她的灵感和喜悦,另一方面是血性能量的牵绊,让她难以释怀。她曾给好友的信中写道："我自己的母亲碰巧是个极其无能又爱管闲事的女人，而且她是天底下最没有耐性的人，我经常和妈妈争吵，但这完全是自找苦吃。"

在家族和精神自我的矛盾方面，林徽因也存在人性消耗，父亲对她的教育与她的精神自我是一致的，母亲对她的影响，与她的精神自我是相悖的，也就是说，家族对她的要求是不统一的，不稳定的，这就导致她的精神自我无法保持不间断地恒定，精神受到牵绊，人性就有内耗。

在感性和理性的关系方面，林徽因基本没有太大的矛盾，这一点在她的社会属性和独立属性方面有很好的体现。当她与丈夫搬到北京之后，每到周六下午，一些学术大家、社会名流都会自觉到访，其中还有一些外国朋友，逐渐形成了北京最有名的文化沙龙，接触过林徽因的人，感觉她是一个热心肠的人，有着诗一样的善解人意的情怀。

对比梁思成，我们能看到另一种人性状态，梁思成的人性是相对较稳定的，几乎没有人性层面的消耗，在父亲梁启超的影响和激励下，梁思成从小主修《左传》、《史记》等古籍，对中国古文化有着良好的基础和浓厚的兴趣。这也养成了他浓厚的爱国主义和民族意识。他14岁进入清华学习，在学习中，不仅学业优秀，兴趣广泛，也是爱国组织的中坚分子。他母亲李蕙仙，既是一位贤妻，更是一位良母，才华和德行都是一流，父亲和母亲的影响是一致的，稳定的，他的宗体和灵体没有矛盾，他从小受到很好的照顾，没有生存恐慌，精神营养也有持续供给，使得血性和灵性之间没有矛盾。他从小养成很高的个人素养，把感性和理性之间的关系处理得很好，所以，情体和慧体之间也没有矛盾。综合来看，梁思成属于加持型人性。

17.5 曹操——一位外向型父亲的家庭抚育

曹操《龟虽寿》

神龟虽寿，犹有竟时；

腾蛇乘雾，终为土灰。

老骥伏枥，志在千里；

烈士暮年，壮心不已。

盈缩之期，不但在天；

养怡之福，可得永年。

幸甚至哉，歌以咏志。

从先天性格上来说，曹操是外向型人，而作为一个外向型的父亲，非常重视儿子的教育，曾说过"生子当如孙仲谋"，让儿子以孙权为榜样。

曹操的儿子都比较优秀，其中曹丕、曹植、曹彰最为大家所熟知，而每个人也是各有特色。从先天性格上看，曹丕属于内向型人，思维缜密，爱憎分明；曹植属于中向型人，性情淡泊，崇尚自由；曹彰属于外向型人，刚毅胆大，勇猛过人。曹操对三个儿子的教育也体现出了因材施教。

教育曹植时，发现他喜爱文学且极具天分，就专门请老师教他诗词。教育曹丕时，发现他喜欢政治，就把自己所著的《孟德全书》交给他学习，培养他的政治能力。教育曹彰时，看他天性好战，就令其拜师张辽学习，当发现他只有可能成为将才，很难成为帅才时，就不再勉强他学习《诗》、《书》等经典，而是让他专心带兵打仗，结果屡立战功，成为曹操手下一名得力干将。

从三个人的特点来看，曹植才思敏捷，出口成章，引经据典，文采斐然；曹彰臂力过人，手能博虎，能征善战，意志慷慨；曹丕虽然文武双全，但文不如曹植，武不如曹彰，最终却成了曹操的继承人。

　　从人性角度来看，曹植是灵性主导的人性，曹彰是血性主导的人性。因此，曹植身上体现更多的是精神追求，但血性成长不足，生存能力较弱，不擅长自我保护，后来在曹丕面前，差点丢掉性命，因为七步诗才躲过一劫。曹彰是一个血性十足的男儿，战场上勇猛无比，但是灵性成长较弱，没有太大的精神追求，一心要成良将。曹丕则是血性和灵性相对平衡的人，既有生存能力，又有发展能力，虽然血性和灵性两个方面都没有兄弟出色，但是交叉之后，具有更协调的人性，也更适合做曹操的接班人。

第十八章　咨询案例
——对一个抑郁症女生的心理疏导

概要：一名初二的女生，在家庭环境中感到非常压抑，虽然学习成绩优秀，但内心总有莫名的压力，爸爸和妈妈对自己不理解，让自己更加郁闷，感到生活没有意义。经过导师的咨询辅导，对家庭关系的梳理，对心理、情绪和精神层面的分析疏通，该学生成功走出了心理阴影，重新找到了自信和希望，父母关系也得到了改善，家庭氛围更加和谐。

18.1 一般资料

1. 人口学资料

张某琪，女，14岁，初二，中向型人。父亲39岁，中向型人，餐饮管理工作；母亲38岁，内向型人，与丈夫共同经营餐馆。弟弟10岁，在上小学。父亲对工作不太上心，母亲和孩子对父亲都有不满，孩子对父亲一直比较支持，希望父亲能够撑起来，但很少得到父亲的回馈，对父亲也有些失望。父亲的很多想法不愿意跟家里人交流。

2. 个人历程

孩子从小跟着父母一起长大，父母和爷爷奶奶在一起生活。爷爷奶奶创建了一家餐饮店，日常经营稳定，父母在这家餐饮店工作。孩子与爷爷奶奶关系很好，在学校的成绩也很优秀。家里的氛围不是很放松，大家吃饭时也不坐在一起，看到对方身上的问题总是相互抱怨，尤其是母亲，经常在孩子面前抱怨父亲，孩子在心理上对家人比较失望。父母对孩子的关注更多是学习成绩，很少关注孩子的内心，忽略了孩子的快乐需要和精神需要。

孩子曾经说服爷爷奶奶支持爸爸创业，爷爷奶奶给父亲投资了一笔钱做生意。但是父亲没有做成功，也没有跟家人解释其中的原因。爷爷奶奶认为没有赚到钱就是失败的；父亲内心也很压抑，经常一个人喝闷酒。家人之间缺乏理解，缺乏有效的沟通，心理积累了很多误解和不满。

18.2 主诉和个人陈诉

1. 主诉

内心压抑、郁闷，不想上课，失眠，喜欢玩儿手机，不愿与家人沟通，有自杀倾向，被医院诊断为抑郁症。

2. 个人陈诉

我爷爷奶奶的观念比较保守，让人不放松，我爸妈在饭店里干活，天天都被爷爷奶奶批评，然后爸妈回到家就跟我讲，我也没有什么办法，只有听着。我爸和我妈感情也不好，天天吵架，有时候我爸喝个酒，还打架。

我爸喝酒给我弟造成了很大的心理阴影，把我弟吓坏了，我妈想为我们好，但是心理压力也很大。我认为我妈是爱我的，但是这种爱有一种让我承受不了的感觉，我担心自己学习不好，他们不开心，担心将来给不了他们更好的生活。奶奶经常给我说希望都在我身上，我就感觉自己主宰不了自己，把握不了自己的未来。我希望自己的未来是有钱有自由的，但是从现在来看很难达到。

18.3 观察和他人反映

1. 导师观察

孩子的问题是青春期的正常现象，算不上是抑郁症，只是内心有郁闷，家里人无法帮到自己，不理解自己，虽然物质上给自己提供了很大的便利，但是精神上无法引领自己，自己的迷茫无法开解，找不到生活的意义，所以才会压抑。

2. 父母反映

母亲感觉到无法满足孩子的某些需要，比如精神层面的需求，如何让孩子开心快乐起来，如何让孩子大脑疏通，不影响学习，自己缺乏这方面的知识。父亲不想给孩子太大的压力，对孩子的学习并没有太高的要求，只要自己感觉好就行，并没有给孩子寄予太多奢望，孩子的问题是自己想得太多了，把简单的问题想复杂了，自己只要简单一些就好了。

18.4 咨询目标

1. 短期目标

（1）找到自己的兴趣，走出心理的压抑；

（2）找到自己的矛盾核心，并彻底化解；

（3）找到自己在家庭中的作用，父母对自己的帮助点位；

（4）让家庭氛围从紧张走向放松和愉悦；

（5）提高孩子的意志力，增加在人生路途中的探索勇气。

2. 长远目标

（1）找到自己未来的方向，不再为明天而迷茫；

（2）知道自己的未来需要什么，并用未来约定当下抚育方式；

（3）通过孩子健康的精神状态帮助家庭建立完整的心理环境。

18.5 咨询过程和分析

1. 诊断评估和咨询关系建立阶段

第一次见到孩子和父母三人，先跟父母聊了孩子的问题，以及父母对孩子问题的看法，分析了父母需求和孩子需求在根本上的差异，父亲的情感需求和孩子的精神需要存在很大冲突，父母不理解孩子。

通过与家长的沟通，父母认识到了自己在抚育中存在的缺陷，认识到了自己给予孩子的爱有哪些偏差；孩子也在沟通中敞开了心扉，改变了对父母的认识，更清晰了对自我的认知。部分沟通过程如下：

母亲：我知道孩子更应该关注怎么样去生活，怎么样生活地开心快乐，但是我们缺乏这方面的知识。

老师：这一代的孩子，价值观、人生观、世界观跟上一代是完全不一样的，她的一切价值观基于这个精神世界，比如精神怎样快乐，怎样放松，精神怎样保持愉悦、饱满、丰富。孩子首先要的是快乐，孩子在学习上不认真，也是因缺乏这个东西，快乐不够。

母亲：她就是接受不了。

老师：是的，孩子未来需要的这种丰富的精神或者饱满的精神，没有人告诉她，未来到底是什么样子，未来我能成为什么样的人，未来我要是谈个男朋友，我能不能驾驭住对方，他能不能听我的，等等。孩子的未来是必须要面对的，孩子的矛盾是人生的矛盾，孩子现在提前有了想法，是准备提前解决未来矛盾的，这是好事情。

母亲：是啊，孩子现在的好成绩不足以支撑她完整的心理了，只是支撑她心理自信的元素之一。孩子更多的是得知道怎么样和别人打交道，比如我喜欢他，我该怎么表达，怎么把对方抓到手里。

老师：主要是人与人之间的问题，现在家里的孩子特别少，不像过去有兄弟姐妹好几个，孩子从小就体验了如何跟比自己大的人相处，如何跟比自己小的男女相处，一家兄妹几个就像是搞社交训练一样。但是你女儿没有这样的体验，孩子也需要一个与小朋友相处的实验场。现在的孩子出了问题，孩子有百分之三十的原因，妈妈有百分之三十，爸爸有百分之三十的原因。各有百分之三十，其中还有百分之十是未来及社会的原因。

父亲：我能理解老师的意思，我觉得孩子现在这个年龄，想法很多是很正常的，现在不是谁的责任问题，主要是孩子自己心理要迈过这个坎，她自己是最主要的。我感觉我女儿没有什么特别大的问题，学习这方面，只要能考好，作业做不好也是可以的，即使不上学也有成才的，所以孩子不要给自己太大压力，不一定非要考班级多少名，要顺其自然，自己该怎么做，自己考虑好就行了，我们只是在旁边提个醒。等她慢慢成年了，思想力会更加完整和健全。而且我并不是传统上重男轻女的人。

母亲：老师分析的不单单只是一个学习问题，还有孩子的精神以后要什么样。

父亲：未来的预测不太好把握。

母亲：她现在迷茫了，她不知道现在该怎么做，她需要别人引导她怎么做。

老师：爸爸是一个很实在的人，实在的人必然缺乏灵活性。你知道吗，他对姑娘平时要是说得不好听，你也得理解。因为他确实是牺牲灵活性换得的，所以他不灵活很正常，所以你得理解。还有刚才说，其实孩子这个问题并不严重，其实你对女儿，本底不是一个重男轻女的人，只是顺应了传统的后天抚育的习性、习惯，他被父母抚育的，被社会教育的，好像是我在重视一个男孩。其实他原本的初心一点都不重男轻女，相反其实他是一个更重女儿的人。父亲跟女儿很亲，但是他缺乏方法和手段，所以他越表达，结果越相反。这你理解了吧？你理解你爸了没有？他越想表达对你的爱，对你的关心，就越会出现一个相反的结果。

母亲：他就是缺乏灵活性，他想表达什么，你感受不到。

老师：这个是有利有弊的，对人性的抓取需要全面。对孩子来说，父母刚好处于转折期，他是给不了你未来十年之后该有的东西的，所以说只有你自己探索，当然了你也有机会，是不是？所以呢，他们给不了你的，你别埋怨，你首先要有一个同情之心，知道吗？对你父母有同情之心，或者是怜惜之心、怜悯之心，听见没有？他们整天这么辛苦，养了个孩子还这么气他，你爸妈也很不容易，他们不容易在时代的转折期，他不知道哪个是风口，人性的风口。

2. 领悟阶段（部分）

父亲：孩子不能对自己要求太高，压力太大了，自己对自己要求的品质太高，应该按照平常心一样的，就是人活着要有平常心。

老师：是这样的，你们父女之间的问题是什么呢，你想让女儿放松，她其实也是一个很小、很优秀的孩子，但是你们俩的口才都不太好，就说不到对方心里头，你看你说的这些话，也说不到你女儿心里头。为啥呢？其实你说的是真关心她，真想让她放松，不要让她有压力。但是你要知道，你现在说这话，她年龄太小了，她没有底气这样去面对，因为她还没有彻底的、完整的自我。你再说孩子不要有压力，孩子还是会有压力，你说不到她心里最担心的点，她最没底气的地方，她心里最自卑的地方，知道吗？你说不到她那个点儿上去，她心里有最担心的，有最恐惧的、有最自卑的地方，你们没有给她把那个问题解决掉。对孩子的成长很优秀的地方，或者是她自己能够自我照顾的地方，你们不用过多关注，你们只需要照顾孩子内心最自卑的点，保护好最恐惧的点，最担心的点，才是最重要的。爸爸给孩子说不要有压力，那是未来孩子要放松的，比如说十年之后，你跟孩子说这话，孩子听了特别舒服，但现在孩子没有自我，她一无所有的情况下，你告诉她，孩子放松吧。谁敢放松啊？是不是啊？因为她面临的矛盾，你不知道啊，你不知道她面临着什么样的困难和矛盾，你不知道她内心的恐惧和担心，所以一味让孩子放松是没有用的。

母亲：你越说她，她越觉得你不理解她，她越想给你讲。

老师：你们现在应该怎么做呢，如果她缺乏勇气了，给她当靠山；她想后退了，用脚踢她一下，就是不要让她后退。你看孩子是不是力量确实很弱？咱每个人成长，经常是恐惧的心理，是不是？谁不面对这些？但是呢，后退两步了之后，你再把那条船推回去呀。

母亲：嗯嗯，对的。

老师：孩子观察爸爸，不单是个爸爸，还是个社会的成年男人，女孩子走到社会上，是不是要首先面对的是一个同性关系，一个异性关系？观察这个社会上男人的智慧是什么？男人为人处世啥样子的，她爸爸要给她展示真实的东西，而不是伪装说：社会很轻松，社会很愉悦。不是说社会都很爱你，爸爸不要跟孩子展示假象，所以说你这个压力，比如说你要是有压力了，你要是跟女儿交流交流，到时候女儿感觉到你给她精神营养了。一个人有问题时，直接面对自己的问题是很难解决的，她有问题了，你就把你的问题交给她，她通过解决你的问题，她自己的问题就解决了。其实你没有给她谈过真正的心思和心理，你并没有把你的压力让女儿了解，因为你们俩给女儿展示的都是假象世界，不是真实的世界。为什么现在的孩子都叛逆父母，是因为现在的父母都试图给孩子营造一个假的伪装的世界。

老师：（对孩子）你分析一下你自己到底有没有抑郁症呀？（稍作停顿）

老师：其实你是郁闷，根本就不是抑郁。

母亲：心理的问题没有解决，为什么我们没让你吃药？就是我坚信，这就是你青春期的正常反应，还有各方面问题没有解决，郁闷的心里然后纠结。她前一阵子跟我讲，妈我有两个声音，一个是我爸的，一个是你的。就两个，一个叫学习，一个叫不学习，我都不知道怎么做，就这两个，你知道吧？她自己纠结这个了。

老师：我跟你说，你看到了没有？你是不是听你爸的你也烦恼，听你妈的你也烦恼，是不是？最后你记住，听自己的，听见没有？

孩子：我觉得我自己说的也不对。

老师：好，哎，这就聪明了，这就说明你现在已经对自己有所认识了，是不是啊？现在身上是不是有很多矛盾？嗯，我现在才一点点给你剥离，有些矛盾是真的，有些矛盾是假的，现在是不是你听听你爸的也不对，听听你妈的也不对，好，你现在呢，反正是他们两个你完全听谁的结果都不好，这是真的。听你妈的你压力更大，因为你妈一直在释放爱，是不是啊？听你爸的，你爸一直在跟你好像也是在释放爱啊，但是结果并不是预期的那样，是不是啊？他们并没有把你郁闷的东西解决掉，是不是？你首先得知道至少还有一个声音你必须得听，但是呢，不是你的现在，是你的未来。你现在先想想，你25岁之后，你想活成什么样子的？闭着眼给我说说。

孩子：我想活得自由一点。有自己的钱啊啥的，可以自己花呀，就不用被别人限制啊，怎么样的，就这么点。

老师：你这是位高权重责任轻，是吧？那我问一下哈，25岁你要有钱，还要有自由，是不是啊？你当下能不能达到未来有钱有自由？不能是吧？好，那你想想，你现在应该怎么样做才能未来有自由和有钱？（稍作停顿）

老师：你看人生未来要想达到既有钱还有幸福，还有自由，路径有很多，包括元素也很多。其中学习成绩好是一条路，仅仅是其中一条，这一条很重要，但是它并不是全部。你认为人生就一条路，你有没有发现新的路呢？先把这个问题想透，你去爬人生这座山，你在爬这个人生的山峰，我到25岁有钱有自由，这是阶段性胜利，你希望阶段性胜利，但是你现在对阶段性胜利没有把握。你看这个人生这座山，你在这个山脚下呢，现在因为年龄小还没成年，你在山脚下想爬山呢，这个山顶上写的是自由和有钱，你仅仅是站在这个山脚下，走了几步，遇到这个障碍了。你看，爬喜马拉雅山至少有三条通道，为什么你认为你的人生只有一条通道呢？现在你有个问题，走了几步走不通，你的意志力不够，意志力不够之后呢，你想试图坐在那儿偷懒，等着未来有自由和很有钱。你们俩更担心的，其实是她坐着不动，所以爸爸给孩子说，下一条路很轻松，妈妈跟孩子说，这个石头是假的，往前冲吧。你们并不给孩子引领和指导，"走，我陪着你，咱再走一条路"，你们不是这种口气和语言，"走，我陪伴着你，咱们共同去探路"。其实你要告诉孩子，爸妈也不知道下一条路在哪，但是我们愿意陪着你，共同去找。但你们不是这个状态，所以孩子很矛盾和纠结，孩子本来面对自己的矛盾就已经很痛苦了，她还要面对你们俩的矛盾，因为你们俩的爱给她增加了个新的矛盾，是不是人生矛盾太多了。你们俩要解决掉她不该面对的矛盾，她现在唯一该面对的是什么矛盾？是遇到障碍了之后，是选择把这个障碍搬除，还是再找路径，她没有这个勇气。第一，没有选择的能力。第二，没有寻找新路径的勇气，她其实是缺勇气，知道吗？你们要帮助孩子解决这个问题。

3. 修通阶段（部分）

母亲：我们现在相互更理解了，不像以前那样有很多抱怨了，心里面平静了很多，也不乱发脾气了。

老师：孩子感觉有哪些变化呀？

孩子：我就尝试着去理解和支持我爸。

老师：那你觉得应该怎么去理解和支持呢？有具体行动吗？

孩子：没有。

老师：好，没有，以后你记住这哈，重点不要放在对爸爸的理解上面，现在14岁了，是吧，以后呢，自己想自己该想的，做自己该做的，不要想自己不该想的。在这个家庭，只说在你们三个人的关系上，你该想什么，你该做什么呢？

父亲：学习。

老师：家长对孩子的引导要深刻呀，其实学习也不是孩子该想的，是孩子该做的，但其实每个孩子预付的这个缘分是不一样的。有的孩子是父母的开心丸，不开心的父母，有矛盾的父母，光想吵架，小孩子调解调解，是不是啊？孩子要么就是父母的开心丸，要么是父母的带劲源，父母没劲了，一看到孩子，哎哟，我还要努力啊，是不是？要么是父母的丰顺船，就是你努力什么，父母给你什么，只要你的方向是正确的，就像一股风一样，带动了父母向前走，向未来走。

老师：如果在心理给家里找一个支柱和灵活人物，你觉得谁合适呢？

父亲：心理上感觉没有合适的。

老师：现在你们这个家庭的情况呢，是缺少一个凝聚点的，精神上是一盘散沙的状态，但是家里有了什么事儿，好像谁都可以去尝试，这是好的地方，这是你们家的状态。

母亲：我也感觉我们家不是一条心的，每天都不在一起吃饭，她爷爷奶奶有时也想关心我们，但每次打电话，都会让我感觉焦虑，特别有压力，自己好像是被饭店项目完全拴住了一样。

老师：爷爷奶奶那一块暂时先放一放，因为他们年龄大了，让他们改变是比较困难的，他们高兴了就没事儿，不高兴就会找一些事儿，将来问题解决之后，上一辈自动就好了。另外父亲这一块，是压力比较大，上面有父母的压力，中间有妻子的焦虑，下面有孩子的逼迫，孩子逼迫是因为成长需要。所以父亲说话频率特别高、特别快，特别焦虑，是不是？还急躁。别人听你说话，就莫名不舒服，你知道吗？那你以后是不是需要注意这个，其实你说的都在表达自己的情绪，而不是表达这个语言信息本身，就是你的语言是不起核心作用的，缺乏语言的力量，所以你在家当不了主，是不是？虽然你有能力，但是你的语言能力不够，你是智慧能力不够。所以说你回去得好好的，你得注意着你那个说话的语速，是不是带着情绪。那你该注意的是不是应该慢慢朝那个方向注意了，不要只说别人，听到没有？就是你们家要想理出来一个灵魂人物，你们家目前找不出来一个综合的灵魂人物，只能分批、分层次、分事件去找灵魂人物，否则孩子将来都会缺乏主心骨。当下从心理层面上、情绪层面上，要以你的女儿为主体，女儿的心理更完整，情绪也更完整，目前心理上最完整最健康的其实是女儿。以后爸爸有了烦心事儿可以跟女儿讲一讲，不要不好意思，让孩子了解一些社会真相，她将来会更成熟，通过孩子完整的心理，让家庭的心理环境也越来越完整。

父亲：怕跟孩子说了她不懂。

老师：其实不跟女儿讲，反而是一种倒退，你要是把这番话说给女儿，女儿就理解你了，是不是啊？你就应该告诉女儿，虽然这个事情我不干了，我没有挣钱，我告诉你成功的点在哪里。你让女儿从失败中找到成功的点位，别人都认为失败了，爷爷奶奶是不是认为失败了，是不是他必然有一个感觉？我想是不是真失败了？但是你跟她走出来说，人生就是经历，这里面是有成功点位的，孩子是不是又有胆魄了呀？是不是这样就有底气了？孩子的心理健康和精神健康就自然解决了呀！

18.6 咨询效果总结

该学生个人的问题并没有她自己认为的那么严重，她误把内心的郁闷当成了抑郁，给自己贴了标签，导致心理压力更大，增加了额外的心理纠结。孩子在成长过程中，最主要的问题是遇到挫折之后，不知道寻找新的路径，又缺乏探索的勇气，父母给孩子的帮助没有在能量上支撑，导致孩子更加迷茫。

咨询过程中，首先帮助父母理清了思路，让父母找到了自己的精准定位，家人之间既增加了相互的理解，又发挥了各自该有的价值。父亲在家庭中对生存的支撑，母亲在家庭中对精神的引领，可以很好配合，不再像之前那样，相互分裂，沟通不畅，处处矛盾。孩子也找到了自己最应该关注的核心，知道了自己的问题导源，以后该怎么去做，尤其是在父母的助力下，用自己的精神力引领未来，让自己完整的心理结构发挥更大的创和作用。自己想要的幸福、自由，就像山顶的果实，自己遇到攀登障碍时，不再停滞不前，而是主动寻求新的路径，真正为自己负责。另外，孩子的问题解决之后，家庭中的相互关系也得到了极大的改善。

后 记

多年来，我一直致力于0-18岁孩子抚育事业，这个过程既充满了收获，也充满了挑战。每一次的成功都让我体验到了无比的喜悦，每一次的失败都给了我宝贵的教训。然而，忙于抚育工作的我，长期未曾有时间和精力来整理和分享自己的经验和心得。

疫情的暴发，让我有了停下来，整理思考的机会。回顾过去，我发现自己积累的经验和感悟像散落的珍珠，需要一个线索去串联。这本书，《读懂孩子再抚育》，就是这样一个珍贵的线索，它连接了我多年的实践和反思，也串联了我对抚育的理解和希望。

写作过程中，我发现文字往往难以准确表达我的深层思考。就像用粗糙的棉线串联精美的珍珠，有时候，思绪会变得分散，有时候，言辞会显得笨拙。但即便如此，我还是坚持写下去，因为我相信，这些文字能将我的经验和理念传递给更多的人。

如果这本书能为孩子的家长、校长、老师，以及抚育领域的同仁们提供一些启示和帮助，让他们在抚育的道路上少走一些弯路，我将感到十分欣慰。

最后，我期待与更多抚育工作者交流和学习。我清楚，这本书只是我个人的见解和经验，可能会有很多不足和疏漏。我渴望学习，渴望进步，也欢迎任何形式的建议和批评。因为，唯有如此，我们才能共同进步，共同为孩子们的未来努力。

再次感谢您花费宝贵的时间阅读这本书，希望能对您有所启示，对您的抚育工作有所帮助。在此，我衷心祝愿我们的抚育工作能够带给孩子们更多的快乐和成长,让他们在人生的道路上,走得更加稳健,更加自信。

让我们在为孩子的未来付出的道路上,再会。